风传行业凛冬已至

未来新零售将席卷天下

带着对行业如何迭代等问题的思考

历时 6 个多月，180 多天

游历中国 50 多个城镇，40000 多里路程

洞悉全国东西南北各大城镇

直面中国珠宝终端千姿百态现场

揭开中国珠宝行业零售终端最真实的现状

探寻新零售时代的行业变革

为中国珠宝首饰行业未来的发展

提供最翔实的调研报告

谨以此书致敬所有中国珠宝人

中国珠宝首饰行业零售终端现状大揭密

中国珠宝零售终端研究（上册）

中国珠宝全国游

张栋·著

郑州大学出版社

·郑州·

图书在版编目（CIP）数据

中国珠宝零售终端研究/张栋著. —郑州：郑州大学出版社，2019.8

ISBN 978-7-5645-6605-0

Ⅰ.①中…　Ⅱ.①张…　Ⅲ.①宝石－零售商业－销售管理－研究－中国　Ⅳ.①F768.7

中国版本图书馆CIP数据核字(2019)第152679号

郑州大学出版社出版发行

郑州市大学路40号　邮政编码：450052

出版人：张功员　发行电话：0371-66966070

全国新华书店经销

深圳市恒安达印刷制品实业有限公司印制

开本：720mm×1020mm　1/16

总印张：30

总字数：418千字

版次：2019年8月第1版　印次：2019年8月第1次印刷

书号：ISBN 978-7-5645-6605-0　总定价：198.00元（全两册）

中国珠宝零售终端研究十年预测

第一条：中国珠宝零售终端十年内将消失一半。理由是：现在中国珠宝零售终端预估数量高达12.5万家，行业整体处于严重的渠道过剩状态，同时面临着中国经济增速放缓和网购及其他新零售冲击，处于低水平过度竞争的珠宝零售终端将面临着大规模“倒闭潮”。

第二条：中国培育钻石或将成为行业新风口。理由是：未来五到十年之间，中国培育钻石在新一代年轻消费者的推动下或将获得爆发式发展，同时也源于中国在培育钻石领域的历史积累，如果能得到国家政策支持和相关科技突破，中国将有机会引领培育钻石所引发的“世界钻石革命”。

第三条：港产珠宝品牌仍将得以发展和长期存在。理由是：周大福的多元化和周生生的轻奢布局，将有可能继续领军中国珠宝行业渠道变革，同时这两个品牌所代表的港产品牌集群现在仍具有着强大的核心竞争力。

第四条：国产珠宝品牌领军阵营业已产生并将称霸江湖。理由是：老凤祥、周大生、中国黄金、中国珠宝及周六福这几个品牌，源于已有的强大的渠道能力和各自独特的竞争力，在未来的五至十年里将深刻影响着中国珠宝首饰行业。不过这些全国性强势品牌中变数最大的是中国黄金和中国珠宝，如果有国家力量去支持和发展这两个品牌，仅“中字头”的国家背书就可能把他们推向更高的巅峰，反之则是另一种结局。

第五条：国内有独特竞争力的特别品牌仍将存在。理由是：未来的五至十年之内，I Do 源于高端的品牌形象和独特的婚庆品牌定位，DR 源于新零售的概念和最有生命力的品牌故事，克徕帝源于业内最强大的终端运营能力，老铺黄金源于对中国文化的理解和产品的极致高度，这四个品牌或将在未来的五至十年得以发展和存在。

第六条：中国珠宝首饰行业或将迎来失业潮。理由是：未来的五到十年，无论是珠宝首饰的生产领域或是零售领域，都将因为技术的进步和企业的优胜劣汰而带来大量的岗位消失，因此我们珠宝行业或将迎来历史上最大的“失业潮”。

第七条：中国珠宝零售终端“莆商”有可能成为核心力量。理由是：现在的中国珠宝首饰零售终端中，莆商控制着60%～70%的渠道，湘商控制着20%左右的渠道，其他地域的珠宝商控制着余数不多的零售终端。随着未来行业竞争的加剧和宝二代接班的挑战，莆商或将成为“绝对性的珠宝终端力量”。

第八条：中国珠宝首饰行业十年内将面临三大危机。理由是：源于硬金特殊生产工艺，作为行业最具代表性的硬金产品，或将引发严重的质量危机；同时源于国家税控趋严，无论是关税和零售定税都存在着行业性税务危机；最后由于多年的营销中过度承诺和证书提级问题，整个中国珠宝首饰行业都面临着严重的信任危机。

第九条：银行抽贷或将导致行业金融风险。理由是：目前无论是中国珠宝行业上游企业，还是珠宝行业下游企业，甚至珠宝行业中间的批发企业，都或多或少地在银行借了黄金和资金，这些银行资金的数额累计起来相当大。未来五至十年大量的珠宝企业面临着迭代倒闭的现实风险，巨额的银行资金可以因各种“跑路”和资金风险而抽贷，届时整个珠宝行业将面临相当大的金融风险。

特别声明：本书中的九条“十年预测”仅

为个人对行业发展的猜测，本人不承担任何责任且不针对任何单位或个人。敬请所有同行把我的九条“十年预测”当作我的一家之言，不要过度认真，如有碰巧言中则请各自一笑了之。

张 栋

2019 年 6 月 30 日

序

近十年来，中国黄金珠宝行业在宏观经济的红利中迅速发展，而后遭遇经济下行、市场遇冷的打击，各大企业都开始了对未来发展方向的积极探索。伴随着中国经济结构的调整，黄金珠宝行业也必然要进行相应的调整，我们现在正是处在一个调整的阶段。任何一个行业发展到了一定阶段都需要进行调整，在这个过程中，有些落后的模式会被淘汰，一些前所未见的概念会涌现出来，这是市场发展的自然规律，同时珠宝行业新零售的崛起也加速了这种整合期的到来。

中国珠宝行业迭代升级势在必行，选择从供给侧进行改革是其中的一个方向，这本身是个巨大的挑战。我们需要思考消费者的变化、产品品类的变化、珠宝品牌的变化，研究珠宝终端零售的各种变化去促进供给侧改革，把零售端和制造端无缝连接起来，逐渐去掉中间环节，建立属于行业的数据基础和技术基础，围绕品牌价值进行竞争，让整个市场迈进以市场和消费者需求为主导的发展进程，从而保证供应端发挥出最大价值，并形成珠宝行业的产值和效益。

由于近年来零售终端网点的盲目扩大间接造成整个行业的“虚胖”，终端竞争也进入了白热化状态，所以进行全面系统的终端零售研究十分必要。这项重任执行起来并不简单，需要有足够多的耐心和时间。张栋博士历经6个月时间，详细考察了50多个城市的各个商圈和终端类型，上至中国一线发达城市，下至西南偏远城镇，考察对象涵盖国际珠宝品牌、港产珠宝品牌、内地时尚珠宝品牌、新兴婚庆珠宝品牌及地方珠宝品牌等，融汇成此书，向我们展示了中国珠宝终端零售在蜕变期的各种变化，并分享了他在考察过程中对行业的诸多思考，相信能给很多业界人士提供一定的借鉴。细读此书，我们能深刻感受到行业正面临着来自各方面的压力，如城市商圈演变造成的人流变化、门店数量过多和价格战盛行带来的恶性竞争、房价高居不下带来的开店高成本以及低效营销造成的重复浪费等。同时也能看到终端零售在消费升级过程中出现的机遇。随着中国新一轮消费升级浪潮的到来，中国珠宝消费者进入了追求美好生活的消费时代。在一二线城市已经趋向成熟的背景下，三四线城市的钻石增长潜力也在不断上升，其他高利润珠宝产品也是如此。众所周知，中国消费结构正呈现多元化趋势，对珠宝首饰的消费需求也将出现情感满足和文化指向这两种趋势。作为珠宝品牌来说，唯有时刻盯紧市场，把握特定的消费者需求，将情感和文化相结合，赋予产品以特定内涵，品牌价值才能更好地得以体现，而这些都可以在终端零售中看到端倪。

总而言之，研究行业终端零售是供给侧改革研究中密不可分的一部分，张栋博士的这本书为中国珠宝行业终端零售的迭代升级提供了强有力的实战依据，对珠宝品牌发展之路同样具有很好的借鉴意义和批判意义。纵观历史，行业发展最难的不是从 0 到 1，而是从 1 到 10，前者是从无到有，后者则是从平庸到一流。我们有张栋博士这样孜孜不倦的实战派，也有许多勇于尝试、不断创新的行业新星，相信在各方人士的共同努力下，中国珠宝行业的未来一定会更加璀璨耀眼，在国际珠宝界争取到一定的话语权。

曹阳

2019 年 6 月 30 日

曹阳

高级经济师，深圳黄金珠宝文化研究会会长、深圳黄金珠宝研究所所长、深圳宝联珠宝标准与信息技术促进中心主任。长期从事黄金珠宝产业发展战略研究工作，是黄金珠宝业界著名的行业发展问题专家，也是深圳珠宝产业发展战略顾问之一。

前言

珠宝首饰在人类历史文明发展中扮演着重要的角色，是传达思想与情感的重要载体，集审美性和实用性为一体。虽然中国现代珠宝行业的起步较晚，但并不妨碍中国成为世界级珠宝消费大国。众所周知，在行业前期的高速发展中，我们的珠宝品牌生产能力得到了快速增长，市场需求不断扩大，品牌建设也已经形成一定规模，诞生了大批具有行业影响力的企业。随着全国经济增速放缓、产业结构调整、消费升级，中国珠宝行业已进入一个十分关键的转型迭代时期。

记得有一句名言是这样的："这是一个最好的时代，这是一个最坏的时代。"我想这句话用来形容当下的珠宝行业最为恰当不过。这是一个最好的时代，伴随着经济的快速发展和消费时代的更迭，珠宝首饰作为国民凸显个性化需求的消费品之一，迎来了新的发展契机。截至 2018 年，中国的黄金消费量已经连续 6 年位居全球第一，珠宝零售市场业已达到 6000 亿元的规模。另据权威机构预测，2018—2022 年期间，中国珠宝首饰行业的零售规模复合增速约为5%。虽然近几年珠宝行业发展脚步放缓，很难再现以前的“黄金时代”，但不可否认的是，珠宝零售市场依然潜力巨大。首先，由于消费群体迭代和消费习惯演进等原因，镶嵌类及K金产品的市场前景越来越好，消费者对珠宝产品的选择逐渐由追求保值性转向追求佩戴性，这将给未来的珠宝市场带来无限的活力；其次，中国拥有庞大的珠宝消费人群，尤其是上千万的婚庆人群是珠宝市场核心驱动力量之一，同美、日等发达国家接近80%的结婚人群钻石饰品渗透率相比，中国的这一数据目前为50%，其市场上升空间仍然十分可观；再者，在中国城市化演变的大背景下，三四线及五六线城市迎来消费升级变革，“小镇青年”消费大肆崛起，也将为珠宝零售市场提供新的增长点。对传统珠宝品牌来说，行业迭代所带来的市场机会正悄然而至，但同时各种严峻的考验也将如期而至。

随着国民经济增速放缓和国际品牌的相继涌入，国内珠宝行业正面临着产能过剩、渠道恶性竞争、价格战危机、品牌附加值低等问题，销售利润随之大幅降低，而企业运营成本却逐年攀升，很多传统珠宝品牌正逐渐陷入困境。对他们来说，这似乎成了一个最坏的时代。伴随着珠宝行业新零售的大肆崛起，珠宝企业将进入群雄纷争的年代，但市场的“大蛋糕”基本上已经被国外品牌和少数的全国性品牌瓜分，剩下的众多品牌走得“步步惊心”。大家都在观望，也都在积极探寻各种问题的答案，如行业未来发展的新风向会是如何？低线市场红利期还能持续多久？高端市场现在还有无机会？是否只能甘心追随行业巨头后面？其实国内各大珠宝企业当前所面临的问题很大程度上来源于对自身的不自信，产品创新力不足，转型乏力，导致品牌发展气势逐渐削弱。一个行业的洗牌时期必然是机遇和挑战并存的时期，在新的消费时代背景下，面对日益白热化的竞争，唯有抓紧升级和变革这两根“稻草”，提升品牌运作能力，我们广大的珠宝企业才有可能走出一条“康庄大道”，行业发展也将在回归理性后走向真正的繁荣。

中国是世界奢侈品消费大国，也是世界珠宝消费大国，据中国珠宝玉石首饰管理中心预计，中国将在2020年成为全球最大的珠宝消费市场。然而我们可以看到的现状是，目前国内顶级高端市场主要被国际珠宝巨头垄断，如

Cartier、BVLGARI、TIFFANY 等，中高端市场则由港资品牌和少数优秀的全国性品牌占领，如周大福、六福、周生生、谢瑞麟和老凤祥、中国黄金、周大生、I Do 等，中低端市场则由众多走“亲民路线”的品牌构成。除了顶级高端市场以外，中高端和中低端市场由于竞争激烈、渠道密集，品牌运营同质化严重等问题，时常演绎着“相互伤害”的故事，这不仅不利于品牌自身的发展，也大大制约了中国珠宝行业的发展。面对未来更为严峻的市场竞争，尤其是国外品牌的强势围攻，我们急需提升品牌核心竞争力，加强销售渠道、品牌、设计开发等行业壁垒的建设，打造出具有竞争优势的中国珠宝品牌。

作为一名投身珠宝行业十几载的珠宝人，我愈发觉得这个行业充满了可爱之处，它是一个值得我们为之努力奋斗的行业。为了这一份热爱，也为了更好地探索珠宝行业未来发展的可能，我在 2018 年 4 月份离职之后进行了人生中的第二次全国珠宝零售终端考察，从深圳出发一路北上，再由北往西，遍游全国除台湾外的所有省份，详细了解不同级别市场中珠宝终端最真实的一面。珠宝终端市场远比我们想象中的要复杂、要多样，我们想要做好珠宝市场的研究，必须有足够真实、全面的素材作为支撑，否则难免失之偏颇。考察的过程中我总希望尽善尽美，因此有些时候我是用批判的眼光去看待中国珠宝终端江湖纷争的。批判本身不是目的，希望行业未来越来越好才是最终目的。真心感谢各个珠宝品牌带来的丰富多样的终端面貌，让我的考察之路充满惊喜和感动。在这6个月的考察中，我得到了很多业界朋友的关照和支持，包括行业领袖、资深人士、后起新秀等等。对于大家的帮助，我诚惶诚恐，无以为报，唯有以此书的出版来表达我的感激之情。无论如何，本次全国性的珠宝终端考察对我而言意义重大，我也将以此激励自己继续在珠宝行业不断努力，为行业的发展贡献绵薄之力。

张 栋

2019年6月30日

目录

/ 上册

第一部分：初见篇 / 001

002　福州：城市演变下的珠宝终端险象迭生

009　安溪：传统市场艰难匍匐之茶都印象

016　温州：东方犹太之乡珠宝格局落定

023　南昌：再访洪城　见证丛林法则之残酷

031　景德镇：魅力瓷都鱼龙混杂　欲说还休

038　醴陵：特色经济县市窥见珠宝困境和未来

045　长沙：群雄争霸未平　港产品牌升级正忙

052　株洲：消费升级引发的攻守战硝烟四起

第二部分：深入篇 / 059

060　武汉：火炉之地老铺黄金似乎前程似锦

069　杭州：婀娜杭城婚庆珠宝异军突起

077　上海："时尚之都"见证国际珠宝品牌之强势

085　南京：金陵珠宝迭代升级忧患犹多

094　合肥：万达席卷下的霸都珠宝生态奇观

103　郑州：中原之地迎来行业发展新阶段

112　新密：乌金之乡探寻县市珠宝终端之谜

120　太原：非强势品牌跨区作战利弊尽显

128　石家庄：北方粮仓应对消费升级启示录

第三部分：畅想篇 / 137

138　泰安：三线市场终极较量之各施绝技

145　肥城：鲁中宝地寻觅商机意犹未尽

153　济南：泉城珠宝平静下的风起云涌

161　天津：商圈争战激烈　大型珠宝城风光不再

170　北京：京城珠宝行业神话长盛不衰

180　沈阳：老工业城的品牌危机和曙光并存

189　梅河口：区域品牌更替　零售未来大畅想

196　长春：北国春城各大珠宝品牌迎接新生

205　参考文献

212　附：全国一至四线城市分级表

214　后记

/ 下册

第四部分：反思篇 / 219

220 哈尔滨：冰城核心商场珠宝格局变幻莫测

228 通辽：内蒙古小城新老品牌剑拔弩张

236 锡林浩特：草原明珠珠宝发展稳中求进

243 呼和浩特：中国乳都民族珠宝品牌大放异彩

252 银川：凤凰城内时尚品牌争奇斗艳

260 西宁：青藏高原上软玉市场日薄西山

268 兰州：金城低端珠宝市场生生不息

276 西安：古都高端商圈崛起　大牌鏖战正欢

第五部分：寄寓篇 / 286

287 成都：天府之国珠宝市场遍地开花

297 重庆：山城民风造就别样珠宝营销战场

305 贵阳：文化缺失　地方品牌发展堪忧

313 遵义：三四线珠宝市场银饰未来可期

322 毕节：珠宝商正在为商铺业主打工

330 六盘水：中国凉都不凉　渠道火拼正猛

337 昆明：凛冬下的超级珠宝区进化

346 普洱：茶城不老　地方珠宝消费力仍盛

354 文山：边陲小镇　一店多牌步履蹒跚

第六部分：尾声篇 / 362

363　南宁：绿城珠宝光鲜背后暗波涌动

372　广州：羊城玉石消亡　轻奢珠宝崛起

379　海口：椰城传统渠道灾难正在上演

386　深圳：中国珠宝之都的特殊零售市场新解

394　乌鲁木齐：亚心城拨云见日　DBE 强势登场

402　拉萨：日光之城群狼小店得天独厚

409　香港：购物天堂见证港式品牌创新不断

417　澳门：赌城珠宝市场奢华中玄机暗藏

423　参考文献

430　附：全国一至四线城市分级表

432　后记

第一部分 初见篇

福州：城市演变下的珠宝终端险象迭生 002
安溪：传统市场艰难匍匐之茶都印象 009
温州：东方犹太之乡珠宝格局落定 016
南昌：再访洪城 见证丛林法则之残酷 023
景德镇：魅力瓷都鱼龙混杂 欲说还休 031
醴陵：特色经济县市窥见珠宝困境和未来 038
长沙：群雄争霸未平 港产品牌升级正忙 045
株洲：消费升级引发的攻守战硝烟四起 052

福州：城市演变下的珠宝终端险象迭生

2018 年 4 月 16 日
21 ℃　阴

人生最难的其实是放下。而当我真的放下一切开始去全国游学时，才发现比最难更难的是我应以什么样的心态去游学，我给自己的答案是——空杯心态。真正的放空自己，其实需要一个过程。我们从一个习惯转换到另一个习惯，需要的不仅是时间还有毅力，好在这些我似乎都不缺。福州作为我考察的第一站，给了我极大的触动，可以说非常彻底地改变了我对行业的很多认知。用两天的时间走完福州的珠宝零售市场，我才发现原来坐在办公室中听到的那些有关市场的信息是那么的陈旧和不堪验证。

原有的商业街珠宝模式在二线城市遭受冲击

一直以来，我都认为一二线城市的珠宝店是越来越难开了，尤其是对于三四线珠宝品牌来说，很少能在一二线城市实现盈利。然而在逛完福州仓山万达广场、爱琴海、万象生活城、宝龙广场、泰禾广场和世纪金源购物中心后，我才知道实际情况远比我想象中的更加艰难。如今随着整个中国城市更新的不断加快，很多商业街都被

大型的 shopping mall（集购物、休闲、娱乐、饮食为一体的商业中心或加盖的林荫道商业街）吞掉，人们再也不愿意去传统的商业街购物了。从某种程度上来说，我们其实可以把租金形式的 shopping mall 看成商业街店的升级。回想起先前去的福州人气极好的三坊七巷步行街，我突然发现在商业街独立开珠宝店的模式正受到史无前例的冲击。商业街珠宝专卖店的高租金、虚假人流正成为这种模式的终结者，取而代之的是一些餐饮店、手机店和旅游用品店。这些商业街在市民心中的地位已经大不如前，客流也多为外地来的游客，或者是一些闲逛的散步市民，真正有购买实力的珠宝消费者都转向各种商场或商业综合体去消费，这或许是一个消费时代的更迭节点。其实在中国城市化的大背景下，珠宝商圈正在进行着一场重构。记得我的同事张博宇和我说过："福州已经没有绝对意义的商圈霸主，福州的商业版图正处于稳中存变的状态。"确实，现在的省会城市商业格局分化愈发严重，大型商业中心的不断过度开发导致群雄割据，多核心商圈模式正在逐步形成。这种现象在各省会级城市非常普遍，大批商业中心的兴起必然造成客流分散，商家们经营越来越困难。城市化是一个过程，在中国这个大规模城市化的过程中，大量的省会城市都通过吸收周边的县市来变成大都会，这种快速的整

合无可厚非，但整合过程中的新商圈建设会造成老商圈的人流重分，同时再结合一些省会的基础设施建设，如大修地铁和扩路等，进一步造成老商圈的“祸不单行”。这也正是一些老店和老商场珠宝区深受其害的直接原因。我不知未来的省份城市珠宝商圈会怎样，但仅是现在看到的珠宝商圈重构，就已经让我深深地感受到了城市化进程的恐怖力量。

三线珠宝品牌及以婚庆为主题的珠宝店在一二线城市的经营情况

何谓三线珠宝品牌？我个人把国际珠宝品牌和港资品牌算作第一线，那么全国性的珠宝品牌只能算作第二线，第三线则为不强势的全国珠宝品牌和较强势的地方珠宝品牌。我的划分不一定科学，但为了交流的方便只能暂且如此划分了。现在在二线城市中，大量的三线珠宝品牌都处于经营较难的态势。一方面是因为在商场升级的过程中，三线珠宝品牌的形象和货品档次跟不上节奏，不再受到商场重视，再加上化妆品区由于率先升级后的压制，珠宝区只能沦为商场中的“弱势群体”；另一方面，消费群体的改变也给三线珠宝品牌带来重创。大批90后消费者兴起，这批消费者的品牌意识较强。在互联网时代，三线珠宝品牌无论怎么包装都很难扭转颓势。我个人认

为，如果三线珠宝品牌无法快速找到差异化运营的良策，随着时间的推移这些珠宝品牌可能再也没有翻身的机会了。而另一方面，以婚庆为主题的概念珠宝店则渐成一二级市场主流。近几年，很多以婚庆为概念的主题珠宝店发展势头迅猛，其中更以I Do、BLOVE、ALLOVE、DR、MLE发展较快。此次在福州再次见到I Do、BLOVE、ALLOVE等主题珠宝店后，我突然发现这类“玩概念”的主题珠宝店渠道发展能力较强。特别是I Do和BLOVE这两个品牌，就算是在一些周大福等一线品牌也无法盈利的新shopping mall，这两个品牌都可以顽强地生存下去。究其原因，一来这样的品牌整体投资不大，风险较小；二来这样的品牌主题明确，客群集中，经营较易。不管怎么说，婚庆人群还是中国珠宝消费的主流人群，如此大的客群基数自然会养活一些细化婚庆珠宝品牌。正如鲁迅所言：“希望是附丽于存在的，有存在，便有希望，有希望，便是光明。”期待着中国各大婚庆珠宝品牌创造出更加光明的未来。

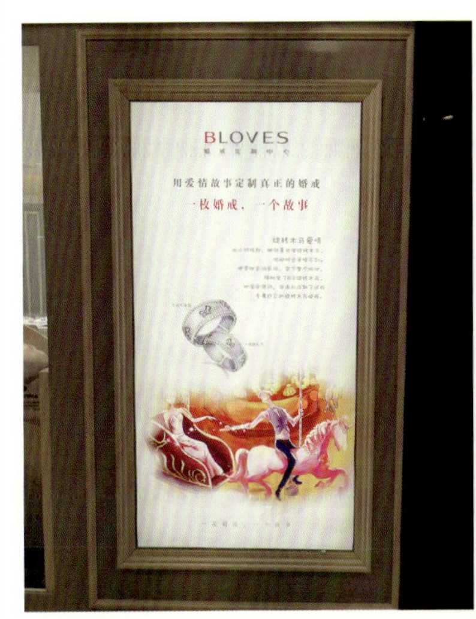

中国珠宝生产批发企业的未来该何去何从

在福州有幸参观了德诚珠宝的生产基地和批发展厅。作为来自中国珠宝首饰之都——深圳的行业人，我没想到德诚珠宝在福州的发展如此迅速。一个占地280亩的超大规模工业园即将投入使用，同时它独霸福建的大展厅也以半壁江山的实力让人妒忌。众所周知，中国珠宝首饰的大规模生产十分不易，尤其是作为资金密集型和劳动密集型的黄金首饰生产商，想要经营好千人以上的大型生产厂，每天都必须要有大量的订单来保证生产的有序进行，其经营压力可想而知。珠宝首饰行业有很强的季节性，产品的更新换代速度较快，并且品类也较多。企业家如果没有一颗强大的心脏是玩不转黄金首饰生产的，毕竟这是一个“玩的就是心跳”的赛场，不过看了德诚投资多亿的新工业园，我突然明白了一些大厂发财的秘密，那就是——地产。我们都知道国内很多黄金珠宝首饰生产厂的产品获利能力一般，但由于开厂需要场地的特殊性，最终因土地增值而获得了可观的收益。说句玩笑话，原来黄金珠宝生产厂不仅仅是珠宝商，事实上还是地产商，他们工业园土地增值的收益简直是逆天，夸张点说这才是制造业真正的发财核心。记得曾经有一个同行问我生产型企业该何去何从，我回答道：“走专业化制造，在细分市场中取胜。”现在看来真是害人。从长远来看，生产型企业应组成联盟，联合向政府要地、要政策，建工业园，然后坐等土地升值。其实批发企业在上一轮的品牌配货权争夺完毕后，很多弱势企业的生存境况更难了，连打价格战的方法也行不通了。估计未来各省做批发的企业面临的只有两条路：要么转型，要么等死。然而即便转型好像也没有什么好型可以转。任何行业中给客户提供附加值低的企业都会率先出局，市场不会同情弱者。

同上一次在福州的考察相比，这次考察的对象更加精简，看到的也更为直观。在城市化的进程中，每个商圈、甚至每个门店都很难依靠“侥幸”取得消费者的青睐，而是深受内在的市场效应影响，所以对珠宝品牌来说更要追随当地城市化的脚步提前布局，未雨绸缪，方可立于不败之地。考察完福州，我决定调整行程，立即去三四线市场看看，不然仅看省会城市，我得到的考察结论必然会有所偏颇。房车考察就是方便，下一站我将窥探安溪，看看茶都的珠宝市场现状。想到“窥探”一词我就有一种莫名的兴奋，我注定要开始一路狂拍的行程。从福州折返安溪兴许会多浪费些时间，但为了一场趋近“完美”的考察也是值得的，谁叫我对珠宝业如此执着呢！安溪对我们行业来说应该是一个很有代表性的三四线城市，传统珠宝店尚可维持体面，而新生势力已然悄悄生根发芽，这样的城市如果用心耕耘，将会有喜人的成绩。不知道我所预测的是不是和实际相契合，很快我们就能揭开它不算神秘的面纱。

[延展阅读]

1. 福州简介

福州，别称榕城，简称“榕”，隶属于福建省，位于福建省东部、闽江下游及沿海地区，是福建省省会，福建省的政治、文化、交通中心，海峡西岸经济区中心城市之一。福州建城于公元前 202 年，历史上曾长期作为福建的政治中心，是中国东南沿海重要都市、东部战区陆军机关驻地，同时是首批 14 个对外开放的沿海港口城市之一，海上丝绸之路门户以及中国（福建）自由贸易试验区三片区之一。

2. 福州主要商场（商业街）和珠宝品牌

商场（商业街）	主要珠宝品牌
仓山万达广场	SWAROVSKI、PANDORA、BLOVE、I Do、周大福、周生生、周大生、潮宏基、珂兰钻石、金至尊、华昌珠宝、老凤祥、仙绿晶、王后珠宝、金象珠宝
爱琴海购物公园	ALLOVE、INLOVE、I Do、爱迪尔珠宝、周大福、谢瑞麟、金大福、仙路珠宝
万象生活城	YETTA、I Do、珍可珠宝、六福珠宝、周生生、潮宏基、周大生
宝龙广场	周六福、潮宏基、周大生、金至尊、周大福、明牌珠宝、璐新珠宝、老凤祥、六福珠宝
泰禾广场	SWAROVSKI、Royal Asscher、ARTē、PANDORA、DR、周大福、老凤祥、六福珠宝、周大生、MGS 曼谷银

安溪：传统市场艰难匍匐之茶都印象

2018 年 4 月 18 日
28 ℃　阴

盛产铁观音的安溪其实并不在我的考察计划中，得益于在福州与同行的交流，我萌生了强烈的冲动——到福建省三四线城市去看看。对于三四线城市，我个人认为这是中国目前最好赚钱的珠宝市场，尤其是对于一些竞争实力不太强的品牌，在三四线城市仍将有较大的发展空间。不过在我驱车来到安溪，看到与我印象中大相径庭的县城珠宝市场后，我深切地体会到了县城珠宝的竞争之惨烈。车一到安溪的“珠宝一条街”，我就惊讶于现在低端珠宝市场投资者的心理承受能力，强大到让人害怕，不知道是什么力量让他们仍然战斗在珠宝首饰行业。现在的安溪珠宝一条街，分布着六福珠宝、香港卓尔珠宝、赛菲尔珠宝、中国珠宝、六六福、周六福、周大生、六喜珠宝、中国黄金和华闽宝龙等一系列全国品牌和本地品牌店。不仅如此，听说安资宝龙城市广场还有约 5 家珠宝店，包括周大福和六福珠宝等。据不完全统计，整个安溪的珠宝店大概有 25 家之多，这对一个县城来说竞争者数量相当之高。同时这些店

大部分经营面积和铺货量都较大，真不知他们的发展前景会如何，或者说未来 3 ～ 5 年内谁还会活下来？

婚庆珠宝店在县级市场的兴起

在全国很多一二线城市，以婚庆为主题的珠宝专卖店大量兴起，比如 I Do、BLOVE、DR 和其他品牌，而在三四线城市就很少看到这些品牌的主题专卖店。不过我们三四线的珠宝经营者的创意就是多，我在这里第一次看到周六福的婚庆珠宝体验店。安溪的周六福婚庆珠宝体验店估计是加盟商的特别创意。不过不管是周六福总部的创意还是加盟商的创意，不可否认的是他们对婚庆珠宝体验店的方向把控得不错，但我认为这类店最起码要把与婚庆相关的内容做足，否则也只是形式主义。未来在全国一定会涌现出婚庆珠宝发展的大浪潮，但谁能真正做好婚庆珠宝，能同时结合中西婚庆文化玩出新花样，谁或许真的可以成就一个伟大的珠宝品牌。对于这件事我其实并没有什么奢望，我估计用不了三年时间，婚庆珠宝这个概念在国内也会被玩坏掉。

传统地方珠宝店的转型之路

在全国有一大批的传统地方珠宝店，他们或是夫妻店，或是一个本地人开的独资店，有些是当地笑傲一方的老大哥，有些是当地永远打不死

的小强。在全国珠宝市场中，或者说在全国 12.5 万家的珠宝终端店中，有上万家的金店是传统地方珠宝店。有些传统地方珠宝店做强做大了，在保留自己原有的商号或品牌后，还加盟了一系列其他品牌，变成当地真正的地头蛇。当然还有一些商户不愿意被整合，反正夫妻俩也没有多大的梦想，商铺是自己的、货是全资的，当地朋友成群，不愁生意。尤其是这类店，有时候一个店铺的货比别人两个店铺的都多，并且任何产品的价格都可以商量，这种店的战斗力和持久性都是十分惊人的。试想，在产品严重同质化的今天，再好的店长也未必能有老板娘亲自出马厉害，再强的品牌也比不上当地诚信经营 10 ～ 20 年或以上的地方老店给人的信任感强，同时一切好商量的服务态度比起所谓的品牌店要亲民多了，毕竟三四线市场消费者的品牌意识相对还不强，他们关心的是谁的货更适合自己或谁让他感觉更舒服。同等条件下当然要选更大更老的店，传统地方珠宝店的转型难道唯有加盟所谓的品牌店吗？说实话，很多不太优秀的品牌总部都不知能活多久，把所有希望都放到连锁总部身上风险也不小。在当地加盟一批品牌当领头羊有时也挺累的，仅接待这些品牌的工作人员就已经很累了，如果再算上各品牌的总部活动，那么这些传统地方珠宝店老板

们的应酬就得像赶集一样。偶尔想想，一些所谓的夫妻店并没有什么不好，反正都是活着，做不大但可以活得更久未尝不是一种明智的选择。

夫妻店是否是中国珠宝终端中打不死的小强

说到夫妻店我总是觉得意犹未尽，感觉他们好像是打不死的小强。记得八九年前，我在吉林省的蛟河市遇到了一生中印象深刻的一家夫妻店，那是我多年来一直都无法忘怀的对手。在东北的珠宝终端大战中，我所在的企业曾一路“攻城略地”无往而不胜。我曾多次在竞争对手无助的眼神中看到他们客人被抢走后的失望。每当看到一个城市的珠宝消费者因我们新店开业而人流汇聚，竞争对手们珠宝店门可罗雀时，初时的兴奋过后也免不了心中荡起一丝过意不去，但是偶尔也有例外。有一次同事在吉林开拓中回报，吉林蛟河大富华金店我们无力攻破，主要就是说那个金店的老板娘是如何如何的厉害，我们所有的招数都被破解了。他们不断通过复制我们的营销活动和挖人来阻扰我们。听闻同事们的无可奈何，激起了我强烈的好奇心和反击欲望，我一路开车直达蛟河，想亲自会一会这个传说中很厉害的老板娘。说实话，一路上我都在想可能是下属夸大军情，一个夫妻店能有多大的战斗力，恐怕是在浪费我的时间。一到蛟河，我先考察的是我们的店，由于我方店新开张，无论是装修还是货品，以及员工的精神面貌我都认为更胜一筹，并且我们的营销力度也不小，估计对手一定受到了巨大的打击。然而当我装成顾客到大富华金店试探时，我深深地被折服了，而且是多年以来第一次如此服气。说到扮演顾客这事，我自觉可以拿个“小奖”，虽然我没有读过《演员的自我修养》，但我知道扮演顾客一定要投入，进店一定是直接找货品，然后问价格，接着要求打折。千万不能一进店就东张西望，或者询问资料，要不就是每个区域都逛一遍就跑，后者基本就是竞争对手赤裸裸的考察无疑了。我那时一走进大富华金店还没有真正的进入装傻模式，就已经被门口“如狼似虎”的导购员热情地架到老板娘面前，刚说想给妈妈买点东西，老板娘就猜出我的身份。不是本地人的身份可以通过口音猜出倒是说得过去，年龄通过面相大致也能估出，但是连我读书读到什么程度，连我妈的年纪和喜好都能十分精准地说出来就让我觉得十分震惊了，当时感觉自己就像是被她们扒光了似的。在我十分狼狈地逃出这家店时，我发现他们无论是货品，还是员工的精神面貌都远胜绝大部分的夫妻店，简直就是夫妻店中的“战斗机”，无懈可击。在我多年的珠宝职业生涯中，我看过无数的夫妻店，这种由于老板娘或老板个

人能力而十分出色的店，真的可以说是行业中打不死的小强，他的生命力比我们想象中的要强。

闽地一向山清水秀，人杰地灵。在这个安逸悠闲的茶都中，传统珠宝行业却不一定安分，不管是全国性品牌带来的残酷厮杀，还是传统小店的低调蛰伏，他们似乎都在等待着新的风向吹来，引领他们在这片土地上肆意生长。看完了“低处”的市场，我突然对即将前往的温州市场十分期待，这样的落差想必非常有趣。在温州我将重点考察商场珠宝，发达市场中珠宝终端的精华全在商场，遗憾的是商场不一定会把上好的位置留给珠宝区，在这种不受重视的窘境中，珠宝该如何维护自己的尊严？还有那些随着商业街的衰落而逐渐走向边缘化的街边珠宝店情况如何，是否还有翻盘的机会还是继续苟延残喘？另外，听闻温州爱是唯一的情侣对戒产品和模式都很新颖，这也是我此行必看的重点，也许我们能从中学到新的产品推广模式。

[延展阅读]

1. 安溪简介

安溪县，古称清溪，位于福建省东南沿海，厦、漳、泉闽南金三角西北部，隶属泉州市。是中国乌龙茶(名茶)之乡、名茶铁观音的发源地，位居中国重点产茶县第一位。安溪还是“中国藤铁工艺之乡”，工艺品畅销世界50多个国家和地区，占中国同类产品交易额40%。安溪县以茶业闻名全中国，号称中国茶都。1985年被国家批准为首批沿海对外开放县之一，是台胞的主要祖籍地。

2. 安溪主要商场（商业街）和珠宝品牌

商场（商业街）	主要珠宝品牌
珠宝街（中山街）	六福珠宝、香港卓尔珠宝、赛菲尔珠宝、中国珠宝、六六福、周六福、周大生、六喜珠宝、中国黄金、华闽宝龙、金徕福、千银阁
解放路	祥瑞珠宝、六喜珠宝
宝龙城市广场（建安大道）	六福珠宝、中国黄金、嘉华珠宝、周大福

温州：东方犹太之乡珠宝格局落定

2018 年 4 月 18 日
23 ℃　晴

一直以来我都非常想来温州考察。曾几何时，听多位朋友说起过温州市场，尤其是听说爱是唯一的情侣对戒做得很好，我便怀着强烈的好奇心来到了温州。在我的个人印象中，温州人是和潮汕人、莆田人并列的三大商帮之一，所以这次能来到温州人的家乡我还是很兴奋的。到了温州我立马赶往世贸银泰店考察，因为那里有我提前到的一伙小兄弟，我请他们来与我一起考察，可以说他们是我的先锋军。世贸银泰店是温州较高端的商场，结果我们看到的是珠宝很可怜地被下放到了负一楼。这从另一个方面反映出当前珠宝在商场中的尴尬处境。近几年来，随着化妆品行业和服装行业的升级完成，升级步伐缓慢并进入恶性竞争的珠宝行业日渐式微，被商场打入地下或是逼上二楼是常有的事。在温州我重点看了两个商圈，一个是世贸银泰附近，一个是时代广场购物中心附近，看遍了周围的这些珠宝店，我总结出了以下感想：

温州珠宝终端特点：以商场为主及“上天入地”

在温州考察，我们能明显感觉到各大商场才是珠宝终端的主战场。很多一二线城市的珠宝终端都以商场为主，一些发展较好的三线城市也是如此。究其原因不过是因为现在的商铺租金过高，同时商场中的珠宝终端由于商场的整体购物环境较好也更利于聚客。然而商场对珠宝终端的品牌档次要求也越来越高了，不是什么品牌都可以进入的。不仅如此，由于各品牌贴身肉搏，商场中的珠宝终端对店铺形象和产品综合竞争力要求更高了，很多升级较慢的珠宝品牌正永远地离开了那些有潜力的商场。在与商场的其他品类争夺战中，珠宝终端的整体地盘正在不断缩小，我们可以预知未来的商场珠宝终端品牌将更加稀少和固化。更为严峻的是，商场珠宝区不一定能占据商场的黄金地理位置，这将进一步造成珠宝区的衰弱。曾有人问我如何看待珠宝终端在商场中的“上下迁移”，我回答：“离开一楼，无论是去楼上还是到地下一层，对珠宝终端来说都是致命的打击。”在温州，我重点考察的是世贸银泰和时代广场购物中心两个商场，世贸银泰把珠宝区调到负一楼，时代广场购物中心把珠宝区调到二楼，毫不夸张地说，他们是一个“上天”一个“入地”。这要是以前我会认为珠宝区如此调整将必死无疑，

但事实上他们依然活着，力证自己生命力顽强。其实抛开个人情感因素来说，珠宝区让出一楼给化妆品、服装和其他品类是相对合理的，毕竟对商场而言效益才是最关键的。未来随着珠宝品牌数量的膨胀和终端门店的进一步过剩，珠宝企业的生存环境将急剧恶化，盈利能力越来越差，最终恶性循环导致没钱进行品牌升级。想到这些我突然意识到，商场中的珠宝终端现状或将是整个中国珠宝行业的未来，行业的大考之日或许真的临近了。

我们可以像爱是唯一那样玩转情侣对戒

目前国内在产品方面做得好的珠宝品牌有很多，但一直以来我对产品没有那么关注，对钻石对戒的玩法也知之甚少，直到听一个要好的朋友说温州爱是唯一的情侣对戒做得如何好之后，我才决定亲自来看看。见识过以后发现爱是唯一的招式确实厉害，但也不是不可超越，我个人总结出以下三点打造情侣对戒的方法。第一，情侣对戒的道具陈列必须有特色。我曾实验过多次，距离柜台 1 米远，款式细节基本看不清，只能看清道具；距离柜台 2 米远，款式基本看不清，最多只能看到产品品类。因此为了真正引发消费者兴趣，必须在道具陈列上下功夫，否则再好的产品也是白忙。第二，情侣对戒的产品组合非常重要，

如何看起来更专业是吸引消费者购买兴趣的关键点。爱是唯一的情侣对戒不是把产品一对一对地摆放整齐即可，而是增加了定制款（样板戒）的集中摆放。九件为一套，六种颜色，共计108件用合金做的定制款集中陈列效果非常吸睛，同时在旁边放置一些产品细节的图片，立即把情侣对戒的优势显现出来了。第三，产品本身有卖点可讲，不只是卖同质化的产品。在爱是唯一的对戒内壁，顾客可根据需求定制姓名、日期和指纹等独特内容，虽然要等30～40天才能拿到货，但这种让佩戴者充分参与到制作过程的形式确实有相当大的吸引力，顾客也更有耐心等待。

发达市场中的珠宝街边店未来前途难料

何谓发达市场？这其实是一个很难定义的词。我个人认为这是相对而言的概念，中国的沿海城市，一些经济发达省份或是GDP排名较前的城市，都可以称之为珠宝业的发达市场。一个城市的商业中心，以前曾是一个百货大楼带着一条商业街，而当下可能是由一个较大的商业中心带着一个或两个副中心，每一个中心都由一个或数个商场、商业中心和附近的商业街区构成，也都会有一个或若干个超市、电影院和大量的餐饮店铺。商业中心以前以购物为重心，现在则以购物、餐饮和娱乐为主。这一切的变化让原有的珠宝街边店很

是尴尬。有时候珠宝店望穿秋水如怨妇般等客，而旁边的餐饮小店，哪怕是一个奶茶店都有排队消费的人气。其实珠宝街边店的日子越来越不好过，很多行业人都深有同感。早先时候源于商业的大发展，商场有限的场地催生了步行街，步行街带动了一大批的街边店。然而大规模的城市化导致大量的商业中心出现，把商业街上的小店逼进了商场，留在街边的品牌店就如同弃妇般忍受着风光不再的凄凉。真是世道轮回，万事循环，只是不知现有商业街未来前途何在，那些定位高端消费的珠宝店或许早日转场才是最佳选择。奈何现在有些城市的商业中心人气还不够稳定，已成局的珠宝一条街仍可支撑一段时间，所以珠宝街边店兴许还将存在一些时日，但愿已落户街边的珠宝店们基业长青。

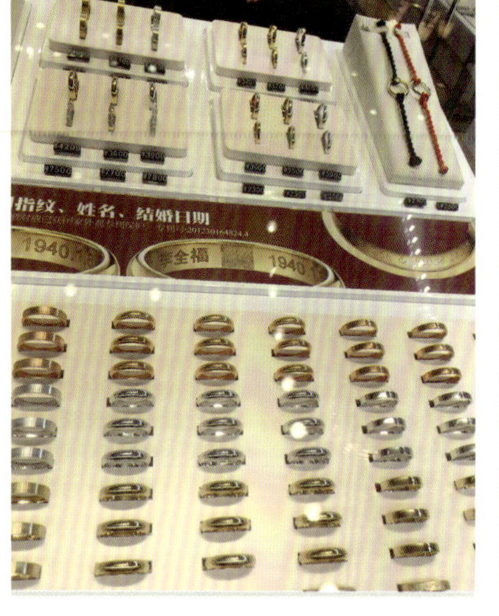

总得来说，温州这样的市场很有代表性，让我深刻体会到行业未来的潜力和危机。需求决定层次，消费者消费能力越强，我们的服务和产品也必须越来越强，否则行业的进步无从谈起。感谢温州这个发达的珠宝市场带给我们的警醒。“天下武功，唯快不破”，未来我们只有更快地去迭代升级，更用心地去做产品和服务，市场才能真正接纳我们。下一站是江西省会南昌，时隔多年再次考察南昌珠宝市场多少有些激动。记得胜利路珠宝街上有一些大店给我留下过很深的印象，不知他们现在是否仍然安好。随着商场或大型商业中心竞争力的提高，原有的商业街肯定也受到了不少冲击，希望各大珠宝店铺能有新招应对。另外，像南昌这样的省会城市肯定吸引了周边各级市场中的婚庆消费人群来消费，不知有没有诞生以定制和婚庆为主题的珠宝品牌，这也是我非常想知道的。总之，让我们拭目以待……

[延展阅读]

1. 温州简介

温州是国家历史文化名城，素有“东南山水甲天下”之美誉。温州古为瓯地，也称东瓯，唐朝时始称温州，至今已有2000余年的建城历史。温州是中国民营经济发展的先发地区与改革开放的前沿阵地，在改革开放初期，以“南有吴川，北有温州”享誉全国。温州是中国数学家的摇篮、中国南戏的故乡、中国海鲜鸡蛋之乡，温州人被国人称之为东方犹太人。

2. 温州主要商场（商业街）和珠宝品牌

商场（商业街）	主要珠宝品牌
银泰百货（鹿城区）	Cartier、SWAROVSKI、PANDORA、曼卡龙、莱绅通灵、周大福、老凤祥、六福珠宝、潮宏基、锦阳珠宝、爱是唯一、玉翠山庄
万达广场（龙湾区）	BVLGARI、DR、BLOVE、曼卡龙、金大福、缪福生、银时代
华润万象城（瓯海区）	SWAROVSKI、APM Monaco、PANDORA、BLOVE、I Do、谢瑞麟、周大福、潮宏基、爱是唯一、尚晨珠宝
时代广场（鹿城区）	ARTē、SWAROVSKI、VENTI、莱绅通灵、爱是唯一、六福珠宝、周大福、谢瑞麟、老凤祥、周大生、潮宏基、尚晨珠宝

南昌：再访洪城　见证丛林法则之残酷

2018 年 4 月 20 日
26 ℃　小雨

在七年前的考察中，南昌给我留下了非常深刻的印象，尤其是它的三泰黄金大楼和一条珠宝街。随着整个珠宝行业的不断成熟，当我再次来到南昌时，体会到的只有物是人非。行业的发展是不以人的意志为转移的，一个行业的成熟，必然会出现新旧品牌的更迭，一代新人换旧人。商业竞争其实是最实在的丛林法则，优胜劣汰、弱肉强食，根本没有什么所谓的和谐发展。

原有老珠宝一条街全面进入颓势

我的考察习惯通常是从熟悉的地方开始，南昌的考察我也是直奔原来的珠宝一条街，印象中的胜利路 2 号有一个三泰黄金大楼，当年就赫然矗立在步行街的一头。结果等我到达那里一看，才发现那个三泰黄金大楼早已不知什么原因荒废了。这原本是绝佳的珠宝店店王的位置，如今却是人去楼空，好像有一段时间没有招租成功，或因房产方面的争议而僵持，不知道未来结果会如何。不过我真的希望他们只是重新装修停业一段时间，但事实怎么看都不太像我这种乐观的估计。

之后我参观了老凤祥银楼的南昌旗舰店、周大福、香港卓尔珠宝、中国黄金、地质人珠宝、裕泰福、亨得利珠宝金楼、克徕帝、金一珠宝等店，其中中国黄金给我的印象是最深刻的，主要包括以下几点：

其一，中国黄金把大量的裸钻放在墙上展示。这其实是一个非常好的做法，但需要大量的钻石来展现实力。其二，中国黄金把大量的黄金手镯也放到了墙上展示，这能给顾客带来视觉上的“暴击”，只不过我会替老板担心资金的利润率问题。其三，中国黄金引入了MLE，提升了门店内容的丰富性。MLE确实是一个不错的概念，中国珠宝界的才子张公志把钻石的故事讲得很吸引人，不知MLE是否全是他的手笔，但由于最初是被他吸引才了解MLE，所以就把功劳记在他身上。看到中国黄金也引入MLE，不知是单店行为还是全方位的品牌行为，我估计前者的可能性比较大。综合来看，中国黄金这个店的老板真的很用心，投放了很大的资金认真做这个店，但是在巨大的投资额压力和大批竞争对手面前，不知他的回报是否真的会对得起他的这种付出。因为通过观察这个珠宝街的人气、各种店的组合和珠宝店的经营状态，我个人感觉这条街的珠宝店已疲态尽显，风光不再。

商场珠宝经营水平及商业中心竞争力提升明显

曾几何时，商场珠宝被一些商业街的专卖店吊打，然而随着商场的不断升级，这种局面正在一二线城市大规模逆转了。一方面是由于商场升级过程中，加大了餐饮、超市、娱乐场和电影院等项目的比重，从而提升了商场的人流量，也具备了更强的留客能力；另一方面，由于整体商业街的高昂租金成本和竞争过度，同时再加上消费者购物习惯已经逐渐改变，商业街专卖店的未来发展前景不会太好。然而商场珠宝区也不是毫无压力，它们时刻受到来自化妆品区的经营场地掠夺威胁，在与化妆品和场外珠宝专卖店的双重竞争过程中，整体的经营水平不得不迅速提升。在南昌的百货大楼中，由港产珠宝品牌领头，在潮宏基、莱绅通灵、千叶珠宝等新兴时尚珠宝品牌的带动下，整个商场珠宝的经营水平得到了相当大的提升。在国内的商场珠宝中，我们要感谢一些时尚珠宝品牌的带动，尤其部分区域内还有一些婚庆主题珠宝品牌也功不可没，比如：I Do、潮宏基、莱绅通灵、千叶珠宝和BLOVE等，这些品牌或多或少都推动了整个中国珠宝行业的终端形象提升。长期以来，我们都觉得大型商业中心的珠宝区难以建设，因为大型商业中心一般情况下都是建在新的商业区，初期的人气不旺且不稳定，所以一般得不到珠宝

品牌的追捧。不过随着 I Do、BLOVE 和其他定制类珠宝品牌不断在大型商业中心试点成功，现在已有相当数量的珠宝品牌入驻大型商业中心。在南昌的红谷滩万达广场，我似乎看到大型商业中心珠宝区的未来。事实上，未来的大型商业中心将会成为品牌珠宝最佳的形象展示地。回顾历史，我们告别了百货公司，基本上也遗弃了传统的商业街，现在大型商业中心已成为了我们的真爱，究其原因——互联网彻底改变了我们的生活习惯。在网购没有兴起时，我们的购物发生地必然是商场和商业街，我个人也喜欢在逛街中感受人流涌动的乐趣。然而现在能标准化的商品大多都在网上解决了，只有那些体验感强和个性化的产品还需要到实体店购买。以前是出来“买买买”的时代，现在是出来“玩玩玩”的时代，大部分出来的人是为了散步、遛狗、吃饭、看电影和跳广场舞，而能解决大部分外在需求最好的地方就是大型商业中心了，尤其是大型商业中心的饮食街和电影院，再加上超市基本解决了消费者的一切需求。同时大型商业中心还有超级大的停车场、安全舒适的环境，以及多商圈组合带来的便捷性，我们可以预知这才是商业的未来。其实现在很多有条件的原有商场也开始转型成为大型商业中心，没有条件转型的商场正在走下坡路。

个别品牌优势突显发展前景较好

在全国珠宝终端的考察中，我们要有一个良好的学习心态。多看一些同行做得好的地方，你会看到无数的希望。克徕帝绝对是一个让人佩服的珠宝品牌，它的整个商业模式和单兵战斗力都给我留下了非常深的印象。到了南昌，我再次到了多年前他们开的那家店考察。我到的时候有些早，店员们在有条不紊地开早会和整理店务。顺便提一句，考察同行时最好的时机就是开始营业前、开始营业后和客人最多时，因为这些时间段都是考察店务管理水平的最好时机。克徕帝对人员的管理目前来看是行业最好的水平，真希望他们能一直保持这种战斗力。金一珠宝一直是让人热议的珠宝品牌，尤其是他们“开挂”的开店模式，很多传统的珠宝人看不懂，对他们店的质量也褒贬不一。不过在南昌步行街上看完金一珠宝的店后，却改变了我的看法。在南昌珠宝街的金一店，一进店我就感觉到了这个店与其他金一店的不同。无论是店铺布局和装修装饰，还是道具和货品，都属于行业一流水平，完全不像其他的金一珠宝店。后来一打听才知道，这个店是由被收购方的运营高手亲自打造的。虽然通过小道消息得知，这个店可能是捷夫珠宝的老板周先生操刀的，但我真不敢随意写出他的大名，万一错了呢？我大

胆假设一下，如果金一的葱哥能让这个高手把全国的金一都打造成这个水平，那么现在的金一将完全可以成为一个伟大的珠宝零售企业。在南昌的时候，我向友人打听有没有以定制和婚庆为主题的钻石品牌，结果就被带到了爱钻坊。看着爱钻坊炉火纯青地运用着那些被行业熟知的套路，再配上他们十分惊人的销售额，我不得不说爱钻坊的老板是个高手。我们都知道，现在开珠宝店赚钱已经没有那么容易，大量的千店级珠宝连锁品牌把行业利润搜刮一空，仍能活得不错的只有爱钻坊这种主打定制概念的打不死“小强”。在我们中国珠宝首饰行业，定制并不是真正的定制，定制大多时候是销售低价产品的借口，但这个借口用好了，用到极致，仍可以体面地以低价来赢得竞争。希望这样的企业能长长久久地活下去，毕竟他们满足了这一部分顾客的消费需求。

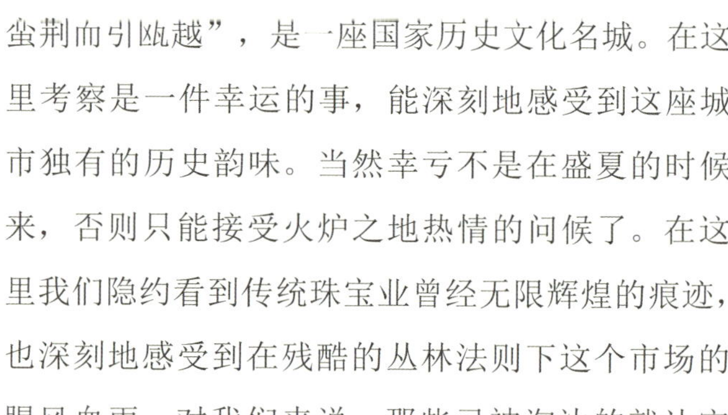

南昌自古以来被誉为“襟三江而带五湖，控蛮荆而引瓯越”，是一座国家历史文化名城。在这里考察是一件幸运的事，能深刻地感受到这座城市独有的历史韵味。当然幸亏不是在盛夏的时候来，否则只能接受火炉之地热情的问候了。在这里我们隐约看到传统珠宝业曾经无限辉煌的痕迹，也深刻地感受到在残酷的丛林法则下这个市场的腥风血雨。对我们来说，那些已被淘汰的就让它

随风而去吧，我们必须要拥抱新生，拥抱崭新的气象，未来仍然任重而道远。下一站是我非常喜欢的一个特色城市——瓷都景德镇，调整好心态继续出发吧！特色经济城市向来都是珠宝商家争相涌向的“好市场”，当地消费者的消费实力尚可，但是这样的市场其空间也是有限的。万一珠宝店远远多过市场容量，那谁的日子都不会太好过，只能面对面大眼瞪小眼。除了商业街的珠宝商家以外，“瓷都”作为一座艺术文化涵养相对不错的城市，也一定还存在着其他的亮点，比如珠宝定制和艺术创新的体现等等，下一站我将重点关注这些。

[延展阅读]

1. 南昌简介

南昌，江西省省会，是新中国航空工业的发源地，中国重要的综合交通枢纽和光电产业基地，世界级的光伏产业基地。南昌城始建于公元前 202 年，寓意“昌大南疆、南方昌盛”，是国家历史文化名城。南昌辖 6 区 3 县，设 1 个国家级新区（赣江新区），素有“物华天宝”之美誉。2017 年南昌人均 GDP 为 9.15 万元，常住人口 546.35 万人。高速发展的南昌正吸引越来越多的年轻人，据《2017 全国城市年轻指数报告》，南昌入选中国十大最年轻城市。

2. 南昌主要商场（商业街）和珠宝品牌

商场（商业街）	主要珠宝品牌
财富购物广场	SWAROVSKI、潮宏基、ACORA 奥柔拉、周大福
南昌珠宝街（中山路和胜利路）	老凤祥、周大福、卓尔珠宝、中国黄金、地质人、裕泰福、亨得利、克徕帝、金一珠宝
百货大楼（东湖区）	ENZO、潮宏基、莱绅通灵、千叶珠宝、老凤祥、六福珠宝、周生生、谢瑞麟、钻石世家、潮宏基、卡蒂尼、翠佛堂、万寿玉器
红谷滩万达广场	SWAROVSKI、I Do、BLOVE、周大福、老凤祥、潮宏基、周大生、爱钻坊、东华美钻、钻石世家、金伯利钻石、万福珠宝

景德镇：魅力瓷都鱼龙混杂　欲说还休

2018 年 4 月 21 日
26 ℃　小雨转中雨

景德镇，中国的瓷都，一个非常有名的地级市，也是我此行非常想来的一个地方。恰巧房车刚刚到达，就有业内的朋友约我，我欣然随行，去看一下这个城市的 35 家店。一个地级市有 35 家店在现在的国内并不是什么十分离谱的事，但我还是非常同情地与同行讨论着本行业的惨烈竞争。到了珠宝一条街后，看到的自然是一批有一定影响力的珠宝品牌一字排开。因为晚上无客，大量的导购人员和保安百无聊赖地望着门外，有些年纪大的保安更是直接在店门口盯着，观察我这个不速之客的一举一动，让我这个“偷拍高手”也束手无策。

传统商业圈市场不足以支撑品牌贴身肉搏

景德镇的珠宝一条街位于珠山中路，随便一数就有周大福、六福珠宝、老凤祥、老庙黄金、鸳鸯金楼、中国黄金、宝庆银楼、克徕帝、周大金等珠宝品牌。其中老凤祥在一个区域内就开了多家店，如此强势的珠宝一条街真不知道要有多少销售额才能支撑起大家的生存。据说景德镇的

主要珠宝投资商均为本地人，而且还有相当多的一部分珠宝投资商是亲戚关系。估计这残酷的商业竞争将对他们的亲情和乡情造成严峻的考验。由于当天晚上下着雨，我只能选择去一家离珠宝街较近的商场——华达百货。这里主要有周大福、六福珠宝、莱绅通灵和潮宏基等珠宝品牌，商场内也基本没有客人，导购们的服务意识和态度此时就更差了。原先我总觉得商场服务人员的服务要好过专卖店的人员，但最近的考察让我发现其实专卖店人员的斗志更强。环顾周围所有的珠宝店，在基本无客的状态下，只有克徕帝还在不亦乐乎地给几个老奶奶过生日，其他品牌的珠宝店员大部分都是无所事事。看着克徕帝员工的状态，我不得不说他们的单兵战斗力和工作态度是行业最优秀的，哪怕是加盟店也保持着相当强大的战斗力。

瓷都定制珠宝和商超店：潜力与压力俱存

本次来景德镇考察，在看似平淡的考察过程中，我发现了两个亮点，一个是定制珠宝，一个是商超店。在景德镇有一个很有名气的艺术商圈——陶溪川。这里的本地人和游客都相当多，这是由一个老厂房改建的陶瓷主题文化区，自然吸引着非常多的人流，虽然有些只是遛狗的闲人。不过总体上来说，景德镇晚上的时光这里是人气

最好的地方了，就在这个陶溪川中不显眼的位置，居然隐藏着一家开了两年左右的珠宝定制店，定制的产品 10 天左右即可交货，能与国际各大品牌珠宝最流行的款式做到同步，价格更是十分亲民。从这家店不错的铺货量和老板信誓旦旦的交货期保证中，我知道他们的生意做得确实不错。说句实话，现在所谓的定制模式还真是珠宝界一个快速盈利的模式，只是这种擦边球的模式不知还可以生存多久。从深圳至地级市，我看到了大量的以经营品牌仿款为生的模式在生生不息地活着，有需求自然就有人提供服务，市场的发展规律是不以人的意志为转移的。我原以为仿款模式只适合省会级以上城市，现在我终于亲眼看到了在一个地级市也可以如此赚钱，真是让人感叹中国各级珠宝市场的强大。印象之中，珠宝商超店模式在浙江市场发展得不错，现今在景德镇也看到了初级的商超店。禧福珠宝作为一个新兴的本地珠宝品牌，没有到珠宝一条街与高手们直接赤膊上阵，而是另辟蹊径到区域内的超市里和超市附近开店。借助超市的大量中低端消费者的力量，对于一个小企业来说盈利或许更有保障。据说他们目前的销售额很不错，但是仔细看了他们的人、铺、货、营销和服务后，我深知如果他们没能形成自己的独特竞争优势，未来的生存空间会越来越小。其实周六福也一直在抢占商超渠道，当然其他的

渠道他们也抢，但总体而言，实力不够强大的珠宝投资商抢占商场绝对是非常正确的策略。如果让我用周六福这样的品牌再加上莆田人的渠道扩张方式进军商超店，我想这些地方小品牌的生存压力就更大了。

如何通过珠宝橱窗去透视一个珠宝店

这些年我最喜欢研究的就是珠宝店的橱窗，因为通过一个珠宝店的橱窗可以看到这个珠宝店很多方面的东西。从大的方面说珠宝店的橱窗分成全通透、半通透和不通透三种类型。景德镇的周大福就是类似全通透的橱窗，上下全是空的，只依靠中间的横板来完美展示橱窗的陈列，这应该是周大福不断优化后的结果。而 I Do 是我个人认为的典型的不通透型橱窗陈列，通过较显眼的造型把橱窗变成一个隔墙，从而在店内形成一个浪漫的场，亦或是制造一种“犹抱琵琶半遮面”的朦胧感，让消费者由于好奇而不得不进店欣赏。当然有些较大的 I Do 店并不是如此，但估计他们的橱窗理念就是主张不通透型橱窗，有利于他们打造出一个封闭的场。而绝大多数的珠宝店都是半通透的，下面基本由柜体封闭而让消费者无法看到店内“风景”，无论柜体是电子屏还是广告牌，都无法改变这种保守做法的实质。通过雨中逛景德镇的一大批珠宝店，我可以断定橱窗是我们珠

宝行业最大的软肋，尤其是陈列的产品真的过于将就，没有几个珠宝品牌的橱窗陈列能达到国际珠宝品牌或是化妆品及名表的陈列水平，都是五花八门的自创式产品和饰物堆叠，再不就是用夸张的道具来吸引眼球。连六福珠宝水平一般的摆件陈列都被各种花样的“借鉴”，简直对不起动辄几百万的开店投资。其实很多国际大牌珠宝店的橱窗都是不通透式的陈列，简单、直接、充满创意，所展示的产品更是非常“负责任”。记得有次在迪拜的大型 shopping mall 中考察，在一个顶级的国际珠宝大牌橱窗前，我受到了一生中最大的刺激——一个橱窗的货居然够我们开好几个金店！在香港的周大福橱窗中，我也看到极其奢侈的产品陈列，仅仅是一个橱窗的货值都达到千万级，不过这只是赤裸裸的炫富，并没有太高的艺术价值，而迪拜那次考察却让我看到艺术和奢华结合的最好效果。如果说现在国内珠宝终端发展水平仍然较低我绝对赞同，因为通过绝大部分珠宝店里的橱窗就能最直观地看到这个珠宝品牌的发展水平。或许我的观点有失偏颇，但如果大家仔细对比所有珠宝店的橱窗，一个企业或品牌的艺术水准和品牌档次基本可以一目了然。

绚烂的陶瓷文化、繁荣的产业发展以及优质的自然生态环境，让瓷都景德镇得到许许多多

的关注，自然吸引来了大批的珠宝商家。然而我们现在看到的珠宝市场鱼龙混杂，消费者和商家双方都很疲惫。不知什么时候这个城市的珠宝业也能像它的陶瓷产业一样，带给当地消费者更多美的体验和幸福感？这就算是我的一个美好祝愿吧！希望魅力瓷都继续发光、发亮，我要赶往下一站醴陵了，想起湖南当地“凶狠”的市场打法就让人振奋不已。我对醴陵的记忆还停留在多年前，那时候我们都很看好这样的市场，但时至今日，那里也许已经是全国性品牌的天下，也许是几家欢喜几家愁。随着消费升级以及新生代消费者的崛起，这样的市场是否还有抢占的必要？如果是，那应该是以挑战者的姿态高调亮相，还是以“小弟”的身份低调蛰伏？也许现在暂时不需要想太多，去了就自然能找到问题的答案。

[延展阅读]

1. 景德镇简介

景德镇，江西省下辖市（地级），别名“瓷都”。景德镇市处于属于黄山、怀玉山余脉、鄱阳湖平原过渡地带。处于皖（安徽）、浙（浙江）、赣（江西）三省交界处，是浙赣皖重要的交通枢纽中心城市之一。民国时期曾与广东佛山、湖北汉口、河南朱仙并称全国四大名镇。景德镇市是世界瓷都，中国直升机工业的摇篮，国务院首批公布的24座历史文化名城之一和国家甲类对外开放地区。

2. 景德镇主要商场（商业街）和珠宝品牌

商场（商业街）	主要珠宝品牌
珠宝街（珠山区珠山中路）	周大福、六福珠宝、老凤祥、鸳鸯金楼、中国黄金、宝庆银楼、克徕帝、明牌珠宝、周大金、中国珠宝、老庙黄金、梦金园、周六福、周美福、香港卓尔珠宝、禧福珠宝、富豪珠宝、洪泰首饰、老杨珠宝、饶记珠宝、永恒珠宝、泰鑫珠宝、陈记珠宝、赵氏珠宝、金得利、周大生、百泰珠宝店、香港金翠玉工坊
华达百货	莱绅通灵、周大福、明牌珠宝、金伯利钻石、王老五钻石、六福珠宝、潮宏基

醴陵：特色经济县市窥见珠宝困境和未来

2018 年 4 月 27 日
26 ℃　多云

作为全国小有名气的“中国陶瓷历史文化名城”和“中国花炮之都”，醴陵是湖南省经济较好的一个县级市。我多年前曾数次考察过这个地方，主要是来踩点开店，所以每次来都是认真考察的。这次的考察也是从当地传统的珠宝一条街开始，其实这是在县市级市场考察的诀窍，找到最繁华的商业街即可。以前每次来都遇上节假日，看到的都是这条街人声鼎沸的样子，而这次来看到的却是少有的清冷，一如我此行的心情。还好我们参观了醴陵的瓷器博物馆，对这个县级市还残留一些好感，不然真有立马撤离的冲动。都说三四线市场好赚钱，但逛了瓷都路这条街上的珠宝店后，我只能说整个珠宝行业各级市场都好赚钱的时代正式结束了。到处都是红海，到处都是成熟市场，到处都难赚钱了！当县级市场最后一丝商机消失后，中国珠宝行业的大决战就真正来临了。

中国县级市场珠宝品牌的困境和未来

以前曾多次和同行们说县级市场如何好赚钱，说什么农村包围城市是珠宝品牌相对靠谱的成功之道，然而当我真正走在这座“百强县市”的街道上，看着两边足以落鸟的珠宝店，我发现自己以前说的话是多么地肤浅和不负责任。县级市场早已不是我记忆中的县级市场，早就被老凤祥、中国黄金、周大生、中国珠宝、周六福、老庙黄金和地方强势品牌及各种杂牌所占据。湖南省的地方强势品牌主要是张万福和克徕帝，再加上前面的那些品牌，这样算起来，一个县级市随便开上二三十个店相当容易，还好我在醴陵没有看到这么多店。即便如此，看到这里的珠宝店和相对一二线打折了的店铺装修、产品陈列和服务，我对他们也喜欢不起来。考察最重要的就是保持平常心和客观的态度，真正能做到的人并不多，我这种感性的男人更是经常控制不好。或许作为县级市场这些品牌已经做得很不错了，但是对比起一二线城市，他们还是有相当大的差距。试想他们连同样的节假日活动都简化成“水货”形式，能不让人心酸吗？最迷茫的时候正是觉醒的开始，也许县级市场并不是毫无希望，连锁店的整体运作水平低不就是潜在的希望吗？不就是未来的商机吗？有时发现自己真是个“天才”，这么“难”

的问题都被我想出答案来。不过这个机会的窗口期不会太长，当下很多商业街最好的店铺大多都是珠宝店，店务升级应该是县级市场珠宝店业绩增长的最后一浪，这一轮珠宝店升级完成后，县级市场就正式走向成熟了。

新生代消费者对传统珠宝品牌的态度

有人问我现在的新生代消费者哪里去了？我们不是有大批 90 后消费者吗？我也在大街上苦苦地思寻，他们哪里去了？按照预设的结果，他们不是应该出现在我们高价租来的商铺里吗？然而人呢？这场绝望的现实场景就如梦中情人早已投入他人怀抱一般残酷，90 后早已抛弃了我们。新生代消费者长期沉浸于互联网，对各种品牌了如指掌，所有的珠宝品牌在他们眼里都好像是裸奔的吹牛者，这也正是我们传统珠宝品牌被新生代消费者讨厌的原因。网上购物真的太方便了，一些珠宝网店可以把任何产品都以极低的价格倾销，美其名曰为爆款策略。虽说他们也是被逼的，但现实就是他们的倾销战确实伤到了传统珠宝品牌的专卖店，因为这些专卖店所有的降价空间和促销策略都早已被网购用烂了。传统珠宝品牌的专卖店，黔驴技穷般在高价租来的店铺里熬成了弱势群体，只能苦苦地等着被电商扫过的漏网之鱼来“临幸”。在县级珠宝商们连说好的体验式服务也提供不了后，这些传统珠宝品牌的专卖店真的没有什么有效的竞争手段了。再加上现在交通便捷，各大城市间的连接更快，成本也更低，消费者完全可以不计车费而去上一级市场消费。因此在互联网和上一级市场的双重分流下，处于市场最底层的县级市场人流量必将不断减少，而且这种减少的趋势不可逆转。想到这我心里就更虚了。现在的新生代消费者对传统珠宝品牌的态度就如同变了心的人一样，早已跑到高颜值的新兴品牌那里再也不愿回来。其实在这消费颜值的时代，传统珠宝品牌确实让人感觉不到激情。什么货真价实，什么本地情怀，都被高颜值的“小鲜肉”打败了。无颜值不零售，我想在考察结束后一定要去做一个高颜值的珠宝品牌，用手机照了下自己的脸后，我又很快打消了这个念头，我这自身的颜值根本很难做出一个高颜值的品牌。新生代对传统珠宝的态度，只可意会不可言传，大家还是各自体会吧！

特色经济县级市场的发展前景和进入策略

到了湖南醴陵，我突然间对国内有支柱产业的县市产生了兴趣。作为一个有花炮和瓷器产业支撑的县级市，醴陵的经济状况远远好过其他大部分农业县市。县级市场是中国城市级消费的终端市场，不过由于经济发展的不均衡，对所有的

县级市场的消费能力我们不能一概而论。如果把中国所有的县市按经济来分可以分出N等，其中有特色经济的县市无疑是最好的一部分。很多珠宝终端投资者，尤其是较早走进特色经济县市的这批珠宝投资者，一般都获得了不错的经济回报。只不过这类县市的发展持续性难以保证，当地珠宝消费者的经济收入也难以保证，直接影响当地珠宝市场的波动。这些与全球、全国和区域的经济密切相关，作为个体珠宝终端投资者是无法反向影响经济的，只能随着这个县市的经济发展来获取投资收益。总体来说，中国具有特色经济的县市发展还是不错的，在经济整体向好的大背景下，珠宝投资经营者必须密切关注当地的经济形式变化，顺势而为。不过这些具有特色经济支撑的县市，一般经济发展相对较好，也更容易吸引珠宝商源源不断进入，因此这里的珠宝店竞争对手数量庞大。对于那些新进入的后来者来说，如果一来就以搅局者的姿态进入，或是直接开一个大店以挑战者的姿态进入都是有极大风险的。因为后来者对当地经济状况的把握不够，且缺乏原始的顾客积累，很容易造成出师不利的后果。在湖南很多县市，有相当数量的激进投资者，到处开大店和过度营销，期望以凶狠的逼抢来取得市场的主导权，这样或许可以较快成功，但前期的经营风险也十分巨大。说实话，开那么大的店和打那么多的广告，谁能保证你所有销售的税都全额交清？如果没有准备好就与当地所有竞争对手为敌，万一引发竞争对手非理性反击，我想局面就不是那么好看了。孙子云：“先胜而后求战”，在竞争过度激烈的情况下，我建议市场后来者温和地进入这样的县级市场，它终究还是一个相对意义上的好市场，我们不应过度刺激和破坏它，而是润物细无声地降落，在全面准备好以后再一点一点地蚕食市场。

在醴陵的考察更加印证了我对县级市场的预测，除了节假日还能有一些人气，平时基本就是一个惨淡的状态。恶性竞争和不断扩店带来了大量资源上的浪费，而门店的升级迭代又很难跟上，被新生代消费者嫌弃就在所难免。有时候我都在怀疑，这些商家到底是如何坚持下去的，只能说我们珠宝行业就是如此神奇，老板们勇气可嘉。诚然现在还有很多疑问，但未来一定会拨云见日，柳暗花明，让我们一起期待吧！我满怀热血赶往下一站长沙。提起长沙就会想起克徕帝，想起黄兴南路上的珠宝店大混战，我将再次向这些珠宝商家们学习他们强大的“营销战略”。相对发达的珠宝市场，婚庆和定制的渠道竞争肯定非常激烈，未来定制与婚庆无疑会开启一个新时代，希

望到时候我们的珠宝品牌都已全面准备好并奋力迎接！另外，在一些相对高端的商场说不定还能看到很多最新升级的品牌门店，各种新鲜的元素让考察之路多了几分新奇与几分快乐，这也是我不断坚持的动力。

[延展阅读]

1. 醴陵简介

醴陵，为湖南省辖县级市，由株洲市代管。醴陵盛产陶瓷、花炮，是世界釉下五彩瓷原产地、中国“国瓷”“红官窑”所在地和花炮祖师李畋故里，是“中国陶瓷历史文化名城”和“中国花炮之都”。根据《2015年中国工业报告》首次发布的中国工业百强县名单，醴陵市位列中国工业百强县93位。2017年12月，当选中国工业百强县区。

2. 醴陵主要商场（商业街）和珠宝品牌

商场（商业街）	主要珠宝品牌
瓷城大道	周六福、金六福、周大生、张万福、老凤祥、金伯利钻石、中国黄金、老庙黄金、醴陵大金行、老万年金店、六福盛珠宝
嘉茂银座百货	周大福、周生生、金六福、张万福、金伯利钻石

长沙：群雄争霸未平　港产品牌升级正忙

2018 年 4 月 29 日 -30 日
32 ℃　多云

长沙是我全国考察过最多次的城市之一，吸引我多次造访的主要原因就是向克徕帝学习。然而看了这么多年，我也没有真正看懂他们在产品和单兵作战训练方面的“技巧”，也许他们也在不断地升级和进化，也许是我笨得无可救药。每次走进他们店里，店员都把我们跟得很紧，其实考察中最怕对方店员过度热情，压迫你不想在店中多一刻停留，而多一刻停留可能会有惊人的发现，所以我建议考察要尽可能在店里停留 5 分钟以上。事实上，黄兴南路上那么多的珠宝店，能带给我震撼的不再是克徕帝，而是中国黄金和周六福，几家店一起发动了最强大的“农民营销”。我这里说的“农民营销”是指针对非城市居民的营销，是以一种相对接地气的方式开展的低端市场营销活动。我也找不出太恰当的词来形容这种营销，一来怕商家不高兴，二来怕读者误解我有歧视嫌疑。不过我可以发自内心地说，我喜欢这种营销。作为 70 后看着吴宇森电影长大的人，我喜欢吴宇

森式的暴力美学，因此我也更欣赏暴力营销，而“农民营销”其实就是最完美的暴力营销。

珠宝的城市攻防战精彩纷呈

我在湖南发现了一伙很厉害的珠宝人，即做中国黄金、周六福和中国珠宝的这一伙人。他们通过把营销做到了极致，通过把控硬金、22K金和18K金等产品的高利润，通过实施一系列的换款、回购售后策略组合，好像也赚到了不少钱。这种针对中低端市场的进攻战我个人认为可圈可点，毕竟竞争对手们好像也没有什么高招可以对抗。另外一个在城市攻防战中的优胜者就是克徕帝，克徕帝通过把钻饰玩到了极致的战略，也打得竞争对手们无可奈何。回顾整个中国珠宝行业的发展历程，有很多高手给我们展现了过人的智慧和凶狠的打法，只是我一直无缘见到这两伙我欣赏的高手。总得来说，黄兴南路上商家们利用不同产品，针对不同人群的精彩战法，还是很值得大家研学的。

港产珠宝品牌升级正忙或再领行业锋芒

每次考察我都会习惯性先看港产品牌，因为我认为中国珠宝品牌中只有他们在认真地进行大兵团系统作战。在国安街，我见到周生生的新一代轻奢店，或许这家店是周生生的第一批新一代

轻奢店，看得我兴奋不已，好像是发现了新大陆似的。去年曾有行业大佬问我做行业渠道还有什么类别可以做，我回答说轻奢和婚庆还不错，相比之下轻奢更有未来，结果那位大佬强烈反对了一番，然后把品牌定位成了婚庆珠宝品牌。其实不管我们观点的对错，婚庆现在已经逐渐被行业做烂了，真不知未来会不会把轻奢也做烂了，而今天周生生却向我展示了一种如何做轻奢的思路，还解决了我心中很多关于轻奢的困惑。周生生这个店里只有两名店员，属于商业中心型的店，源于员工较少，无论是在店外还是在店内，我都有机会无所顾忌地狂拍。整个店的装修、柜台、道具和产品基本上做到了完美统一，尤其是产品方面，大量借鉴了原有成熟的产品体系，让消费者更容易接受这个新的品牌形象。不知道周生生这种改变是整个体系升级的开始，还是重新推出了一个新品牌试水，虽然是第一次看到周生生的轻奢店，不过我还是认为它可以成为一个有竞争力的子品牌，因为这个店大量压缩了黄金饰品，同原来的店已经有了本质的区别。近几年来，周大福的升级是最明显的，同时区隔出了几类店，还推出的一个新的子品牌 SOINLOVE，好像还有一个国际高端品牌 JEWELRIA 周大福荟馆，真是多线出击。结合周大福和周生生的升级，我个人认为这

两个港产品牌给出了当前品牌升级的最佳答案，他们仍将在很长的一段时间内继续引领整个行业的发展。

婚庆和定制看似迷雾重重但前途光明

说到婚庆珠宝，大家耳熟能详的品牌随便一数就有十多个，其中 I Do、DR、BLOVE、ALLOVE、MLE 做得较好，其他品牌也依赖于各自的理解而不断努力着。婚庆珠宝看似好做，但又有多少珠宝品牌真正触及到婚庆的实质？我们现在的婚庆珠宝品牌，有些是以婚庆人群消费的产品来做品牌，有些是以婚庆人群的心理需求来做品牌，而有些只是打上了“婚庆珠宝”的标签，很少真正从产品、从消费者心理需求、从中国婚俗文化和其他各种与婚庆需求相关的因素综合起来做品牌。对于相关的很多问题我们还没有明确的答案，比如 90 后的婚姻观到底是什么样的？00 后的婚姻观又会是什么样的？已婚人士的婚姻观又是什么样的？爱情观呢？爱情观和婚姻观如何演进？什么样的产品能打动婚庆消费群体的内心需求呢？有时想起这些我也满心疑惑，然而珠宝除了做时尚、做轻奢、做婚庆和做个性定制外还能做什么呢？这么多年，大家能记住的不就是 Cartier 的手镯、TIFFANY 的钻戒、Van Cleef & Arpels 的四叶草吊坠和 BVLGARI 的 ZERO 戒指吗？其实我们

又何必那么认真呢？我想很多消费者都没有那么认真过，我们从业者也不必杞人忧天，只要还有人结婚，市场就一定需要婚庆珠宝。而中国每年有上千万对新人结婚，那么细想起来，按每对对戒 10000 元，上千万对新人不就有上千亿吗？我的数学不是体育老师教的，算了好几遍还真是上千亿，这个千亿级的婚庆市场难道还没有前途吗？关于定制方面我一直都有个误区，一想到定制我就想到了深圳水贝的小厂，各种“大牌款”珠宝打着定制的幌子流向全国各地，有时想起来，感觉定制不就是各种抄版和仿款吗？但通过对 DR 和 BLOVE 的观察，我发现自己还是有些狭隘了，其实定制可以以另一种方式进行销售，一种铺货成本很低的方式销售。一直以来，尤其是黄金消费为主的时代，铺货量代表的是一种实力，一种信心，以及一种提升销售的可能，而在专业定制的门店，铺货量很小，顾客必须等上一段时间才能拿到货，我很是怀疑消费者有没有耐心等那么久才看到产品。再说那些定制品牌所提供的异型钻、各种国际和国内证书，让人感觉多少有些不敢相信。我以前觉得有 GIA 和 NGTC 证书的圆钻才是我们应卖给消费者的钻石，能让消费者马上拿到货才是零售的王道，但现在这些看来似乎都不重要了。也许这些只能代表老一代的消费者的需求，新一代消费者并不在意一手交钱一手交货式的购物方式，

他们可能更需要精神方面和其他方面的东西呢。时代在变，人在变，很多定制品牌给了行业另一种思路和可能。我们应向这些定制品牌好好学习一下如何用最小的成本获取最大的利润，同时也能满足顾客精神方面的需要。

这次考察再次让我感受到长沙珠宝行业的风云变幻，相信很多业者对长沙也是又爱又恨。这座城市有着各种各样的可能性，豪强汇聚，争相辉映，各种商业模式玩得风生水起，似乎再强硬的对手彼此都不会放在眼里。其实只要有长沙辣妹子这种敢拼能吃苦、精明又能干的销售人员，创造奇迹也许是大有可能的。下一站是株洲，我们可以把它看作长沙市场的延伸。近年来消费升级的硝烟蔓延到各级市场，株洲有着像株洲大金行这样的传统老店，也有克徕帝这样强劲的后起之秀，他们应对的方式必定各有可取之处。同时预计到达株洲时刚好是五一节假日，这个时候考察应该能获得对消费升级的直观体验。我想现在各店都一定在风风火火地搞活动，不知道消费者们会不会也欣然买单？好戏即将开始，期待。

[延展阅读]

1. 长沙简介

长沙，湖南省省会，是长江中游地区重要的中心城市，全国“两型社会”综合配套改革试验区、中国重要的粮食生产基地，长江中游城市群和长江经济带重要的节点城市。湖南省政治、经济、文化、交通、科技、金融、信息中心。长沙位于湖南省东部偏北，湘江下游和长浏盆地西缘。总面积 11 819 平方公里；辖 6 个区、1 个县、代管 2 个县级市；2017 年，常住人口 791.81 万，城镇化率 77.59%。

2. 长沙主要商场（商业街）和珠宝品牌

商场（商业街）	主要珠宝品牌
黄兴路步行街（天心区）	克徕帝、中国黄金、中国珠宝、金一珠宝、周六福、明牌珠宝、张万福、老凤祥、周九喜珠宝
王府井（天心区）	PANDORA、DBE、ENZO、周大福、六福珠宝、谢瑞麟、戴梦得、周大生、潮宏基、吉盟珠宝
万达广场（开福区）	CHAUMET、SWAROVSKI、I Do、BLOVE、LOVE&LOVE、DR、周生生、周大福、六福珠宝、谢瑞麟、钻石小鸟、老庙黄金、国王金殿、伊戴娇、银百合、金艺华

株洲：消费升级引发的攻守战硝烟四起

2018 年 5 月 1 日
30 ℃　阵雨

株洲，是我此行重要的休息站，我上一次穿越中国也是在株洲休息调整自己的。自驾远行，一开始是兴奋的，但过不了多久就是煎熬，所以一定需要在一个地方多休息几天来调整自己的心情，让自己真正地适应长途旅行。我这次来株洲还有一个重要的任务，就是再次了解一下株洲大金行与竞争对手们的鏖战。现在的株洲建设南路早已成为了名副其实的珠宝一条街，这和全国其他的很多城市一样，珠宝店过度竞争的结果就是当地人气最好的街道成为了珠宝一条街。都说进攻是最好的防守，但没有多少人会有持续的进攻能力，是人就会有疲劳期，有疲劳的时刻竞争对手就有了可乘之机，株洲本地最大的地方品牌正面临着这样的问题。

地方老店的发展现状与未来

说起地方老店，株洲大金行绝对是其中最具代表的品牌之一，从 1992 年至今已历经 26 年，我真心佩服株洲大金行经营者的毅力，一项事业坚持了 26 年，这点绝对不是谁都能做到的。国内从中国人民银行改制过程中得来的这一批金店，可以说是时代的幸运儿，同时也是当前最尴尬的一批金店。株洲大金行的董事长李志华大哥曾经问我，目前国内像他们这样的金店发展得怎么样了？未来将向何处？我不忍心骗他，就直说了我个人对这批金店的看法，我说：“像你们这样的金店，一部分已做强做大了，一部分在当地代理一大批其他品牌，剩下的一部分已经被市场淘汰了。”做强做大，即意味着成为了地方性区域品牌或是全国性品牌，代理一大批其他品牌在当地也能平安地活着，而退出江湖的那些人也还不错。至于地方金店的未来，如果无法成为强势区域品牌，很难有什么未来可言。像株洲大金行这样依然快乐地活着的珠宝零售企业，在国内绝对是极少的案例，我真心佩服你坚持战斗在一线这么多年。看着李志华大哥失望的表情，我安慰道：“船小好调头，如果能率先进行迭代升级，株洲大金行仍可赢得行业的下半场。”不过说完我内心深知，这条路不是很容易走的，作为一个 50 多岁的老一代珠宝人，他们的担子似乎沉重了些，毕竟创新或是迭代对他来说都是一件困难的事。不管怎么说，各地的地方老店或许是现在行业中发展压力最大的，一方面是现实中面临的经营恶化，另一方面是他们难以放下的荣誉和骄傲，难以放下心中那份不甘和所谓的面子去改变。

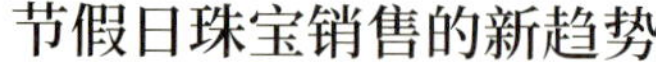

节假日珠宝销售的新趋势

由于是五一节假日，我真正体验到了株洲市场竞争的残酷。其实我个人最喜欢节假日考察，因为这是人流量最好的时候，我可以通过人流量的对比来分析哪些品牌更有竞争力。平日里所有的珠宝店基本都没有什么客流量，很难客观地对比分析出各自的竞争态势。这次到株洲考察，我发现节假日珠宝销售又有了新趋势——高中低档各层级消费者的消费趋势更明显了。消费者的消费理性化对经营者来说好坏参半，我个人对此是比较悲观的，看来中国珠宝行业真的变天了。对比节假日营销主要看活动的策划、产品的组合和活动的执行几个部分，其中活动策划是整个活动的开端。同以往相比，现在的商家在店外装饰方面投入更多了，同时店内的布置也得到了强化。再者，导购人员会把工作服换成文化衫和其他的节日服装，更加凸显节假日的气氛。现场活动方面也在以前唱歌和跳舞的基础上，增加了“共享男友”“耍大蛇”和其他一系列刺激的节目，似乎商家们都已经竭尽全力了。节假日珠宝销售一直以来都是重头戏，现在基本分成两派：一种是积极折腾派，另一种是就地装死派。作为就地装死派，一点活动的动静都没有，一脸的生无可恋。事实上，活动带来的损耗越来越大，原有凑热闹的人群少了，

再怎么折腾也没有以前的效果了，对于有苦说不出的专卖店珠宝商来说，节假日将成为受难日，活动策划难，活动效果保证难，总之就是一个难。

克徕帝珠宝升级引发的思考

这几年来，中国珠宝行业出现了一个强大的终端竞争对手，基本把所到之处的地方品牌收拾了一大遍，原先利用黄金低价吸引人气和依靠钻石快速盈利，现在又进行了全方位的升级。我曾多次研究过克徕帝的成功模式，最终因无法借鉴而作罢。全国能把商业模式玩得如此简单粗暴的企业真的不多，鉴于维护克徕帝的商业利益我不宜解密过多，但我可以对看不懂克徕帝的人说，这种模式的生命力绝对比你们想象中的强。详细看过株洲克徕帝的升级，我个人深感佩服，首先整个店面的装修更加时尚了，同时又极好地控制住了成本。一直以来珠宝店的装修都是走越来越高档的路线，材料和工艺的进步带来的是成本的居高不下。一般一个店百平方都要达到近 100 万元的装修费，就算便宜的也要几十万元，平摊到每年的使用成本是一个不小的数字。终端开店不是比谁的店装修得更好，终端形象是品牌主关心的，不是终端渠道商关心的。终端渠道商关心的是能否赚钱，装修再好不赚钱，一切装修都枉然。通过看克徕帝的直营店可以发现，他们很好地控

制住了成本，也非常成功地做到精准锁定目标客户。克徕帝的装修看似没有什么特色，但把一切都做到了极简也是一种特色。正当我找到更好的点帮他们宣传的时候，我发现他们的橱窗居然用了最新的透明电子屏（飞视光电透明屏），我真想大声说三遍：他们居然用了最新的透明电子屏！他们真的好潮啊！这种进步速度太惊人了，把很多天天喊创新的珠宝老板们甩出了几条街。其他的我不想多说，可能很多人没有真正看懂克徕帝的产品策略，包括他们的加价策略和盈利方式，不过我也不方便解释，毕竟这是他们的赚钱之道。我只想说克徕帝开始认真做黄金了，这将更加有利于拓宽他们的客户群。不仅如此，他们还盯上了硬金，硬金和22K金的利润空间还是不错的，如果做得好利润相当于珠宝。未来克徕帝全面升级黄金后，他们整体的产品竞争力会更强，再加上他们凶猛的价格策略，估计竞争对手们只能咬牙切齿了。另外，克徕帝的钻石“保值回购”业务也值得推敲，珠宝回购其实是有极大风险的，一方面，真出现回购潮时，我不知他们有没有足够的资金去应对；另一方面，就算能够应对，那么如何消化这些回收来的“高利润”珠宝呢？看了克徕帝“十分良心”的回购协议后，我还担心的是，在信息高度发达的今天，如果有人刻意去挑战这种并不完美的珠宝回购政策，尤其是遇到

“职业级”的顾客，局面难免会有些难看，但我们依旧希望克徕帝可以大杀四方，毕竟太平静的市场不利于行业的整体发展，何况我还有唯恐天下不乱的偏好呢？

如果说用两个字来形容株洲市场，那就是包容，各品牌在这个城市尽情发挥所长，好像没有什么放不开的，只要能足够炫、足够接地气，这个城市都能宽容以待。但这并不代表我们可以肆无忌惮，行业需要更多有情怀和有远见的品牌，不然最终只能变成赚到钱就撤的门店，空留给行业和消费者以唏嘘和遗憾。总之感谢株洲为我们上演了一场精彩的地方传统品牌与新兴品牌之间的攻守战，生命不息，竞争不止，期待他们继续为行业带来更多精彩的打法。下一站我将前往湖北武汉，这是珠宝业的一个超级大卖场，在这里可以看到传统珠宝城在市场演变中的逆向生长，这是很不容易的事。曾经的辉煌不能代表现在，更不能代表未来。我们现在面对这些“巨无霸”的态度，以后可能也是新一代珠宝人面对我们的态度，所以我们很有必要追根溯源，探讨一下珠宝城的前世今生。另外，武汉相当有名的商业街或者步行街散落着行业的新式传奇，太过强大的步行街已经和这个城市的脉络紧紧相连，让人根本无法忽视，且年轻一代消费者、新式消费模式

也必将带给这些步行街新的印记，不知我在武汉能否有些什么新鲜有趣的发现。

[延展阅读]

1. 株洲简介

株洲，古称“建宁”，湖南省辖地级市。株洲是新中国成立后首批重点建设的八个工业城市之一，是中国老工业基地。京广铁路和沪昆铁路在株洲交汇成为中国重要的“十字型”铁路枢纽。株洲是长株潭城市群三大核心之一，是长株潭两型社会建设综合配套改革试验区的一部分。此外株洲还拥有国家绿化城市、国家卫生城市、国家文明城市、国家园林城市等荣誉称号。

2. 株洲主要商场（商业街）和珠宝品牌

商场（商业街）	主要珠宝品牌
珠宝街（芦淞区建设南路）	ENZO、克徕帝、福泽人珠宝、南洋玉器、六福珠宝、金龙珠宝、恒达福、周逸福、周六福、张万福、株洲大金行、金一珠宝、周大生、老庙黄金、吉盟珠宝、老凤祥、中国黄金、福大福、千禧之星、金龙珠宝、戴尔斯银饰、熊银匠
株洲百货（芦淞区）	周大福、金至尊、周生生、六福珠宝、老凤祥、爱丽丝珠宝、嘉华婚爱珠宝、株洲大金行、南洋玉器、金龙珠宝

第二部分 深入篇

武汉：火炉之地老铺黄金前程似锦 060

杭州：婀娜杭城婚庆珠宝异军突起 069

上海："时尚之都"见证国际珠宝品牌之强势 077

南京：金陵珠宝迭代升级忧患犹多 085

合肥：万达席卷下的霸都珠宝生态奇观 094

郑州：中原之地迎来行业发展新阶段 103

新密：乌金之乡探寻县市珠宝终端之谜 112

太原：非强势品牌跨区作战利弊尽显 120

石家庄：北方粮仓应对消费升级启示录 128

武汉：火炉之地老铺黄金似乎前程似锦

2018 年 5 月 4 日
31 ℃　小雨转阴

我在武汉的考察时间相对来说比较长，先后去了武汉库玛华中珠宝交易中心、江汉路步行街、武商（亚贸广场购物中心）、光谷步行街和一些著名的商场。总之把能看的都去看了一遍。在繁华的武汉市，得益于好朋友的照顾，我的考察顺利许多，老人常说朋友多了路好走正是如此吧！武汉整体珠宝市场发展态势较好，可以说是到了成熟或是高度成熟的阶段，到处都是残酷的竞争。我曾经和别人说过，在武汉基本能看到所有珠宝零售领域的商业模式，因为湖北人是可以接受新模式的，同时湖北的商业氛围也是相对较好的。这些日子以来，我发现离职考察和在职考察的心态还真是不一样的，武汉作为我旅途伊始所到的大城市，让我体验到了离职后考察的那种“放飞自我”的感觉。当然这里不是说工作时考察不走心，而是工作时到各地考察都是行色匆匆，或是由一群同事陪同着，很难看到一些真实的终端现象。其实我个人挺喜欢摄影的，摄影器材都买了不少，只是发现自己的摄影水平还十分业余，但到处拍

珠宝店的手法和摄影应有的“良好心态”还是过关的。我完全可以当一名珠宝媒体的摄影记者，每次拍到好东西时都会开心地认为自己是被珠宝界耽误的摄影记者。虽然这种到处拍摄珠宝店的行为不违法，但多少还是感觉有点愧对这些门店，因为我把它们当作借鉴学习的对象却从不付任何费用。

省会城市传统珠宝城的困惑和发展未来

在武汉工艺大楼有一个相当气派的金叶珠宝城，尤其是招牌和一楼的装修非常大气，一看就是投入了很多钱。这次来武汉，在武汉库玛华中珠宝交易中心对面看到了一个新金珠宝大店，或者也可以说是一个小型珠宝城，同样给了我很深刻的印象，让我觉得这种珠宝城仍可傲视群雄。无论是商场的超级珠宝区，还是商业街上的珠宝城，在省会城市都是神一样存在的“巨无霸”，曾经很长时间内都是风光无限的。不过这次我再到处考察珠宝城时却有另外一种感觉，似乎这种省会级的珠宝城日子并不好过，尤其是那些“被迫”成为珠宝城的更是压力重重。说到“被迫”这件事，可能很多人并不理解，然而这却是一个血淋淋的事实。很多珠宝投资者是一步一步被竞争对手逼成了今天的“巨无霸”。一开始大家都没想过搞这么大的珠宝店，但你旁边的竞争对手开了个大

店，你跟还是不跟都身不由己，不跟，员工和消费者立即跑到竞争对手那里；跟，则又要增加更多的投资。一个大的珠宝城无论是单品牌还是多品牌组合，在现在行业迭代这个大背景下都是很难经营的。消费者早已不是“人傻钱多”的状态，消费模式也早已过了初级消费阶段。随着房租和其他各种费用的上涨，再加上实体经济受到互联网的“暴击”，省会一级的珠宝城人流和获利能力都在不断地下降。我逛过很多这样的珠宝城，站在店中央都能深刻地感受到投资者的困惑，一种不断苦熬又不知未来如何的困惑。说实话我一直通过考察来对比分析，我深知这种大店和珠宝城模式是上一代的产物，像活了数个世纪的恐龙一样，他们终将随着消费者的迭代而退场。不过我个人还是非常同情他们的，不知该跟他们说什么好，因为他们创造了很多我们引以为傲的“过去”，是我们一路相伴的同业，有些人更是我们一生的朋友。

武商珠宝区、光谷步行街及江汉路步行街

看武汉的商场珠宝要看武商珠宝区，因为武商珠宝区是武汉甚至湖北全境中实力最强大的珠宝区。其实如果没有历史的沉淀和整体商场体量的卓越，在一个省会城市坚持这么一个大规模的珠宝区是相对较难的。现在商场的生意也不太好

做，尤其是体量较大的商场业态组合较难，就拿珠宝这种整体装修投入较大、装修水平提升较慢的行业来说，如何组合起一批档次够高的珠宝品牌来形成一个有竞争力的珠宝区难度相当大。武商珠宝区是以“体大量多”为竞争力支撑点，可以想象数年前这里的生意一定是日进斗金，因为大量的中低端消费者足以较好地保证这些珠宝品牌的盈利。现在武商珠宝区还剩下很多国内知名的珠宝品牌，如相对大牌的有：周大福、周生生、六福珠宝、金至尊、谢瑞麟、ENZO、SOINLOVE；国内主流的品牌有：老凤祥、周大生、中国黄金、I Do、潮宏基、莱绅通灵、千叶珠宝、曼卡龙、明牌珠宝、钻石世家、ALLOVE和萃华珠宝等；以及一些其他的珠宝品牌，如：老铺黄金、武商金、中国金币、百泰首饰、金龙珠宝、澜纷古、宝享达、罗曼蒂、DADA百变珠宝、HKDavid•Danny、欧诗漫、蒂爵珠宝、COCHIO古时、卡尼珠宝、伦比珠宝、恒翠、东方金钰、和合玉器、和玉缘、乐印琥珀等。随着商场的不断升级，以及商圈的不断扩展和竞争对手的不断增多，我可以断定的是大量低端消费者已经很少敢于在这装修奢华的大商场消费了。这种趋势必然把所有珠宝品牌挤向中高端，而我们都知道做中高端消费者的生意是较难的，所以我越来越不看好这种大商场的珠宝区了，我想用不了多久这里的珠宝区将会因获利艰难而不断瘦身。

到了武汉的光谷步行街我却又看到了另一番景象，这条街我是第一次逛，让我体验到了大学城区消费的“另类”。它的主要消费者是大量在这附近学校求学的大学生，现在的大学生是高消费群体，他们不管实际经济实力如何，都热心地支持着周边无数的商家，即便缺钱也可以各种贷款消费。光谷步行街的珠宝店真的很多，传统的珠宝品牌我就不提了，仅是以定制和网购为概念的珠宝店就有好多家，如：DR、珂兰钻石、LOCKLOVE 求婚钻戒、Dmallovo 和完美克拉等，说实话除了前两个品牌，后面的几个品牌我从来没有见过，这次算是大开眼界了，看来学生们的婚恋珠宝还是非常有市场的。武汉还有一条非常出名的步行街，叫江汉路步行街，据说是中国最长的步行街，有“天下第一步行街”的美誉。南起沿江大道，贯通中山大道、京汉大道，北至解放大道，全长 1600 米，是武汉著名的百年商业老街，也是我个人最喜欢逛的商业街。这条街上无论是明牌珠宝的大店，还是克徕帝的多店，以及旁边商场中的大量珠宝店，都是我每次必看的店。这条街真的是太繁华了，尤其是晚上在各种户外灯光和商场橱窗灯的映衬下，显得十分美好，并且人流量也非常好，商家们的生意好像也不错。记得以前来考察时武汉还是一个“大工地”，这条步行街也在建设之中，根本没有现在这般繁华。从某种角度上来说，一个省会城市的步行街就是这个城市经济发展的晴雨表。通过江汉路步行街的变化，我能感觉到武汉这几年的经济还是不错的，尤其是一些主力店铺的形象更是体现了潮流和审美的升级。当然有些城市的步行街越来越差，虽不能说这个城市的经济正在变差，但多少也有一定的关联。总得来说，一个城市的步行街繁荣程度与这个城市的发展形成某种正相关的联系，一个真正繁华和消费旺盛的步行街，一定预示着这个城市的经济发展不错。相反，一个正在消退或者消费吸引力差的步行街，一定预示着这个城市的经济发展在变差，特别是一些被过度开发的不景气步行街，一定预示着这个城市的经济正在被透支。

再次见证老铺黄金及精工黄金的前程

武汉考察期间，在店海茫茫的武商中再次看到了老铺黄金的店，估计这个店新开不久，是整个武商珠宝区最里面的边店。一直以来，做品牌的都喜欢在商场中开边店，因为边店可独立做形象，这样能更好地体现一个品牌的个性和品牌实力。相比一两个岛的普通珠宝品牌，做边店的珠宝品牌有更大的发挥空间，也可以更好地满足高端消费者的需要。只不过随着这两年经济发展的降速，个人认为现在做边店的投资回报未必会更好。看了老铺黄金的边店，我明确感受到他们一

定是由于装修奢华而被批准入驻边店，因为无论从什么角度看都可以看出他们的装修用材、设计和风格都是高端的。对于这些装修高端的黄金品牌来说，我在赞叹之余也深深地为他们该如何持久地经营担心。虽然他们产品的毛利相对较高，不过由于消费群体较窄，生意并不好做。诚然武商在珠宝区相对较好的位置给他们增加了一个岛柜，希望通过这个岛柜帮助他们在后面的边店拉点客流，我不知道最终的实际效果如何，但估计整体投资回报率很难让老板喜笑颜开。老铺黄金的装修费用在所有品牌珠宝中应是居于前列的，但老铺黄金的产品以行业最难溢价的黄金产品为主，同时又以较高端的窄产品线来支撑整个品牌，这样的珠宝品牌获利能力一定是相对较弱的。这正应了"人间正道是沧桑"这句话，但愿他们可以坚持住。

被誉为"东方芝加哥"的大武汉实在太过威武，让我真正体验到了发达市场的繁华与霸气。任何品牌如果能在这里占据一席之地都是非常值得骄傲的事，这里虽然"杀气重重"但是高手从来不会惧怕，而是伺机而动直面竞争。值得敬佩的是，不管是大型珠宝城还是商场街铺，又或者是商场珠宝区，武汉的珠宝商家们都是满血状态，毫无示弱的迹象。相信在这种力量的引导下，这里未来会有更出色的发展。下一站是风景秀丽的“人间天堂”杭州，我会更多地去考察杭州的婚庆珠宝与新兴的异业市场，听说DR在杭州的销售额高得吓人，另外有一些在新零售领域做得较好的品牌也值得考察，这对我们珠宝行业未来的发展有很好的借鉴意义。婚庆珠宝这几年在终端快速崛起，比如I Do、DR和MLE等，传统珠宝商们在无奈中不得不有所调整，为了顺应市场变迁都不容易，但真正有竞争优势的又有几家？婚庆珠宝不仅仅是卖钻石，更是凝结了鲜花、爱情、仪式感等元素，聪明的品牌从来都是玩概念的高手，相信杭州市场一定不会让我失望。

[延展阅读]

1. 武汉简介

武汉，简称“汉”，别称“江城”，是湖北省省会、中部六省唯一的副省级市和特大城市，中国中部地区的中心城市，长江经济带核心城市，全国重要的工业基地、科教基地和综合交通枢纽。全市下辖13个市辖区，总面积8494.41平方公里，2017年常住人口1091.4万人。武汉地处江汉平原东部、长江中游，是国家历史文化名城、楚文化的重要发祥地，境内盘龙城遗址有3500年历史。春秋战国以来，武汉地区一直是中国南方的军事和商业重镇。

2. 武汉主要商场（商业街）和珠宝品牌

商场（商业街）	主要珠宝品牌
新世界百货（国贸店）	BVLGARI、Cartier、SWAROVSKI、PANDORA、Folli Follie、ENZO、HKDavid•Danny、周生生、金至尊、周大福、谢瑞麟、千叶珠宝、幸福密码珠宝、COCHIO 古时
凯德广场	LOVE&LOVE、I Do、九银匠、艾琦珠宝、美钻天成
武汉国际广场购物中心	Cartier、TIFFANY、APM Monaco、Van Cleef & Arpels、SWAROVSKI、BVLGARI、LOCKLOVE 求婚钻戒、ENZO、Dmallovo、MGS 曼谷银、周大福荟馆、港福珠宝
世贸广场	I Do、ENZO、SOINLOVE、ALLOVE、曼卡龙、莱绅通灵、DADA 百变珠宝、周大福、周生生、六福珠宝、金至尊、谢瑞麟、中国黄金、老凤祥、萃华珠宝、百泰首饰、金龙珠宝、明牌珠宝、千叶珠宝、潮宏基、钻石世家、周大生、武商金

杭州：婀娜杭城婚庆珠宝异军突起

2018 年 5 月 8 日
29 ℃　多云

杭州的商业中心很多，我一到杭州就习惯性地想去武林广场商圈，这里有杭州百货大楼、银泰百货，还有一条长长的珠宝街。以前考察曼卡龙时就喜欢逛这里，现在这条珠宝街已大不如前，时至今日，杭州珠宝的主战场仍然是商场。之后我又去了来福士、万象城、利星广场、解百珠宝和一系列商场，感受到了准一线城市中的商场珠宝新格局。如今像杭州这种准一线城市发展实在是太快了，很多商场都被新的商业中心所替代，很多行业都发生了翻天覆地的变化。其中化妆品、服装、餐饮和手机行业变化是最快的，新品牌替代老品牌的速度绝对是空前的。浙江在我印象中有曼卡龙、老凤祥、越王珠宝、明牌珠宝、莱绅通灵这样的强势珠宝品牌，可是现在到商业中心去看，发现那个时代好像真的结束了。现在在商业中心中曾经强势的品牌真的很难过，珠宝品牌企业能在新的商业中心好好活着就已经不错了，谁也不能再像以前那样“东方不败”。

DR 的崛起和 Roseonly 珠宝的启程

从杭州的朋友处了解到 DR 在杭州的销售额高得吓人，这激起了我们强烈的学习欲望，所以一到杭州我就急不可待地赶到 DR 的珠宝店。“男士一生仅能定制一枚”，这句广告语太煽情了，还要绑定证件号码，这策划足够驱使女人不计代价让男人买 DR 的珠宝，把男人安排得明明白白的。让男人忠诚这事上帝估计都搞不定，而作为一个普通的珠宝企业却要代劳。不过细想起来，这句广告语不正是女人的梦想吗？哪个女人不希望她的男人一生只爱她一人？原来 DR 是在卖女人的梦想，而且无需女人自己买单，这个商业模式对女人来说实在是太有吸引力了！DR 的产品也着实不便宜，远比大多数珠宝品牌的定价高，这是赤裸裸地对男人打劫，然而又有什么办法呢？很多看似简单的商业模式其实何偿不是聪明至极呢？反正羊毛出在猪身上，管他男人痛不痛呢！45 天出货，登记证件号码，承诺一生只爱一人，店内连个真钻都没有，只能看锆石的样品，这对于传统的消费者来说可能没有任何吸引力，但加上“女人的梦想”这五个字一切就不一样了。听说 DR 业绩好的店一个月销售可达 300 万级，DR 有上百个店，每年销售高达十几个亿，全额纳税后还有亿级利润，简直是中国珠宝界的奇迹。我这里的所

有数据都是道听途说，完全不负任何法律责任，但如果是真实的话那还真的有些打脸传统的中国珠宝人，他们就这样被后来者轻松超越。其实现在很多行业的新星崛起不正是由这样的企业创造的吗？我希望我们整个行业乐见他们的崛起，最好不要挖他们的“墙脚”，尤其是线上的技术和营销人才，不然他们的前路或许不会再一帆风顺。在看完 DR 的同时，我还顺路看了据说概念与他们相似的 Roseonly——一个非常擅长卖花的品牌。结果一到 Roseonly 的店，首先看到的是他们居然开始卖珠宝了，Roseonly 珠宝已开始启程了！“一生只爱一人”的广告语与“男士一生仅能定制一枚”的广告语是何其相似。以前就有人说 DR 是借鉴 Roseonly 的，看到 Roseonly 的店后我就信了，但这已不重要，就是让我看一百遍 Roseonly 也复制不出 DR 来。通过对 Roseonly 的观察，我感觉 DR 在珠宝界的成功怎么赞美都不过分。由于时间关系我没有仔细研究 Roseonly，但他们已经涉水珠宝，以他们对男人和女人心理的把握，估计中国珠宝业又将挤入一个强劲的对手。

静看婚庆珠宝的异军突起和全国之争

近几年婚庆珠宝异军突起发展极快，大有全国泛滥之势，这或许也是一种正常的行业发展态势。从最早的 I Do，到后来的 BLOVE、ALLOVE、

DLOVE，以及全国影响力较大的DR、MLE，甚至一大批新老珠宝品牌都靠婚庆概念蹭热度。可能大家都是奔着全国每年1000万对新人结婚的刚需市场去的，但中国目前婚庆珠宝的日子可能就只有I Do和DR两家相对较好外，其他很多婚庆珠宝虽然也曾发展较快，但真正可以在终端有较强核心竞争力的真的不多。在整个中国珠宝消费群中，婚庆消费者确实是一支主力部队，目前我国适婚年龄的主力军为85后、90后人群，而我国从20世纪80年代开始实施计划生育政策后，这一代多为独生子女。2017年全国依法办理结婚登记1059.1万对，虽比上年减少83.7万对，但就算每对平均总消费1万元，则2017年全国婚庆珠宝市场就有1000多亿元，占到全国珠宝总销售的20%左右。这种千亿级的婚庆珠宝市场是否能产生几个专业的婚庆珠宝主品牌，我想是极有可能的，从现在I Do和DR的发展趋势我们就可初见端倪。不过其他大量婚庆珠宝品牌，也就只有MLE在全国的营销推广力度较大，大部分的珠宝品牌仍有相当大的提升空间。I Do现在绝对是婚庆珠宝的王者，主要得益于他们的品牌形象好和发展较早，已基本成为全国范围的婚庆珠宝首选品牌。DR绝对是这两年兴起的新锐婚庆珠宝，主要是得益于他们的硬核概念，吸引了大批新兴消费者的支持。MLE

得益于相当出位的营销推广，同时结合了 I Do 和 DR 两者的优点，听说发展得也不错，其他的婚庆珠宝发展态势我就不一一评价了。总之我个人认为未来的婚庆珠宝仍将大有可为。全国珠宝市场层级较多，目前婚庆珠宝基本集中在一二线城市，最多到三线城市，还有大量的四五线城市需要真正有影响力的婚庆珠宝品牌。我想未来 3 ～ 5 年将是婚庆珠宝品牌的决战期，也许未来的县城都会是专业婚庆珠宝品牌争夺的主阵地。这么一说我都想做一个中低端的专业婚庆珠宝品牌了。我决定以后对婚庆珠宝这事少说为妙，具体原因这里省略 20000 字。

从异业火爆看珠宝行业新零售未来

杭州是一个准一线城市，很多新兴和美好的事物都在这里出现。这次在杭州考察珠宝的同时，我还研究了一下小罐茶、喜茶和野兽派。说研究其实多少有些汗颜，确切来说我只是感受了其品牌文化且到网上查了点资料，但就是这些已足够让我震憾了。这些品牌的兴起绝对得益于新的零售思维，不再是我们传统那套零售思维。时代真的变了，所有行业都在不断进步，所有行业都值我们重新去审视、重新去做一遍。听说日本有个叫“I-PRIMO”的高端婚庆珠宝来了杭州，我们兴致勃勃去看，结果发现它才刚开始装修。不过仅仅是装修围档

上的广告我都觉得有水平。I-PRIMO 的广告语为：婚戒，一生一次的幸福赠礼！我个人认为这个定义定得非常好，比 BLOVE 的广告语“一枚婚戒，一个故事”更有深度。其实最初看到 BLOVE 的广告语“一枚婚戒，一个故事”，我还觉得不错呢，毕竟他们的婚戒可以“讲故事”，比我们传统的珠宝商还处于卖产品纯度或工艺阶段高明多了，但看到 DR 和 I-PRIMO，我突然觉得 BLOVE 的广告语有些不够吸引力。BLOVE 是婚庆定制珠宝品牌最懂产品的了，如果他们的品牌广告语再更有深度一点就更完美了。不说异业了，就是珠宝行业都有大量的异国品牌新入中国，也许是我孤陋寡闻，但以前真的很少见，如：KING BABY、TOUS、Thomas Sabo、Elsa Lee 和 ABATHA 等这样的外国品牌。这么多强大的外敌入侵中国了，我们珠宝业要如何变革呢？我想中国珠宝行业的未来在新零售，中国珠宝新零售的缩影就在异业中已完成变革的优秀零售品牌和企业。

杭州是一座精致且发展极快的城市，在这样的城市考察，人也是幸福的。这里的消费者接受能力比较好，市场比较活跃，这也是一些婚庆珠宝品牌在这里迅速成长的重要原因。市场无情，成王败寇，愿每一个品牌都能有绝佳创意和概念加持，创造出属于自己的市场奇迹。下一站我要前往的是让人又爱又恨的国际大都市上海，去南京路体验各种国际大牌的“时尚教育课”。我们的很多珠宝品牌都希望引领时尚，而真正的时尚首先是由内而外透露出来的自信，然后再借助一定的表现形式所展现出来的效果。当然现在国际珠宝品牌对我们国内品牌的碾压和我们新生代的国际化也有着千丝万缕的关系，估计我们未来的品牌时尚化之路将越来越严峻。除了国际珠宝品牌与新生代消费者，在上海市场我还将重点关注国内时尚品牌在一线城市的发展情况，想必又将是十分忙碌的考察行程。

[延展阅读]

1. 杭州简介

杭州，简称“杭”，浙江省省会，位于中国东南沿海、浙江省北部、钱塘江下游、京杭大运河南端，副省级市，是浙江省的政治、经济、文化、教育、交通和金融中心，长江三角洲城市群中心城市之一、环杭州湾大湾区城市、长三角宁杭生态经济带节点城市、中国重要的电子商务中心之一。杭州得益于京杭运河和通商口岸的便利，以及自身发达的丝绸和粮食产业，历史上曾是重要的商业集散中心。

2. 杭州主要商场（商业街）和珠宝品牌

商场（商业街）	主要珠宝品牌
杭州解百新世纪商厦	Ama 珠宝、老凤祥、潮宏基、金大福、越王珠宝、周生生、谢瑞麟
万象城（富春路）	Cartier、Van Cleef & Arpels、PANDORA、CHAUMET、ENZO、周生生、皇家太古珠宝、周大福
杭州大厦购物城	FENIX 菲尼莎、曼卡龙、六福珠宝、谢瑞麟、中国黄金、千禧之星、老凤祥、周大福、普柏琳珠宝、环翠楼、润世翡翠
西湖银泰城	PANDORA、曼卡龙、中国黄金、钻石世家、周大福、潮宏基、老凤祥、金至尊、越王珠宝、石风轩翡翠

上海："时尚之都"见证国际珠宝品牌之强势

2018 年 5 月 13 日
28 ℃ 小雨转阴

上海是我非常喜欢的一个城市，主要是喜欢这里的国际化，我曾多次梦想能在上海成立一家品牌连锁公司，因为在上海可以非常好地解决品牌、营销和连锁方面的人才问题。对于珠宝连锁企业而言，上海的人才优势是全国其他城市绝对无法比拟的，因为在上海有大量的外国连锁公司总部和大量国际级的广告公司。然而我这次却是怀着一种复杂的心情来上海考察，这个城市太大了，对于考察者来说是个不小的难题。如果真要全方位地考察估计会累得崩溃，我只能选择记忆中的南京路、城隍庙和淮海路考察，另外再去一些商场，其他的商圈实在是去不了了。个人认为如果想要仔细地把上海考察完最少需要一个星期，同时还会累死人，想想大城市的各种塞车和巨大人流量就已经让人感到心律不齐了。

一线城市的大量英文招牌引发的思考

一到上海就去了几家商场先行找找感觉，结果在上海静安寺附近的中信泰富广场、梅龙镇广

场、金鹰国际购物中心和恒隆广场逛过后，感觉我整个人都不好了，发现自己越来越老土，现在上海大商业中心的一楼二楼的品牌基本全是英文招牌了，几乎看不到中文招牌了，难道我们的上海都住着外国人吗？仔细看了这些店之后，我想以后我要是没有一个英文名都不好意思到上海混了。不排除一些真正的国际大牌用英文的正当性，但是有些明明是中国人做的品牌也全都采用英文名，想想就让人生气，为什么我以前没想到呢？以后我创建品牌也都要用英文！自我安慰了一下，冷静下来后我突然感悟到，现在的中国一线城市正用文化和房价把低收入者和上了年纪的人逼出去，把年轻人用工作吸进来，在这里耗费一生的青春和精力，换取日常的吃穿住行和所谓的事业梦想。正如上海这个三千万人口的超级大城市正在做的这样。原以为高房价就让人生气了，现在这种到处英文招牌式的国际化，再也不能让我们普通市民愉快地购物了。不过随着外国人在上海越来越多，同时再加上大量的年轻人涌入上海，我们可以预知上海这种超级大都市将真正成为年轻人的天堂，再加上大量新兴互联网技术率先在上海推广应用，未来老年人在这种城市生活将越来越困难了。中国城市的老人养老估计要到这种超级大城市的卫星城去，我真应考察一下上海市周边哪里适合办养老院，提前投资一下。咱们服

务不了 1000 万人，也服务不了 100 万人，但是有一个能服务 1 万人的养老院就够我富足一生了，想想似乎又发现了一个金矿。

南京路上各大品牌的超级形象店及新生代国际化问题

已记不清自己来过多少次南京路，总之一有机会就想来这里看看。从第一百货商业中心逛到外滩，似乎像朝圣一样。不过这次没有心情看珠宝店，因为很多品牌的旗舰店早已在南京路悄然消失，作为一个行业人我实在不想提这些先烈的名字，仅存的周大福、老凤祥和老庙黄金依然在坚守着，两边商场中的国际珠宝品牌和香港珠宝品牌也在顽强地战斗着。一二线城市的步行街是个残酷的品牌绞肉机，一批批品牌被耗死，一批批品牌又冲上来，为了打造品牌影响力，就当打广告了，就是再亏钱也要坚持下来，这种想法害死了很多企业。现在逛南京路的基本都是游客，而且随着外地购物的方便以及网购的全面兴起，谁还没事到南京路上买东西拎到家里呢？想想我都替那些商家难过。不过南京路上的 Apple、Innisfree、雅戈尔和 ZARA 等品牌的超级形象店着实漂亮，即使没有客人我想他们总部也会咬牙坚持下来。真心为这些美化了南京路的商家点赞，要不是因为累了我想我会进去入手一

两件产品以表敬意。总结考察所到之处的情况，发现现在各城市步行街都趋向一致，永远不会再有日进斗金的抢购盛况了。就国际珠宝品牌来说，我们耳熟能详的不过是Cartier、TIFFANY、Van Cleef & Arpels、BVLGARI、SWAROVSKI、PANDORA等珠宝品牌，这么多年市场上的主要产品都是由这些品牌创造和引领的，比如：Cartier的LOVE和Juste Un Clou系列、TIFFANY的KEYS系列、Van Cleef & Arpels的Alhambra系列、BVLGARI的ZERO系列、SWAROVSKI的各种水晶和PANDORA的各种手串，似乎整个世界珠宝行业就靠他们几家创新了。诚然他们的产品设计得别致好看，但听业界专业人士解析，这些其实也不能算是多么绝妙的设计，只不过这些品牌的影响力实在太大了。现在国内所有的珠宝品牌都或多或少受益于借鉴了他们的这些设计。新生代的珠宝消费者，从情怀的角度来说本应更加钟情国内珠宝品牌，然而我们的爱国教育似乎在引导消费方面不起作用，大量的新生代宁愿买盗版和假冒的国际珠宝品牌产品，也不愿意买国内珠宝品牌的产品。这些年来，由于中国国民财富的累积和教育资源的相对不足，大量的新生代出国留学，一些成绩不太好的学生留学国外，虽然由于能力不行无法在国外生存而回流国内，但是依仗着父母有钱练出了一身的国际品牌消费能力。在这种“人才”的带动下，以

及国内各大高校学生的消费升级，海外代购和网购，最终导致新生代的国际化消费水平空前提高。有时与新生代聊天，发现他们对国际品牌的认知度非常高，即便是一些渠道较少的Chrome Hearts和GORO'S等，他们都能说出个一二，想起这些我都感到担心，未来他们会不会真的全面抛弃国产珠宝品牌？新生代的国际化是一件好事，但只会花钱不会赚钱的国际化真的要不得。我们未来真应该把优秀的学生派到国外留学，然后学成归国或在海外赚外国人的钱，而不能再派学习不好的富二代出去国外消费了，不然我们积累的那点国民财富用不了多久就会消失殆尽。

时尚珠宝品牌在一线城市的生存策略

在我眼里，国内的主要时尚珠宝品牌有周生生、I Do、潮宏基、千叶珠宝、莱绅通灵、DR和BLOVE等。DR和BLOVE由于规模和影响力较小，只能勉强算得上时尚珠宝品牌。至于国际上的Cartier、TIFFANY、Van Cleef & Arpels、BVLGARI、SWAROVSKI、PANDORA等，我们就不用说了，他们自然有着很好的发展空间。说到国内时尚珠宝品牌，周生生和I Do可以算得上佼佼者了，在各种渠道中都可以看到他们的身影。而潮宏基、千叶珠宝、莱绅通灵基本是商场中时尚珠宝的胜者，当然部分地区还有类似曼卡龙和蒂爵珠宝那

样的区域时尚珠宝品牌。这里重点介绍一下 DR 和 BLOVE，我非常欣赏这两个品牌，以做婚庆为主，但都和 I Do 一样很时尚，对新一代的结婚人群非常有吸引力。其实我也非常喜欢他们的故事和场景，尤其是 DR 线上线下结合的实力，更是优于国内其他珠宝品牌。可能是我看过的城市还不够多，在深圳、杭州、北京和上海这样的城市，我深刻感受到只有这样的时尚一些的珠宝品牌生存情况较好，其他的国内时尚珠宝品牌大多影响力较小。想着想着我越发感到孤单，难道我们的珠宝品牌在一线城市的生命力正在弱化吗？什么时候会出现可以走向世界的中国时尚珠宝品牌？

“时尚之都”上海的高端市场考察带给我的更多的是担心，为中国珠宝行业的未来担心，当新生代消费者不站在我们这一边，当我们珠宝产品的竞争力提升不起来，我们的品牌还能依靠什么在未来市场立足？我真希望我们能多诞生一些优秀的时尚珠宝品牌，征服新生代消费者，取得一定的时尚领域话语权，这不仅是为了我自己的品牌梦想，更是为了整个行业的荣光。杞人忧天了一番后，我想起了诞生于南京的一些优秀品牌，其中还有宝庆银楼这样的老字号，顿时觉得安心了不少，中国也不是没有值得骄傲的品牌，只是需要更好地发扬光大。下一站我将考察“六朝古都”南京，再次走进南京极具时代意义的珠宝一条街，观察各大珠宝街边店的发展情况，顺便研究一下消费者的消费实力变化等问题。随着国民经济的发展，消费者的消费能力理所当然会有所增长，但在其他因素的影响下，可能情况并不像我们想象得那么乐观，这是非常值得我们关注的问题。另外，现在很多商业街的珠宝店都已经逐渐退出历史舞台，无论是一二线城市还是三四线城市，行业的迭代升级浪潮已经席卷而来，我们在升级的过程中可以借鉴何种品牌呢？下一站我将怀着虔诚的心继续探寻。

[延展阅读]

1. 上海简介

上海，简称“沪”或“申”，是中华人民共和国直辖市，国家中心城市，超大城市，沪杭甬大湾区核心城市，国际经济、金融、贸易、航运、科技创新中心，首批沿海开放城市。上海地处长江入海口，是长江经济带的龙头城市，隔东中国海与日本九州岛相望，南濒杭州湾，北、西与江苏、浙江两省相接。上海 GDP 居中国城市第一位，亚洲城市第二位，仅次于日本东京，是全球著名的金融中心，也是全球人口规模和面积最大的都会区之一。上海市与安徽、江苏、浙江共同构成了长江三角洲城市群，是世界六大城市群之一。

2. 上海主要商场（商业街）和珠宝品牌

商场（商业街）	主要珠宝品牌
南京路步行街（黄浦区）	老庙黄金、老凤祥、明牌珠宝、钻石小鸟、周大福、周生生、金艺华
永安百货（黄浦区）	PANDORA、SWAROVSKI、ENZO、周生生、周大福、六福珠宝、英皇珠宝、老凤祥、老庙黄金、谢瑞麟、潮宏基、东华美钻、通灵翠钻、翡翠缘、尊梵、玛贝尔
东方商厦（黄浦区）	TASAKI、SWAROVSKI、I Do、潮宏基、周大福、老庙黄金、英皇珠宝、千年珠宝、上海张铁军翡翠
新世界大丸百货（黄浦区）	Van Cleef & Arpels、Thomas Sabo、TIFFANY、J.ESTINA、六福珠宝、英皇珠宝、亚一珠宝、莱绅通灵、周生生、老庙黄金、谢瑞麟、老凤祥、钻石世家、 潮宏基、中国黄金、千足珍珠、东华美钻
恒隆广场（静安区）	PIAGE、TIFFANY、Boucheron、Van Cleef & Arpels、CHAUMET、VENTIGA、Cartier、BVLGARI、SWAROVSKI、FRED

南京：金陵珠宝迭代升级忧患犹多

2018 年 5 月 17 日
32 ℃　雷阵雨

记忆中国内最值得去看的珠宝市场之一就是南京，因为这里诞生了宝庆银楼、通灵、千年等全国知名的品牌，这在全国很多城市即使是省会也是不多见的。英雄经常是结伴而出，北京有全国知名的“二中”——中国黄金和中国珠宝，山东有美名远扬的“二王”——王忠善和王义善，他们分别打造出梦金园和赛菲尔珠宝。上海有全国著名的“二老”——老凤祥和老庙黄金，深圳有闻名遐迩的“二周”——周大生和周六福。这种结伴发展的情况或许是巧合，或许是天意，或许是源于不断竞争产生的共同进步。在南京我其实想重点看宝庆银楼、莱绅通灵和千年珠宝等本地品牌，同时也想逛一下原来的珠宝街太平南路。不过由于住在金陵饭店的缘故我优先看了不少商场，比如德基广场、新百、中央商场、新世纪广场等。全国的商场区大多是相似的，只是德基广场把大量的珠宝店开到了6楼，并且和餐饮组合在了一起，这绝对能让同行大吃一惊！6楼能把珠宝做好吗？答案或许只有本地人才知道，但好死不如赖活，估计南京的这些同行还要坚持着。另外有幸在南

京看到了 I Do 的爱情博物馆展，着实让我感受到了他们做品牌的努力和优秀的一面，在全国都在拼渠道和拼价格之际，他们却如此风花雪月玩情调，也许这才是真正的品牌珠宝之路。

南京的珠宝店铺为何大量消失

原来的省会城市都有着大量的珠宝店，尤其是在步行街和商场附近的商业街更是珠宝店林立，不信你可以参看现在三四线城市的珠宝店现状。可是我在南京通过大量的“扫街”发现，原有的数量庞大的珠宝店已悄悄地消失了。以前珠宝店主要分布在原有的老商业中心附近，现在由于城市演变发展出了很多商圈，许多珠宝店已分散到了不同商圈中的商场或商业中心。如果按总量来说南京的珠宝店数量绝对是增加的，但在街铺难做的当下，大量的商家转向了商场中的店中店或是专柜，不再开设耗资巨大的商业街铺和体量巨大的珠宝超级卖场或是珠宝城。这种现象的产生可以说是一个产业的进步。原来之所以出现大量的街铺主要是因为商场扣点高，且压款严重，所以很多珠宝投资商以租赁的形式开设了很多街铺，用街铺的灵活和总体税费低的优势来与商场抢客。然而时过境迁，现在街铺的优势早已不在，因此大量的街铺店消失实属必然，综合分析主要原因有以下三点：一是随着房价的不断上涨，街铺租

金也水涨船高，再加上业主和竞争对手的不断加价，原有的低价铺早就贵到天上去，现在没有人可以再接手这些街铺了；二是因为新商圈的不断涌现，造成原有的客流不断分散，高租金换不来高人流量，自然就没有人租铺了；三是由于现在的商场和商业中心不断增多，商场对商家的态度有所转变，特别是那些招商不理想的商场或是体量巨大的商业中心，开始利用租赁的方式吸引珠宝商入场。这三点主要因素导致了在省会级城市再开珠宝街铺店已没有什么意义了。三十年河东三十年河西，对原有的商业街来说，现实就是如此残酷。

珠宝消费者的消费力是否真实地增长

我这次在南京停留的时间较长，有充分的时间详细考察所有商圈。在持续不断的城市考察中，我看到了一个尴尬的事实：这几年珠宝消费者的消费力并没有真正大幅增长，基本是维持着以前的消费水平，唯一好的变化就是消费者可以接受高利润的产品了。这是由什么原因造成的呢？我个人认为跟消费者的生活压力有很大关联。虽然新一代消费者的消费观念和消费能力有所提升，但现在消费者的人口总量相对来说是减少了，同时由于手机和其他电子产品等新兴类型消费的分流，从而导致珠宝消费方面并没有太大的增长。

我们现在的主流消费人群是 25 ～ 45 岁的女性，这些人大部分都面临着自己作为“房奴”和“车奴”的身份事实，同时还要养育下一代。这几年房价在不断上涨，但房子是长期的消费品，不是立即可以变现的投资品，所以实际上是在不断压榨所有购房者的财产流动性；另外，随着私家车的不断普及，车也成为了生活中的大额消费品，这都加大珠宝消费者的财务压力。现在养孩子的成本也比以前贵多了，尤其是补课费和各种才艺的培训费，虽然国家试图降低学生家长的财务负担，但并没有什么用，小孩的教育费用几乎榨干了每个家庭的最后一分钱。不仅如此，现在职场竞争压力也越来越大，上班族需要不断砸钱给自己充电，这所有的一切都给珠宝这种非生活必需品的消费带来了不利的影响。加之这几年来，普通工薪阶层的工资收入，以及所谓的理财收入都没有实质上的增长，如果把人民币的贬值也算进去，我可以负责任地说，我们珠宝消费者的消费力正在小幅地下降。未来伴随着经济发展的降速，我们都不得不面对经济的新常态，同时也不得不面对珠宝消费增长无力的珠宝行业新常态。

三四线城市珠宝店铺升级可借鉴何种品牌

前段时间与一些三四线城市珠宝店的同行谈论关于他们所在地区的店铺升级问题，主要是讨论用什么牌子和什么样的装修档次。其实中国的珠宝品牌连锁和其他行业的连锁水平是一样，很多终端店铺的形象只做到了表面上的统一，装修细节和用材都是无法深究的；另外，由于各珠宝连锁总部也在不断地升级自己的品牌，这就导致终端商跟不上总部要求的店铺升级节奏。一般来说，专卖店可以 3 ～ 4 年重装修一次，有的甚至 6 ～ 8 年才重装修一次；商场专柜和店中店可能 2 年左右重装修一次，商业中心的专柜和“店中店”也可能 2 ～ 3 年重装修一次。这就导致一个区域市场中一个品牌可能出现 2 ～ 3 代的不同店同时出现，给消费者造成店面形象不统一的印象。

这两年一二线珠宝市场的店铺升级相当快，一方面是源于各珠宝品牌开始加快品牌建设，以适应新消费者的审美变化，其中大部分方向是以时尚和年轻化为主；另外一方面是由于竞争对手们的不断升级，导致商家必须进行跟进式升级，这虽然存在着巨大的装修浪费，但对于每况愈下的商家来说重装修也是无奈之举。装修是一个没有止境的活，放眼看去一二线城市的珠宝店大部分已完成重装，未来将迎来三四线城市珠宝店重新装修的大潮，那三四线城市珠宝店如何更好地解决店铺升级的问题呢？作为一个珠宝人，我已看过太多珠宝品牌的店铺升级，大家理解不同，我也

不好直说，但我强烈建议三四线城市的珠宝店铺升级可“小步慢走”，主要理由有三个方面：首先，现在正处于行业迭代期，整体行业店铺发展的趋势还不是十分明了，如果升级步子大了可能会影响未来的品牌发展，越是大的珠宝品牌试错成本越高；其次，现在行业竞争加剧，受竞争对手牵制的店铺升级或重装修或多或少存在着不理性，这样的装修不仅容易造成浪费，而且还可能带来战略上的错误；最后，新零售的来临导致一些新技术和新硬件必将走进店铺，这些新技术和新硬件还处于不断完善之中，它们完全有可能成为三四线城市珠宝店铺升级弯道超车的助力。因此，现在的三四线城市的店铺升级应“小步慢走”。目前采用“小步慢走”战略的品牌还是很多的，为了避免广告嫌疑请大家仔细观察一二线珠宝店铺的升级。

从太平南路兴衰看珠宝街的时代意义

刚入行珠宝行业时，我就知道南京有一个非常厉害的珠宝街，一条街全是珠宝店，那时简直是我们珠宝人的精神圣地，无数次想去学习却未能成行令我对它更加向往。后来终于有时间去了几次，那里的神秘感就荡然无存了，取而代之的是对他们经营压力的理解和努力的欣赏。这次来南京，我特意去看了曾几何时被封路折磨的同行，

任何一件事的判断都需要经得起时间的检验，我非常希望在时间的维度下来考量这条街的状况，从而可以让我们看到其他类似珠宝街的未来。一到太平南路我就发现这里再也不是我记忆中的样子了，早已面目全非，无法称之为珠宝一条街。这里的业态更像一条新的商业街，一条针对游客或是外地人的风情街，珠宝店只是其中的一份子，而不再是主力商业的构成部分。这里整个商圈的人流量并不大，也不知是因为当地商业街整改造成了人流量减少，还是因为我来的时机不对，总之这样的人流量确实支撑不起大量珠宝店生存。目前南京的太平南路上坚守的珠宝店还是不少，有些在商场中，有些还是原有街边店，具体能找到的品牌有：周大福、六福珠宝、周生生、周大生、老凤祥、中国黄金、宝庆银楼、明牌珠宝、莱绅通灵、千年珠宝、I Do、BLOVE、上海老庙黄金、王殿祥首饰、耀月珠宝、福乐来珠宝、灵莱珠宝、南华宝庆、友昌珠宝、杰菲雅珠宝、依嘉名匠珠宝、金一黄金银楼、黛芙诺珠宝馆、喜大福、天爱珠宝、梵珂珠宝等。瘦死的骆驼比马大，从数量上来看还是不错的，只不过大店变小店了，小店消失了，店面升级重装变缓了，员工状态变差了。辅车相依，唇亡齿寒，任何城市的消费升级都会带来商业的升级，而商业的升级都会导致原有商圈发生变化。在大城市里，随着新商圈的不断涌现，旧有商圈

的衰落不可避免，因此大量商家的市场地位随之沉浮。

作为长三角的特大城市，南京既有宏伟壮阔的一面，也有秀气婉约的一面，浓厚的历史文化沉淀让它催生了一批优秀的品牌和门店，铸就了不少行业佳话。然而在如今行业迭代升级的大背景下，他们需要面对的除了残酷的竞争淘汰，还有自身的内在阻力，尤其是后者更是最难突破的。金陵自古多俊彦，期待他们再次主动出击，惊艳四方。下一站我将赶往安徽合肥，一个被称为“江南之首，中原之喉”的城市，去看看合肥的商业中心发生了哪些变化以及数年前实力非凡的星光珠宝城现在可还安好。合肥这座城市的规模和级别虽然不及南京，但作为皖江城市带的核心城市，其发展也不会逊色，相信我会在其中淘到很多珠宝行业的“新经”分享给大家。

[延展阅读]

1. 南京简介

南京，简称“宁”，古称金陵、建康，是江苏省会、副省级市、南京都市圈核心城市，国务院批复确定的中国东部地区重要的中心城市、全国重要的科研教育基地和综合交通枢纽。南京地处中国东部、长江下游、濒江近海，是中国东部战区司令部驻地，长江国际航运物流中心，长三角辐射带动中西部地区发展的国家重要门户城市，也是东部沿海经济带与长江经济带战略交汇的重要节点城市。南京是中国四大古都、首批国家历史文化名城，是中华文明的重要发祥地。

2. 南京主要商场（商业街）和珠宝品牌

商场（商业街）	主要珠宝品牌
太平南路	I Do、BLOVE、莱绅通灵、周大福、六福珠宝、周生生、周大生、老凤祥、中国黄金、宝庆银楼、明牌珠宝、千年珠宝、上海老庙黄金、王殿祥首饰、耀月珠宝、福乐来珠宝、灵莱珠宝、南华宝庆、友昌珠宝、杰菲雅珠宝、依嘉名匠珠宝、金一珠宝、黛芙诺珠宝馆、喜大福、天爱珠宝、梵珂珠宝
南京东方商城	SWAROVSKI、普柏琳珠宝、戴梦得、千禧之星、千年珠宝
金鹰国际购物中心（玄武区）	I Do、莱绅通灵、六福珠宝、明牌珠宝、宝庆银楼、潮宏基
新世纪广场	尊彩钻石、梵珂珠宝、周六福、百爵珠宝、和福珠宝、金得福、戴得翡翠、中国黄金、玺韵珠宝、明昌翠行

合肥：万达席卷下的霸都珠宝生态奇观

2018 年 5 月 22 日
27 ℃　晴转阴

从南京到合肥，最强烈的感受就是城市建设和城市规模相差较大，感觉合肥比南京弱了很多，给人一种相对清冷的感觉。我们在深圳这样的城市生活惯了，到了人口较少的其他城市或是国外，有时候会有一种冷冷清清的不踏实感。我是一个喜欢城市喧嚣的人，对一些人口不多或者经济欠发达的二线城市真是喜欢不起来，总觉得在这里生活时钟都会慢下来，有点浪费生命，当然这只是我个人的感受。由于以前考察过合肥，我对合肥的珠宝市场还是有印象的，所以到了以后就直奔淮河路步行街而去。淮河路步行街原是合肥珠宝最集中的地方，不知道是不是因为周一的缘故，今天这里人气不是很旺。之后考察了淮河路步行街的百盛商场，以及附近的特力星光金尊珠宝汇和银泰中心，这里应是合肥的老商业中心，和我几年前来时看到的不太一样了。那时的合肥乱得人挤人，车挤车，可现在这里目光所及之处更多的是干净整洁，看来很多省会的文明城市工程还是十分奏效的，只是对其中的商家来说就不知是

福是祸了。合肥的新商圈是万达广场，这是一个规模相当大的新的商业中心，体量巨大，需要花很多时间来逛。附近的星光珠宝城更是大得吓人，这么大的投资真不知道需要多大的年销售额才能达到盈亏平衡。以前曾去星光珠宝城公司考察过，深知他们的不易。要不是因为星光珠宝城这栋楼是他们自己的资产，估计他们很难赚得到钱，也很难有勇气开这么大的店。我们应该真诚地向各地的店王们致敬，因为他们的坚守不仅需要强大的经济实力，更需要强大的精神力量。

合肥版古法黄金引发的思考及各种“手工银饰”的营销之道

在北京和深圳我曾多次考察老铺黄金的店铺，一直对老铺黄金心生好感，并深感敬畏。我个人认为在古法黄金方面或者说在黄金高端零售方面，老铺黄金是国内做得最好的，没有之一。无论是对产品的诠释，还是店铺装修和品牌打造都是一流水准，特别是他们的员工培训，远胜国内各大零售企业。记得当时周大福开始推一个类似老铺黄金的高端黄金系列后，我就非常关注这个市场的发展状况，不过由于信息的不对称，我一直没有真正看到过与老铺黄金相似的珠宝品牌。这次在合肥真是让我大开眼界了，爱丽宫珠宝钻石定制中心的古法黄金做得有模有样，尤其是他们的

产品线和店内硬件，足以和老铺黄金媲美。我照例又是装成顾客一番乱看，结果发现爱丽宫销售人员的水平和态度与老铺黄金相比简直是隔了几条街，我不是有意说同行的坏话，其实如果要借鉴老铺黄金，最重要的是学习他们对员工的培训，同时也要拿下他们传说中的6家供货商，否则你很难学得像。不知爱丽宫是否借鉴过老铺黄金，就我个人而言，他们是我目前看到的最像老铺黄金的店铺，当然我无法得知他们在合肥的销售情况如何，但就这份对新兴市场的关注和执行力已让我深感钦佩。在我看来，古法黄金这种高端的黄金绝对是有市场的，也完全有可能打造出一个优秀的高端黄金品牌，但这个市场只能存在于一线或准一线城市，只有那里才有足够多的高端消费人群支撑其发展。老铺黄金的概念和经营成果都是不错的，未来将会有很多珠宝品牌销售与之相似的产品，但有谁能像爱丽宫一样，做到与老铺黄金全方位一致？如果中国能同时出现3个以上的“老铺黄金”，意味着中国的古法黄金将得到有效的传承，国内黄金高端市场也将真正地形成。除了古法金以外，古法银也值得我们关注。中国是一个古老的银饰大国，随着现代银饰的兴起，我认为传统银饰的日子不会太好过，因为传统的银饰不够时尚，不能为年轻人所拥趸。然而随着考察的不断深入，我发现在一线城市的商业街区和全国各大旅游区出现了大量的“老银铺”。各种名义上的“老银铺”，在场景打造上基本都是一个套路——门口有个师傅手拿工具敲打着银片或银条，给消费者造成一种“打银匠正在打造银饰”的错觉。不知这算是行为艺术还是纯粹的商业营销，总之初看确实有传承中国古银之势，近看且重复看就知这种商业套路真有些无聊。看着机械加工出来的水贝银饰被冠以手工银，我觉得很可惜。为什么我们不能打造出一个真正的古法银品牌，在全国发展2000家以上的连锁终端，以服务全国手工银饰爱好者呢？手工加工就是手工加工，机器加工就是机器加工，我们不能搞“挂羊头卖狗肉”的忽悠营销。

万达对传统商业街的侵袭和洗劫

在合肥我们可以初步还原最早的商业街，应该是淮海路步行街。围绕着这里再加上百盛、银泰和百货大楼，组成了一个由数家百货商场加上大量门店的商业中心。然而所有的故事都是那么相似——万达来了，来了就是配套建小区、办公楼、酒店和商业中心。一时间新的、时尚的，规划得更合理、更完善的商业街区就快速形成了。大量的年轻人直接来万达开启玩乐之旅，可以吃饭、看电影、逛街、打游戏、购物，还好停车，设计得真是太周到了！可怜原有的老商业区就被无情

地抛弃了，只能和年老的消费者以及附近的老主顾一起看着万达风光无限，看着新兴的消费者到万达疯狂。诚然，作为一个消费者我还是喜欢万达的，因为这里的商家更包容，我可以在这里尽情拍摄而不用担心商场管理人员来阻扰。然而作为一个珠宝从业人员，我深知那些原有商业街上的商家经营之不易。那些高价租来的街铺看似美好，但随着原有消费者的不断老龄化和租金的居高不下，试想下他们未来三五年后的结局将会如何？估计再想给商铺打工的机会都不会有，看看全国一线或准一线城市的商业街发展现状我们就能预知了。城市商业街最后大概率上都是转成文化风情街，变成旅游中心，而不再是强大的商业中心。与此同时，万达体系估计早就成熟了，届时一定也是一铺难求。想到这些我都替传统的商家们感到难过，他们着实不容易。万达这种模式对于城市化来说，绝对是一个好模式，我们不能忽视万达对整个中国城市化的贡献。但对于传统的商业街区来说，万达的到来真的不是什么好事，不能说万达会重构整个城市商业，但最起码是一种强有力的侵袭。对于一些整体实力不强或是规划不合理的传统商业街，万达就是一种赤裸裸的洗劫。不信你可以同一时间到两个场地去体验人流量，观察消费者层次，在那里你会找到一个让自己信服的答案。

星光珠宝城式的珠宝零售之城的困惑

记得上次我在全国考察时，在安徽由于有星光珠宝城朋友的带领，我认真地看了星光珠宝城终端，也见识了星光珠宝城的发展模式。时至今日，我非常想再次看看星光珠宝城的多品牌大店组合模式，数年前那可是神一样的存在。在万达广场的边上，我终于找到了星光珠宝城，比我想象中的更大气，四层楼，整体经营面积达上千平米。说句实话，能把二楼做起来的珠宝城都十分少见，星光珠宝城却能做到四楼！我朝圣般地一直走到了四楼参观，四楼是一个珍宝馆，可以负责任地说，星光珠宝城的老板绝对是一个真正的珠宝家，这里的货收得又全又“高大上”，但估计想卖出去也会很困难。从严格意义上来说，珠宝属于低频产品，由于单价高和需求并不频繁，珠宝店一直都不属于高人气的零售终端。其实珠宝真的应该和化妆品这类高人气的女性消费业态组合一起，否则单纯的珠宝区和珠宝城人气自然不会太高。看了整个星光珠宝城，整栋楼里都没有什么客人，我们两个人一入店，就感受到了来自营业人员目光的洗礼——她们并不是真心欢迎我们。鉴于我长时间各种考察练就的演技，我还是到处看，到处拍，一路满意地收集着自己想要的素材。单从

经营本身来看，我个人认为他们的经营压力很大，但从整个项目的投资回报来看，他们光房价的升值就完全可以大赚一笔。综合来看，星光珠宝城还是一个非常有投资价值的项目。不过如果他们找我策划，我会将四层楼变成两层楼珠宝，两层楼建全市最大的婚纱影楼，以这样的组合来打造这个珠宝城，届时估计会大赚一笔。看着看着，我顺便把他们墙面的广告屏位置都选好了，感觉星光珠宝城马上就是婚纱加珠宝的合肥老大。在同伴的提醒下，我恋恋不舍地离开了。回去的路上我决定不再去另一个新开的万达，一方面是因为疲惫，另一方面，我认为合肥有这两个商圈其实应该足够了。这两个商圈都有些不饱和，又开发出第三个，实属地产商的过度折腾，让我们这些做零售的压力甚大。以这些借口不断给自己洗脑，我终于可以心安理得不用去另一个万达，提前回酒店睡觉。

临别的时候发现自己在合肥市场的收获颇丰，不管是爱丽宫珠宝钻石定制中心的古法黄金，还是“手工银饰”的营销方式，又或者是万达商场对传统商业街的颠覆，以及星光珠宝城的时代价值，都给我带来了很多启发。合肥的珠宝市场潜力巨大，经过新一轮的升级迭代后，品牌格局和渠道占领都将更加明朗。下一站我将达到的城市是郑州，有个朋友答应带我去少林寺见释永信，想想都觉得十分激动，其实考察最好能配合当地的特色人文景观一起游玩才最有韵味。提起郑州还有我很早以前就非常关注的天成珠宝和金鑫珠宝，江湖上还流传过很多关于他们的传言，这次我将追寻他们的脚步去了解郑州珠宝市场的变迁。

[延展阅读]

1. 合肥简介

合肥，简称庐或合，古称庐州、庐阳，是安徽省省会，长三角城市群副中心，综合性国家科学中心，“一带一路”和长江经济带战略双节点城市，具有国际影响力的创新之都，国家重要的科研教育基地，现代制造业基地和综合交通枢纽，合肥都市圈中心城市，皖江城市带核心城市，G60 科创走廊中心城市。

2. 合肥主要商场（商业街）和珠宝品牌

商场（商业街）	主要珠宝品牌
百盛购物中心（淮河中路）	BVLGARI、六福珠宝、周大生、周大福、千叶珠宝、金伯利钻石、老凤祥、汇祥珠宝、福麒首饰、润翠缘
银泰百货（华侨广场）	TIFFANY、ILIONNO、FENIX 菲尼莎、莱绅通灵、明牌珠宝、六福珠宝、梦妮尔珠宝、伊丽罗氏珠宝、翡翠物语
万达广场（蜀山区）	BLOVE、明牌珠宝、六福珠宝、潮宏基、周大生、金伯利钻石、恒贞珠宝

郑州：中原之地迎来行业发展新阶段

2018年5月24日
24℃　多云

我有一个河南的同学说可以安排我去少林寺见释永信，所以我就欣然来郑州找他，等着他带我们去少林寺。我们这一代人都有一个武侠梦，我儿时的梦想就是去少林寺学武术，结果为了这事还被我妈妈收拾了一顿。少林寺没有去成，但这个梦想一直都在，与其说来郑州是考察的需要，倒不如说是借此机会去弥补小时候的愿望。其实我们珠宝界何尝不就是一个江湖，各路英雄辈出，群雄逐鹿，门派林立。要说武林第一大门派我个人认为一定是“莆田帮”，人数众多，控制着全国大部分的终端；其次我认为是“潮州帮”，一直主宰着行业上游，少有人敢与之争锋；再者就是“福州帮”，人数不多，但把持着数省之二批资源，是行业不可缺少的中坚力量；最后就是各省地方诸侯，在各自“属地”呼风唤雨，根深蒂固。当然还有湖南帮，但由于都是团体作战没有出众的老大，所以江湖上就鲜有排名。河南是中原之地，一直听说是天成和金鑫的兴起之地，同时也听说金伯利曾在此获利良多，然而时过境迁，不知他

们现状如何，我迫切想了解下。来郑州一定要到二七广场，然后去著名商业街德化街，之后再逛上周边的华联商厦、大商新玛特郑州金博大店和大卫城，保证让你出上一身汗，酣畅淋漓爽到“爆”。

从天成珠宝囍福岛柜看囍福的发展

最初吸引我的是天成珠宝的终身包退换广告，我对这种包退换广告十分敏感，尤其是看到天成珠宝居然给这个包退换的承诺加上了一个期限——终身。何为终身，难道是一辈子，几十年还是一百年？我深深地怀疑这是对消费者毫无底线的过度承诺。我一直认为这种承诺祸患无穷，但看着天成珠宝的大楼，我就不再想这个广告的梗了，万一他们真的做到了呢？逛了几家天成珠宝，给我印象最深的就是天成珠宝的囍福岛柜，做得真心非常认真，形象看起来无可挑剔。世界黄金协会的囍福一直由百泰推广着，珠宝行业的黄金之王周桃林曾花费了大量的心血来推广囍福，看来天成珠宝绝对是囍福的铁粉，或者是周桃林大师的追随者。现在整个行业对黄金类 IP 产品认真推广的珠宝商真的不多了，这些年来黄金的销售占比一直都在不断下滑，这或多或少给囍福带来了一定的压力，但没有想到的是囍福仍然在终端认真坚守着。不管囍福的产品到底卖得如何，我们都应该记住和感谢这群人，包括世界黄金协会，包括周桃林和他的

百泰。现在的新兴消费者对黄金的需求变化很大，必须要更时尚、更有趣。囍福能否跟得上时代的变化我不敢评价，但我真心希望看到囍福能更好地屹立在中国珠宝品牌之林。

金鑫珠宝的宫匠黄金能否引领古法金发展

在深圳我就听说过金鑫珠宝，很多年前也曾来考察过，且听过很多关于他们的传言。现在的金鑫珠宝生意如何，其实已经不是重点，因为无论是天成还是金鑫，他们因做珠宝而买的楼这些年都不知翻了多少倍。第一代珠宝人可谓是时代的幸运儿，尤其各地方的强势珠宝企业，或多或少都入手了一些房产，得益于中国的城市巨变，他们光房产这一项就赚翻了。本以为金鑫珠宝没有什么亮点可看，没想到他们却率先推出了“宫匠黄金”。“宫匠黄金”这个古法金的 IP 实在太好了，用故宫来背书古法金产品的策划相当有水平，除了价格有点小贵外，产品方面我个人认为可圈可点。我趁机很认真地在金鑫珠宝学习着有关古法金的一切知识，最后实在受不了导购人员的逼单而借机溜走了。在下楼时看到了金鑫珠宝的异业合作广告——秀禾新娘，展架上的照片拍摄得非常漂亮，美女穿着龙凤褂佩戴着黄金首饰，很有古典韵味。其实影楼和珠宝店的异业合作是上佳之选，只是不知道他们的合作深度到底如何。

要是他们用宫匠黄金的古法金拍摄效果就更好了，不过古法金好像没有什么婚庆类产品，这或许就是未来黄金领域的突破点。通过金鑫珠宝看到的宫匠黄金，无论是产品本身还是故宫的概念，我都认为古法金在国内绝对是有市场的，如果推广顺利定会引发一场风潮。不过想到水贝对任何创意产品的“借鉴”能力，我真希望宫匠黄金不要过早地被深圳黄金生产企业盯上，否则宫匠黄金就只能变成中国古法金新的遗憾，想到这我也开始为老铺黄金担心起来了。

大商新玛特郑州金博大店的 ALLOVE

一路走来，我看到了很多 ALLOVE 的珠宝店，感觉他们的品牌形象、产品、陈列和店面都是非常到位的，达到了行业一流水准。但在郑州大商新玛特郑州金博大店看到了 ALLOVE，突然间觉得他们生意好像并不好，因为他们的导购员似乎心不在焉。我的行业经验有时真的很管用，只要看导购人员的脸色或是神情，就基本可以判断出他们生意的好坏，实在不行再聊上几句，差不多可以了解到真相。ALLOVE 为什么会生意不太好呢？仔细看产品发现他们的十心十箭真心不便宜，据说磨成十心十箭的钻石损耗相当严重，成本可能会贵 30%，然后再加工成成品就更贵了。星光达推广十心十箭的 ALLOVE，或许这是他们的执念，因为星光达是行业公认的做钻饰加工最好的企业，所以他们习惯性认为自己要做最好的钻饰。最好的钻饰一定要切工最好的石头，而切工最好的石头就是十心十箭。这个推理其实是非常正确的，但他们忽视了研究消费者和渠道商。好货卖不动一定是他们现在的困境，现在的消费者，尤其是钻饰的消费者，基本还处于消费“大、白、廉”的阶段，根本不想消费这种“有内在美”的好产品，因为切工再好也没有人看得见。谁会没事不断向别人炫耀我的钻戒十心十箭，再拿个切工镜给别人看。消费者只会说看我的钻戒大不？石头白不？才花了多少钱！这才是消费者关心的重点，“大”代表花费不菲，“白”进一步强化这不是便宜货，大和白都是非常直观的亮点，最后说才花了多少钱只不过是借机说明自己精明的同时还表现出自己很有钱。很多商家的广告语为“花同样的钱，买更大更好的钻”，也是基于这样的消费者心理。十心十箭的产品一定是小众的产品，那种喜欢低调奢华的人实在太少了，就算有这样的消费者，切工好一点花费如此多的钱是否有意义也需另当别论。我相信如果 ALLOVE 任意改一下突破点，哪怕是强调“精工”工艺，生意一定会比现在好。

从丹尼斯大卫城看楼上珠宝的新历史阶段

印象中郑州不能算是中国主流的时尚城市，

然而在郑州我却看到了一个非常时尚的大型商业中心——丹尼斯大卫城，由世界著名 BUCHAN 公司主笔建筑设计，日本丹青社担纲室内商业空间规划。项目总建筑面积近 40 万平方米，地下 4 层，地上部分由 6 层的裙楼、一栋 14 层的高层百货和一座 24 层的酒店组成，业态上横贯国际精品店、百货公司、超市、MALL（大型购物区）及酒店五大商业业态。没想到在这样一个中原城市看到了这么时尚前卫的超级商业中心，在这个大卫城中完全可以感受到上海和北京等一线城市才有的奢华和时尚。但是珠宝区在哪里？结果居然和上海一样——在二楼的一个角落里，一楼自然全部都留给了国际大牌。确实一楼的 Cartier、TIFFANY、BVLGARI、SWAROVSKI 装修的效果远不是国内珠宝品牌可比的。其实国内珠宝品牌的装修费用也不低，为什么就是没有这些国际品牌的效果呢？设计、用材和做工只差了一点点就有这么大的差距吗？难道真的是差之毫厘失之千里？带着这个疑问我上了二楼的珠宝区，在二楼看着可怜巴巴的诸多国内著名珠宝品牌，有一种说不出的伤感，如：周大福、周生生、六福珠宝、谢瑞麟、英皇珠宝、潮宏基、莱绅通灵等，这些品牌都是上市公司呀！应不差钱，怎么就无法在一楼的黄金位置与国际大牌博弈呢？其实这里的珠宝区还真心不小，数量庞大的国内各路珠宝品牌“欢聚一堂”，这又是一个让珠宝死拼到底的局。珠宝是低频高价的非必需商品，珠宝区大多时候都是彻底的冷区，一旦远离化妆品和服装这样相对的热区，基本就只能靠节假日的刚需消费了。如果是在一线城市看到珠宝区这种“被遗忘”的位置也就算了，然而在郑州我都亲眼见到珠宝区的这种局面，因此不由地担心起来。这么大的珠宝区，这么少的人流量，所有同行们只能血拼到底，这样利润会越来越差，同行们也会分批倒下，届时这个珠宝区将进一步缩小，而竞争却不断进入恶性的死循环。青山遮不住，毕竟东流去，也许是我多虑了，但从郑州大卫城看到的珠宝行业，尤其是珠宝零售领域已进入到了新的历史发展阶段，珠宝行业越来越不受待见了，正逐渐从一楼的黄金区域被请到二楼，成为“楼上珠宝”。中国一二线城市的珠宝行业正式进入了楼上时代，而这个时代或许将成为珠宝业的至暗时代。

郑州正在积极创建一座具有创新和开放精神的和谐城市，对各种外来文化和品牌的接受度更高。真心希望这座城市悠久的历史和深厚的文化积淀能在不同文化融合中焕发新的生机。只有这样才能让当地的市场和人文的发展实现双赢。在这样的省会城市，珠宝行业也已经迎来了新的历

史阶段，需要有更强的文化底蕴作为支撑去和外敌竞争，希望未来我们能在这方面有新的突破。为了更好地了解河南市场，我决定顺便去一下河南的县级城市新密考察，想看看不同类型品牌在县级市场的表现，特别是以前曾经风靡一时的戴梦得、金伯利钻石、梦金园等品牌，不知他们现在是否依然受到县级市场消费者的欢迎？我与他们算是有一定的渊源，借此机会再次走近他们，也许在遥远的河南小城会有不一样的收获，顺便也看一下三四线“小镇青年”的消费是否真如传说中的“席卷而来”。

[延展阅读]

1. 郑州简介

郑州，河南省省会，是中国中部地区重要的中心城市、国家重要的综合交通枢纽、中原经济区核心城市，地处华北平原南部、黄河下游。郑州是中国公路、铁路、航空、通信兼具的综合交通枢纽，是中国商品集散中心地之一，拥有亚洲最大的列车编组站和中国最大的零担货物转运站。

2. 郑州主要商场（商业街）和珠宝品牌

商场（商业街）	主要珠宝品牌
丹尼斯百货（人民路店）	PANDORA、SWAROVSKI、ILIONNO、莱绅通灵、潮宏基、六福珠宝、周大福、周生生、钻石世家
万达广场（中原区）	莱绅通灵、BLOVE、中国黄金、张铁军翡翠、周大生、金六福
大商新玛特购物广场	PANDORA、爱迪尔珠宝、DR、钻石世家、六福珠宝、谢瑞麟、金至尊、老凤祥、周大福、金美福、帝生珠宝、兆亮珠宝、德玉万家、香港乙怡珠宝
大卫城	Cartier、TIFFANY、PIAGET、ARTē、SWAROVSKI、I Do、BLOVE、ALLOVE、莱绅通灵、周大福、六福珠宝、梵迪、钻石世家、周生生、谢瑞麟、金伯利钻石、爱是唯一、今生今饰

新密：乌金之乡探寻县市珠宝终端之谜

2018 年 5 月 26 日
29 ℃　多云

新密市是位于河南省中部的一个不出名的县级市，人口有 87 万，是一个极其普通的小城市，我用了不到两个小时的时间把这里的珠宝店全部看了一遍，而且还是全程步行。我以金博大购物中心为起点开始逛，这里有梦金园、中国黄金、周大生、明牌、戴梦得和金鑫珠宝等珠宝店，对面还有一个金伯利钻石的大店。顺着西大街我一路走到了东大街，来到新密市的最核心商圈。新密市最核心商圈在东大街与农业路交汇处，这里是人流最密集之处，当然也是珠宝店众多的地方，只是这里的珠宝店档次也不是很高。说实话在新密感觉还是金伯利钻石的实力更强一些，不仅是因为店多，更重要的是因为它的店面综合实力确实不弱。其实在这种小城市考察实在是没有什么新意，小城市的珠宝业态和店面档次，以及经营水平都是高度相似。有时基本就是例行公事式地看一遍，连偷拍的欲望都快没有了，不过这里的低水平竞争却让我感慨万千。如果我能找些小弟在这种城市帮我看店，我想应该可以赚很多钱，这种城市的机会我们不应该错过。

在河南听金伯利钻石加盟商的故事

有个朋友非要让我到河南新密见一个同行，说他是以前的金伯利的加盟商。我本来就对金利伯充满敬仰之情自然就欣然前往。在河南新密这个县级市场，有着几家金伯利钻石门店，总体经营都挺好，估计也一如既往地赚着大钱。我刚入行时就觉得金伯利是神一样的存在，后来接触了几位金伯利的加盟商和前员工后，就多少了解了些金伯利。金伯利是中国最早做钻石的品牌之一，在钻石上赚了好多钱，他们的成功之法被我总结出两点，或许这两点对现在的同行也有极大的借鉴意义。第一点是金伯利对钻石的态度十分认真，虽然金伯利的钻石加价率有些高，但所有加盟商都说金伯利一直坚持用好石头，这是很难得的。那时用钻石赚钱很容易，金伯利却从未在钻石上动歪脑筋，如果他们稍稍想点办法都会多赚不少钱。说实话，当下珠宝行业的钻石其实是相当乱的，各种“提级”让业者们担心不已。不信你可以买一些成品钻饰去不同的检测站作证书，出来的证书结果一定会让你大吃一惊，不是标准不统一，而是“提级”现象太普遍。另外一点就是金伯利老板的个人魅力，很多加盟商都怀念金伯利老板，怀念他带加盟商周游世界的情怀。这么多年，我们还真的没有听说过哪个珠宝品牌老板带加盟商

国外旅游，对比起来真的佩服金伯利老板对加盟商的真诚和远见。虽然金伯利已由“宝二代”接班了，我们很难再见到金伯利的创业老板，但我听完金伯利前加盟商发自肺腑的感动话语，不由地对金伯利的创业老板更加敬仰起来。中国珠宝行业太缺少这样的企业家了，谢谢金伯利给我上的这一课。

乐见2018年周大生千万钻石巡展及追忆戴梦得光辉岁月

周大生自从成功上市以来，就好像重新开始发力一样，在河南新密这种小城市也搞起了千万钻石巡展。前几年钻石巡展多如牛毛，近两年却很少再听到什么千万钻石巡展的消息了。本来以为这种展销已过时，没想到在这里居然看到周大生的千万钻石巡展。近两年钻石的消费非常稳定，稳定到大家都没有什么兴趣折腾钻石，都把对产品的注意力放到了硬金、18K金、22K金和古法黄金上，好像大家都不再像以前那样在意钻石。我以前一听钻石巡展就凑过去看有多少大钻，尤其是有多少克拉钻，现在终端有大把克拉钻，真不知得展出些什么样的钻石，才可以吸引消费者被手机绑架的眼球。其实现在钻石最好卖的是30分大小的，这个分数的钻石经常断货，即便是到印度也不能长期保证稳定供应。其次50分的钻石和

1 克拉的钻石也都很好卖，但这种货市场上是不缺的，要多少有多少，随时保量供应。其实再多的克拉钻都无济于事，现在消费者的需求很低，好像不再追求什么大钻石，而是不断换换款式就满足了。作为业者我们都知道这个世界真的不缺少钻石，听说现在俄罗斯、加拿大、澳大利亚和南非的钻石足够开采几十年，再说人造钻石也相当成熟了。突然间意识到如果这个世界钻石不再稀缺，那么钻石在无较大增值空间的大背景下，通过钻石巡展销售的效果应该不会太好。我的判断或许和实际情况不太一样，但看着以展销为目的的巡展我还是提不起兴趣来。如果周大生带些钻石原石，钻石加工工具，再加上一些视频和宣传册，那么他们这个“2018 年周大生千万钻石巡展”就能在气势上先赢一把。不管怎么样，周大生还在不断地推广着钻石这总是好的，我在这里只是想到以前那些活跃的钻石推广机构没什么声音了感到无奈，希望 2019 年周大生能做一个更好的钻石巡展。新密的所见所闻引起了我许多遐想。也许真的是有缘，还看到了一个戴梦得的珠宝专卖店。我进去认真参观了一下，感觉有些陌生，似乎这个“戴梦得”再也不是以前的戴梦得。记得有一次在大庆与戴梦得的加盟商把酒言欢，他跟我讲了很多他们那一批戴梦得加盟商的故事，那

是一段非常有意义的光辉岁月。然而后来戴梦得由于各种原因降低了品牌发展速度，关闭了很多店，在很多一流的商场很难再见到戴梦得的身影。我入行时见过好多戴梦得珠宝店，据说有400家，后来就越来越少了。戴梦得是钻石一词diamond的音译，这是多么有意义的品牌名称！如今就这样留下大量的忠诚加盟商独闯江湖了。听说很多戴梦得的加盟商也是金伯利的加盟商，他们现在的共同之处就是都很怀念过去的光辉岁月。我不知该如何安慰他们，因为他们闪亮的时候我还没有入行呢。他们在我眼里是绝对的前辈，虽然没有亲自经历过，但看着他们的现状和他们加盟商的怀念，我能想象他们曾经的辉煌。实在不知该如何向这些前辈表达敬意，我只有深情地看了眼戴梦得的店然后悄然离开。今天我们还是正当年的从业者，不知未来的我能否给我的战友们留下什么，也不知未来是否会再从事珠宝品牌加盟。如果可以我一定会对生命中的每一个事业伙伴好一点，再好一点，因为我希望在年老的时候有些特殊时光可以追忆，有些好友可以怀念。戴梦得火种不灭，希望早日风云再起，到时我一定加盟一个戴梦得！

在时间的维度下看梦金园的1元工费换新

现在行业最流行的就是黄金免费换新，家家

都在免费换新，让消费者以为是骗局。我印象中真正低价玩换新的珠宝品牌却是梦金园。很多年前有幸做了梦金园的顾问，明白了王忠善推广黄金1元工费换新的来龙去脉，当时我并没有太在意，认为这不过是一时的售后服务手段，没想到一晃他们坚持了这么多年。当时的黄金1元工费换新绝对是亏钱的，同今天的黄金零元换新一样，只能靠新增销售来补回一点损失。在中国珠宝行业中我最佩服的就是梦金园对黄金成色的坚持，如果说任何一家品牌的黄金产品成色不足我都能相信，唯有说梦金园黄金产品成色不足我是不会相信的，这是因为梦金园老板王忠善对黄金产品的成色有执念。或许就是这种执念，让梦金园今天还在做1元工费换新，既不增也不减，一点岁月的痕迹都没有。换新不是一种营销手段，换新是一种售后承诺。如果想通过换新来推广高利润产品，那就只能说某些换新是一种营销手段。如果说换新就是换新，并且可以以同等条件坚持五年以上，或是十年以上，我会认为这是一个品牌在履行庄严的承诺。梦金园的1元工费换新可能有十年了，今天看到他们如此“佛系”地坚持，我不知说些什么才好。我相信现在玩黄金换新的效果早已大不如前，高纯度黄金的需求恐怕是在随着时代的进步而不断缩减，要是再过十年我还能见

到梦金园黄金1元工费换新，我就想对梦金园说："你们是行业中最诚信的人！你们是行业中最执着的人！"

正如我前面所说，像新密这样的小县城市场潜力还是非常大的，随着城市经济的提升，小县城的消费需求将变得更加多样化和个性化。而对我们珠宝行业来说，三四线城市的"小镇青年"的消费力还有待激活。其实所谓的市场寒冷期蔓延只是弱者的说辞，真正的勇者都已经在偷偷修炼内功，等市场春天来临，他们将获得加倍的回报。新密虽小，却让我看到了县级珠宝发展的可能性，下一站即将考察的是大城市太原。我终于有机会好好欣赏CC卡美奢华大店，它就像是珠宝界的一个女神让人心驰神往，但不知为何没有华丽转身变成全国性的品牌，难道女神就只能如此"高冷"吗？我想我一定会找出答案。太原也有很多超级大商业综合体，不知能否印证我对此类商业综合体珠宝品牌选择的预测，如果可以，那么有可能我们各大珠宝品牌面临的将是更严峻的考验……

[延展阅读]

1. 新密简介

新密市位于河南省中部的嵩山东麓，隶属省会郑州，位于省会郑州西南 40 公里处，总面积 1001 平方公里，辖 13 个乡镇。新密是河南省 26 个加快城镇化进程重点县（市）、35 个扩权县（市）和 23 个对外开放重点县（市）之一。境内主要河流有贾鲁河，双洎河等，有汉、回、维吾尔等民族。2016 年 12 月 7 日，新密市被列为第三批国家新型城镇化综合试点地区。

2. 新密主要商场（商业街）和珠宝品牌

商场（商业街）	主要珠宝品牌
屏峰商城	明牌珠宝、亚星珠宝、钰源珠宝
东大街	天成珠宝、周大生、华龙玉器、克拉美珠宝、农幸珠宝
金博大购物中心	爱迪尔珠宝、佐卡伊、金伯利钻石、老凤祥、周大生、明牌黄金、中国黄金、中钰珠宝、金鑫珠宝、帝曼龙黄金

太原：非强势品牌跨区作战利弊尽显

2018 年 5 月 28 日
31 ℃　晴

山西在我心里一直是一个传奇的地方，多次想来但最终都因没有机会而告终，这次我终于可以到盛产“煤老板”的山西来看一下。太原这座城市整体给人的感觉很好，我怀着对 CC 卡美的美好期待开始了太原之旅，然而由于 CC 卡美上午 10 点才开始上班的缘故，我们在 CC 卡美的店门前吃了闭关羹。习惯了早上 9 点就开始出门的我，真的没有想到太原的 CC 卡美 10 点才上班，好在克徕帝的店开门了，所以我还是有机会狂拍了一遍。在扫完老商圈并看过了克徕帝的三个店之后突然有感而发，可能是我对克徕帝“情有独钟”，但到处看克徕帝确实让我有了更多的思考。

克徕帝珠宝的全国奇袭策略分析

克徕帝的店早上开的比别人早，晚上关的比别人晚，这种“拼命三郎”式的敬业精神着实让我佩服。另外，各种商业街的街铺卡位让我看到了克徕帝选铺的专业。克徕帝的广告牌也简单、实用，在店铺装修方面采用的是超级务实主义。产品方面虽然陈列的水平和款式选择并没有太大的优势，但不得不承认他们的差异化加价策略，把产品的价格差异化做到了极致。最后再配上全方位价格战的营销策略，克徕帝就像一把利剑，切乱了很多省会城市的市场格局，把竞争对手打得“落花流水”。总体来说，克徕帝的发展策略是成功的，以实用主义的态度、极简的风格，快速布局全国各省会城市和部分珠宝消费较好的市场。估计他们这种特别适合直营的模式，收益应该不错。作为一个信仰赚钱就是硬道理的珠宝人，真心希望中国珠宝行业多一些这样的狠角色。如果克徕帝能在品牌建设、全额纳税和珠宝证书方面做到行业极致，我个人觉得克徕帝将是一个不错的直营珠宝连锁典范，或许能成为一个优秀的珠宝上市企业。

大型商业综合体和大商场的品牌珠宝选择

在太原，我考察了茂业天地超大商业综合体，并且考察了茂业天地的超级珠宝区，虽然不知道他们的生意到底如何，但就是这个珠宝区的规模也让我佩服山西人的豪气。走访过太原的百盛、天美新天地、北美新天地、万达广场、华宇购物中心、贵都世纪广场、茂业百货和茂业天地后，我最大的感触就是大型商业综合体和大商场的品牌珠宝应重新定位了。不是所有的珠宝品牌都可以进入大型商业综合体和大商场，因为想在这样

的场地里赚钱需要的不仅仅是努力，还有很多其他的东西。现在好的大型商业综合体和大商场的门槛都不低，有时不仅仅是能给商场赚钱的问题，更重要的是颜值。在这个看脸的社会，没有与大型商业综合体和大商场配套颜值的珠宝品牌是很难入驻好的大型商业综合体和大商场的，即使有幸进入了都会因不匹配而难以持久。当然有些生意不好的大型商业综合体和大商场不挑品牌，你可以放心随便进，但这样的场地本身就是一个坑，等你从坑里爬出来可能只剩下半条命了。一路走来，我终于看清了大型商业综合体和大商场的套路，每个大型商业综合体和大商场都有自己的定位，他们早就定位好自己的招商对象，能不能给商场赚钱倒是其次，首先看重的是与商场匹配的程度。当然不排除招商不顺利降低标准拿次级品牌充数的问题，不过这只是权宜之计。有时我也疑惑周大福为什么费事搞那么多的店型呢？我想可能是与现在的商业场所需要不同风格的珠宝店相关，看来“一店走天下”的时代结束了，除非你能做到国际珠宝品牌那样的水准。

CC 卡美的奢华大店带给我的新印象

来山西必须看 CC 卡美，这是我的不二选择，因为这可是我入行以来仰慕已久的地方品牌。以前就听说过 FENIX 菲尼莎是他们投资的品牌，我没有看过 CC 卡美的店，但没少看 FENIX 菲尼莎的店，所以就一直认为 CC 卡美可能更不错。果然名不虚传，一到太原山西世贸中心附近最大的 CC 卡美旗舰店我就被折服了，外看二层楼的店，上面居然还有两层楼的大招牌，非常大气奢华，远胜各地方珠宝品牌。整体的设计和装修都很上档次，尤其是醒狮形象非常有特点。店内的货品、服务、陈列和管理都是相当专业的，真后悔没有早点来山西看 CC 卡美的店。之后在太原的茂业天地和其他多处商场都看到了不错的 CC 卡美门店，总体感觉他们的店务和产品，以及品牌形象都是十分出色的，只是不知道为什么这么好的品牌怎么没有走向全国呢？很多地方品牌都因为这样或那样的原因错过成为全国品牌的机会，看着 CC 卡美这样优秀的地方品牌也错过了快速成为全国品牌的机会让我唏嘘不已，突然间回想起他们的大店，我好像豁然开朗了。越是把店和品牌做得漂亮的地方珠宝企业，越不容易成为全国品牌。这些企业的老板应该都是完美主义者，比如：黑龙江的捷夫珠宝、浙江的曼卡龙和山西的 CC 卡美。这三个品牌整体的档次和水平都属于行业上佳之作，然而好像都没能在行业的黄金时代走向全国。当时由于在哈尔滨工作的原因，我接触捷夫珠宝的机会比较多，很多次都想向他们学习最终都因为品

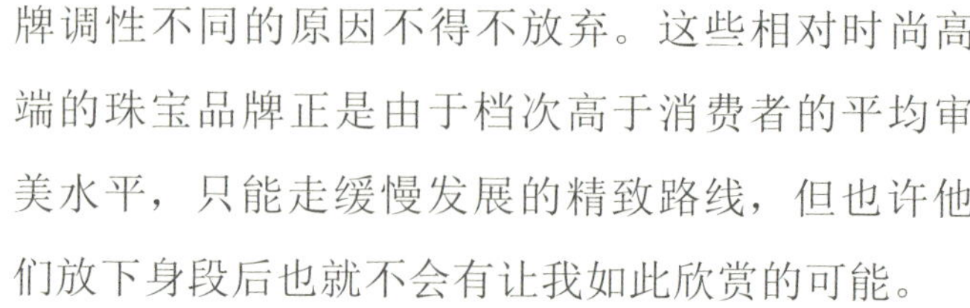

牌调性不同的原因不得不放弃。这些相对时尚高端的珠宝品牌正是由于档次高于消费者的平均审美水平，只能走缓慢发展的精致路线，但也许他们放下身段后也就不会有让我如此欣赏的可能。

非强势珠宝品牌的跨区远征前景分析

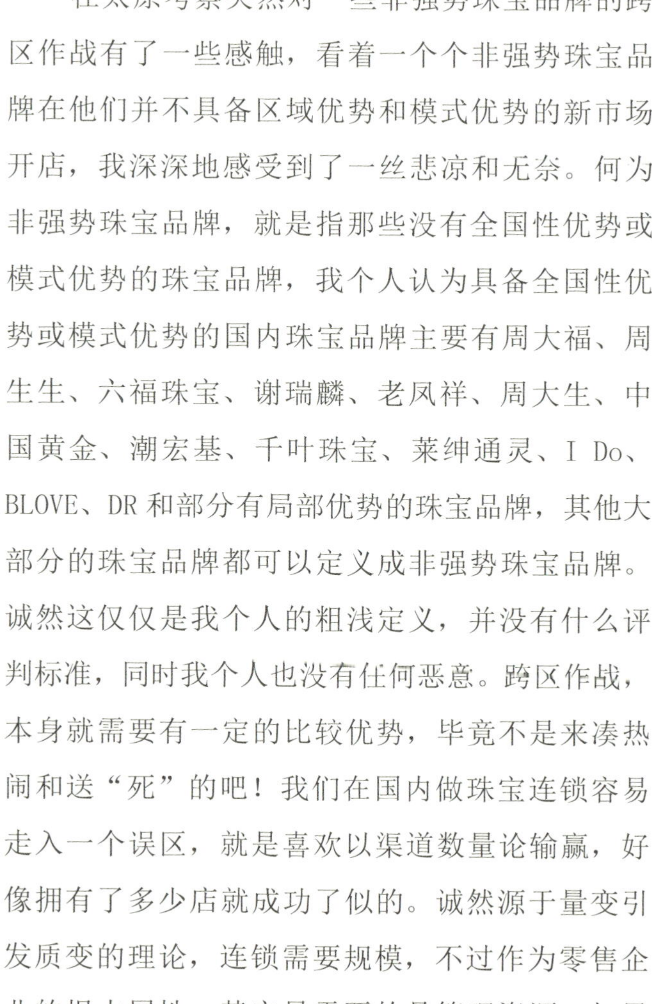

在太原考察突然对一些非强势珠宝品牌的跨区作战有了一些感触，看着一个个非强势珠宝品牌在他们并不具备区域优势和模式优势的新市场开店，我深深地感受到了一丝悲凉和无奈。何为非强势珠宝品牌，就是指那些没有全国性优势或模式优势的珠宝品牌，我个人认为具备全国性优势或模式优势的国内珠宝品牌主要有周大福、周生生、六福珠宝、谢瑞麟、老凤祥、周大生、中国黄金、潮宏基、千叶珠宝、莱绅通灵、I Do、BLOVE、DR 和部分有局部优势的珠宝品牌，其他大部分的珠宝品牌都可以定义成非强势珠宝品牌。诚然这仅仅是我个人的粗浅定义，并没有什么评判标准，同时我个人也没有任何恶意。跨区作战，本身就需要有一定的比较优势，毕竟不是来凑热闹和送“死”的吧！我们在国内做珠宝连锁容易走入一个误区，就是喜欢以渠道数量论输赢，好像拥有了多少店就成功了似的。诚然源于量变引发质变的理论，连锁需要规模，不过作为零售企业的根本属性，其实最需要的是管理资源。如果

管理资源不配套，就无法支撑起量变，届时量变不仅不会引发质变，反而只会引发整个渠道的变质。现在做连锁总部也好，开连锁店也罢，一定不能透支自己的资源，现在的行业竞争已过度白热化，任何失误都会给竞争对手以可乘之机，甚至引发“多米诺骨牌效应”。作为一个聪明的珠宝品牌和珠宝投资者，应着力在有“比较优势”的市场不断精耕细作，而不是跨区普遍撒网，否则不负责任开出来的终端店终将以亏损告终。

“锦绣太原城”果然名不虚传，这里的商圈数量之霸气，品牌矩阵之豪华，地方品牌之强大，都让我为之震撼，觉得这个市场值得我们不断探寻。在人人都恐惧的市场寒冬期，有克徕帝这样勇往直前的硬派作风，也有CC卡美这样坚守一方的完美主义，更有不撞南墙不回头，撞了南墙也不一定回头的各种非强势品牌的纷纷加入，这个市场将会越来越有意思。穿越寒冬时，有可能溃败也有可能凤凰涅槃，不知有哪些会成为重生的一方？我们拭目以待。下一站是河北石家庄，这是个号称为“北方粮仓”的城市，名头不小，很多年前我曾考察过。如今省会城市的各大商圈压力都不小，更何况石家庄还有优质的老商场和珠宝一条街，为了抢占顾客，新老商圈肯定都在暗中较劲，不知道会有什么“新花样”？这是我比

较好奇的。另外，石家庄的玉石文化相对浓厚，翡翠和玉石市场让全国其他的珠宝商家多少有些羡慕，不知现在可还有以往的气势？但愿他们都在自己的一亩三分地里有不错的收获……

［延展阅读］

1. 太原简介

太原，山西省省会，是中国优秀旅游城市、国家历史文化名城、国家园林城市、中部地区重要的中心城市、太原都市圈核心城市，山西省政治、经济、文化、交通和国际交流中心，是一座具有 4700 多年历史，2500 年建城史，“控带山河，踞天下之肩背”，“襟四塞之要冲，控五原之都邑”的历史古都。太原市三面环山，黄河第二大支流汾河自北向南流经，自古就有“锦绣太原城”的美誉，是中国北方军事、文化重镇，世界晋商都会，中国能源、重工业基地之一。

2. 太原主要商场（商业街）和珠宝品牌

商场（商业街）	主要珠宝品牌
百盛（梅园店）	SWAROVSKI、莱绅通灵、DR、六福珠宝、周大福、周大生、明牌珠宝、潮宏基、老凤祥
铜锣湾国际购物中心（迎泽区）	周大福、金至尊、潮宏基、六福珠宝、周生生、明牌珠宝、诗普琳珠宝、科田珠宝、翠鑫盛、万德福、瑞恩钻饰名店、卡百福（KBF）定制、皓鑫珠宝、梦雅恒珠宝
茂业百货（柳巷南路店）	周大福、周生生、六福珠宝、ADK 珠宝、CC 卡美、莱绅通灵、爱斯卡珠宝、千叶珠宝、诗普琳珠宝、艾尚银饰、欧瑞德银饰、爵彼珠宝、德玉万家
天美新天地	Cartier、MONETA、CC 卡美、Roseonly、I Do、BLOVE、LOVE&LOVE、莱绅通灵、六福珠宝、周大福、周生生、潮宏基、千叶珠宝、诗普琳珠宝

石家庄：北方粮仓应对消费升级启示录

2018 年 5 月 29 日
29 ℃　晴

很多年前来石家庄考察时，我只记得石家庄的北国商城，以及北国商城门前的一条珠宝街，其中北国商城中最牛的就是北国金殿，那时他们黄金的铺货量一直让我无法忘怀。这次来石家庄发现变化实在太大了，现在这里的商圈升级带来数家商业中心的兴起，从而也导致了珠宝零售业越来越难做。在石家庄我逛了北国商城、万象天成购物中心、勒泰中心、怀特商业广场、东明国际广场、海悦天地、万达广场等较大的商业中心，还重温了北国商城前的珠宝一条街。再次看到这条街上的老店七彩云南、克徕帝、金匠世家、曼都珊，让我倍感亲切，只是出现了太多的新商场，把这条街的人流和生意都冲淡了。无论是在怀特珠宝城，还是在勒泰中心的周大福、六福珠宝、金至尊、I Do、金匠世家，或是在怀特商业广场的东阳珠宝，我都感觉到了商圈分散后的经营压力剧增和整个行业前景的不确定。诚然现在城市化后各省会城市的人口还处于流入的状态，但我估计现在商业的扩张速度远远大于人口流入的速

度。在这种趋势还将持续一段时间的大背景下，珠宝零售行业如何度过这段艰难的岁月，我想我在石家庄或许还找不到答案，但走完全国后我一定要找到这个答案。

万达广场之万达百货的珠宝品牌现状

一个省会城市如果没有万达广场，我会觉得这个城市的经济发展一定不好，看来我都快成了一个万达迷了。为什么我这么喜欢逛万达呢，可能是因为它简单纯粹，快捷方便，好像专门给我们这种“青涩”的人量身定制的。其实我都能总结出来万达的套路：一楼和二楼基本就是商铺，涵盖各种年轻时尚的中低端时尚品牌店；三楼绝对是餐饮，有时占据两层楼，是万达最具人气的地方；三楼或四楼通常还有一个豪华电影院。当然绝大部分的万达广场还配套了超市和万达百货，只是我一直非常同情万达百货中的珠宝品牌。万达广场相当于一个室内的步行街和商场的结合体，其中万达百货对应的是传统步行街上的商场。综观全国的万达百货做得还真是一般，尤其是一楼的珠宝区人气很不理想。作为高端消费品的珠宝，其实是需要大量中高端消费人群支撑的，而万达广场的主力人流并不是中高端消费人群。说实话个人感觉万达的主力人流应是中低端消费人群，尤其是年轻消费者比例较高。目标消费人群的不

完全对等或许并不是最致命的，最致命的是万达百货的定位——就像一个“弃子”似的，被放在万达主街旁边，显得可有可无十分无助，根本没有在万达广场中抢人流的实力。万达百货的珠宝区估计也是比较“佛系”，没有具体的规划，品牌组合看起来也较随性，因此放大到整个城市之中万达百货的珠宝区基本没有什么核心竞争力。虽然万达百货的珠宝品牌较多，差不多等同于传统的商场，但真正强势和有强烈企图心的珠宝品牌未必会重点关注万达，因为在这里想赚钱还是挺难的。总体而言，万达百货让人觉得就像是万达广场的负资产，他们应该交给真正玩得转百货的人来做，不然这里的珠宝同行日子不会太好过。

北国商城周生生的展销店及地方品牌金匠世家的90天免费退换政策

珠宝展销是商场中很常见的营销活动，有些时候这是一个品牌候场时的无奈之选。其实在人气较好的商场中庭做展销，如果品牌相对较强势，展销效果还是相对不错的，但有时在这里展销只是一种对品牌或产品的展示。一直极少看见周生生的展销，这次在北国商场中有幸见到，却给了我耳目一新的感觉，当然这也不排除我真心喜欢周生生这个品牌的缘故。周生生这个展销店或许是为了促销，或许是为了入驻候场，由于时

间的关系我并没有认真研究，只是被这个展销店的气场所吸引。不知是为了测试产品还是其他什么原因，周生生这个展销店的产品还真心不贵，铺货的数量也尚可，完全不是国际大牌那种极少的产品和极夸张的陈列。通过周生生的展销店我总结出了三种展销的套路：第一种，国际大牌的展销，更多的是展览或展示，是让受众看到他们的“逼格”和态度，一般不是为了卖货；第二种，国内相对强势的港产珠宝品牌和国内部分强势珠宝品牌，他们既想展示品牌形象，又希望多少能促进下销售；第三种，国内大部分的中低端品牌的展销，基本就是为了低价甩货，有的甚至不顾品牌形象，用“海量货白菜价”的方式快速获利，折扣大和旧货多是其标配。看了很多场的珠宝展销，感觉还是周生生这种展销店的模式相对较好，有一定的设计感，产品与日常店内的也有稍许不同，这样给消费者的感觉还是有一定品位的，同时还有可能取得不俗的展销业绩。为了业绩，商家们各出奇招。在石家庄的金匠世家我收到一个DM宣传单，上面的一句广告语吓倒我了——“钻石90天免费退换货”。我忍不住到店里转了下，确认这是真的。也许是我少见多怪，但确实是生平第一次见到90天免费退换货的商家，这种气度让我佩服的同时，也让我替他们担

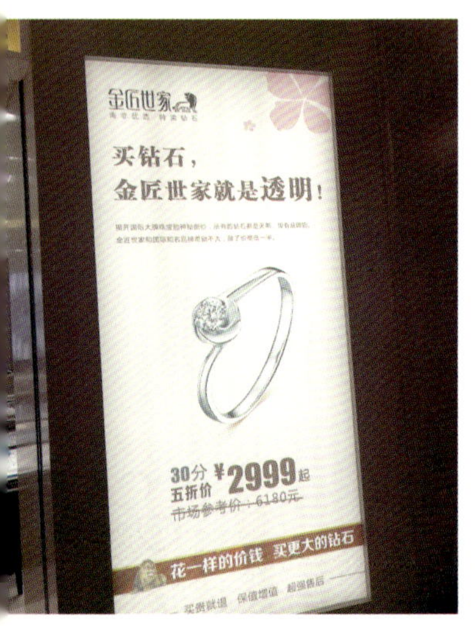

心。国家对于珠宝产品的退换货没有要求太高，一般7天到半个月就算不错，更多时候主要是以换货为主，退款相对卡得较严。金匠世家承诺90天期限，这相当于3个月内可以免费退换货，就算他们把退换货的比例控制在5%以内，也存在一定的经营风险。比如导购员的提成如何计算和如何发放，如果按常规一般是次月15日之内必须发放当月工资和提成，万一提成发放后员工离职了怎么办？正常离职你无法扣提成，因此有可能2个月至3个月前的产品在退货时，原有的销售人员已拿完提成离职了，那么这个销售提成如何退回？所以说这种形式容易给别有用心的员工以可乘之机，如提前两个月买一些较大金额的珠宝，拿完提成后走人，然后再让相关人员到店退款。这种事也许你会觉得不太可能，但说实话我不止一次遇到过。如果想让离职员工退还提成，不好意思，除非你先行扣押，否则追款的成本可能会大到惊人。现在店与店的竞争，品牌与品牌的竞争都非常激烈。金匠世家的本意或许是想给消费者提供更多的方便，或许可以不在乎这种内部人员作弊带来的损失，但我仍然想提醒一下有长时间退换货承诺的商家，注意风险把控。

通过石家庄看翡翠和和田玉及琥珀的市场前景

河北可能是由于离北京较近的原因，这里的

翡翠和玉石文化较浓，有大量的翡翠和和田玉商家。通过对这些商家的考察发现，其实他们的日子并不好过。一般有七彩云南的地方，翡翠市场都是不错的，在全国翡翠和和田玉销售全面下滑的大背景下，石家庄的翡翠和和田玉的市场前景并不是十分良好，或者依我本人的认知，在未来相当长的一段时内，这两种珠宝品类不可能太好。现在只有实在、硬通的翡翠和和田玉还能流动一些，特别好和特别烂的翡翠和和田玉都已无人问津了。很多商场中还有大量的翡翠和和田玉商家不愿撤场。在与这些坚守着的商家攀谈时得知，以前这里的销售还是可以的，这两年都赚不了什么钱，基本靠老客户和多品类混合经营才可以勉强度日。与这些商家命运相同的还有琥珀的商家，他们可谓是难兄难弟。现在琥珀最常见也最有名的产地分别是波罗的海及其沿岸国家和地区、缅甸、多米尼加、墨西哥、中国抚顺等。其中以波罗的海的产量最为巨大，而它周边的国家里，乌克兰、俄罗斯、波兰、丹麦的蜜蜡琥珀产量占世界的 90%。在可查到的资料中可以了解到，现在琥珀存储量第一大国是俄罗斯，尤其是俄属加里宁格勒区域为核心。我在石家庄的一家商场内看到了大量的琥珀产品，其中更展出了许多未加工的原石。其实他们这种销售方式还是非常新颖的，在与商家交流时他大方承认产品卖得不错，并一

直向我介绍琥珀有多好。我不想让他们继续把我当成菜鸟忽悠，虽然我确实对琥珀了解得不多，但也明里暗里提醒了他们几句，结果却把他们吓到了。国内做琥珀的大咖我只是认识一些，也学习过一点琥珀的基本知识，没想到关键时刻派上用场了，看来学习还是非常有回报的，最后安抚了他们几句后我就溜之大吉。仔细想想，现在的钻石、彩宝、翡翠和一些境外其他珠宝的销售，都不容易，更别说琥珀了，真不应该吓唬他们。

对珠宝行业来说，素有“南北通衢，燕晋咽喉”之称的石家庄很有代表性。新商圈崛起，旧商圈式微，珠宝行业也深受其害，当高价租来的铺位不能产生等量的效益时，整个区域的珠宝店都会显得很疲惫，继而进入一种恶性循环；而当为了吸引顾客做出一些过度承诺或者是太过庸俗的营销时，又会对品牌造成难以预估的影响。真希望我们能在有限的商圈人流中定位好自己的客户群，为客户提供更加精准的产品及服务，同时做好门店及人员的升级，在遭遇不确定的市场冲击时及时调整方向而不是被动接受。想到这些虽然有点郁闷，但是一想到下一站是位于泰山脚下的泰安，我心里又平衡了点。我想我是没有时间去爬泰山了，一心一意考察真是不容易，不过泰安作为一座著名的文化旅游城市，其珠宝行业的发展态势还是让我很好奇的。旅游城市有大量的游客，有较成熟的服务行业，说不定泰安的珠宝也会很有特色，尤其是那些眼光独到的珠宝商家，他们是如何在旅游文化街中找到旺铺的呢？迫不及待赶往下一站……

[延展阅读]

1. 石家庄简介

石家庄，简称“石”，河北省省会，地处河北省西南部，旧称石门，地处河北省中南部，环渤海湾经济区。石家庄是中国铁路运输的主要枢纽，京广、石太、石德、朔黄四条铁路干线交汇于此。地跨华北平原和太行山地两大地貌单元，是全国粮、菜、肉、蛋、果主产区之一，农业集约化和产业化水平较高，生产规模位居全国 36 个重点城市第一位，被国家确定为优质小麦生产基地，素有“北方粮仓”之称。

2. 石家庄主要商场（商业街）和珠宝品牌

商场（商业街）	主要珠宝品牌
银座商城（东购店）	周大福、金至尊、六福珠宝、戴梦得、潮宏基、明牌珠宝、东购金店
万达广场（裕华区）	六福珠宝、周大福、BLOVE、I Do、明牌珠宝、诗普琳珠宝、人民金行
益友购物中心	周大福、老凤祥、中国珠宝、金亨珠宝、戴梦得、佐卡伊、宝泉金店、北国金殿、尊福翠轩
万象天成	MINTYGREEN、DR、周大福、明牌珠宝、潮宏基
北国商城	周大福、周生生、六福珠宝、北国金殿、戴梦得、珂兰钻石、老凤祥、曼都珊、尊福翠轩、嘉乐琥珀、金玉翠福、润石珊瑚

第三部分 畅想篇

泰安：三线市场终极较量之各施绝技 138

肥城：鲁中宝地寻觅商机意犹未尽 145

济南：泉城珠宝平静下的风起云涌 153

天津：商圈争战激烈　大型珠宝城风光不再 161

北京：京城珠宝行业神话长盛不衰 170

沈阳：老工业城的品牌危机和曙光并存 180

梅河口：区域品牌更替　零售未来大畅想 189

长春：北国春城各大珠宝品牌迎接新生 196

泰安：三线市场终极较量之各施绝技

2018 年 6 月 1 日
34 ℃　晴

泰安市是山东的一个地级市，在泰山脚下，是去山东泰山旅游的必经之路。泰安市下辖 2 区和 2 县级市及 2 县，全市总人口 563.74 万人，应该说是一个有代表性的四线城市。在朋友的陪同下逛完市中心的银座、中百、万达广场及其附近的街店后真的就没有什么了。我的朋友是最早在泰安投资的一批珠宝商，这些年来店里的盈利能力还是不错的，在整个山东省开了近二十家珠宝店，不过下一步开店的速度就快不起来了。好多老一代的珠宝投资商已经进入到了事业的疲劳期，走“多品牌”或是“纯加盟”路线都很累，做自己品牌那就更累。其实我们经常看到新一代的莆田珠宝投资商，一群 80 后大哥带着 90 后小弟冲锋陷阵，干什么都不累，不管是加盟还是做自己的品牌都觉得很有劲。我有时真想劝劝那些累了的老一代珠宝投资商们放弃算了，把事业交给新一代的人来负责，他们是清晨的朝阳，他们是充满无限力量的未来，就像我们刚入行时觉得什么都新鲜，什么都愿意去尝试。不过我终究忍住了

没说，因为这一代珠宝投资商们也真心不容易，谁又会保证自己永远不会进入事业的倦怠期呢？

三四线城市的品牌珠宝王者之路

现在的国内三四线珠宝品牌中，真正发展不错且总部能盈利的品牌并不多，我曾多次与人反复讲到，从北到南基本就是：北京的两个“中”，一个中国黄金，一个中国珠宝；山东的两个“王”，一个是王忠善的梦金园，一个是王义善的赛菲尔珠宝；上海的两个“老”，一个是老凤祥，一个是老庙；深圳的两个“周”，一个是周大生，一个是周六福。中、周、老、王基本构成目前国内三四线城市的珠宝生态圈，山东市场大概也是由这些品牌组成的珠宝终端零售格局。如果说三四线城市的品牌珠宝靠什么赢得竞争，基本就是靠渠道数量和单店规模来碾压竞争对手，但现在的结果好像是大家混战在一起，旗鼓相当，谁也搞不定谁。要说这些品牌有什么核心竞争优势吗？说实话还真不太明显，如果勉强说一个大概，那应该是中国黄金和中国珠宝靠的就是“中国”这两个字，央企品牌且带有“中国”字样，想想都觉得厉害，我人生的梦想之一就是开两个中国黄金和中国珠宝的加盟店。两个“老王”原来靠的是万足金和央视广告，反正现在渠道已足够多，未来怎么搞都有道理。老凤祥和老庙靠“老字号”就可以横行

天下，反正都是上市公司，有钱且资格够老谁又能说什么？最后深圳那两个“老周”这两年相当牛，一个成功上市，一个即将上市，要渠道有渠道，要钱就钱，估计也会风光无限。看看这些三四级的品牌珠宝店，他们还真是没有谁是靠品牌建设、产品体系、连锁体系、企业文化和管理水平发展起来的。有时真的怀疑外国人写的那些品牌塑造理论，为何在中国渠道为王的大背景下全是错的？有人说未来这些珠宝品牌都将面临着迭代的问题，我在看完数个省份的大量珠宝店后，真想对那些人说中国珠宝品牌自然走中国珠宝的品牌之路，未来 3 ～ 5 年之内还是开这些大哥级的品牌店才能赚钱，没有抢到赚钱的品牌就先洗洗睡吧！

珠宝业的金角银边草肚皮铺的选择

由于长时间在零售一线选铺，学会了一些所谓的唬人术语。这些其实也是常识，但用些风水术语说起来显得还是很高大上的。“金角银边草肚皮”原来是围棋术语，指的是围棋棋子放置的位置不同，其效率也相应不同，角上围的最多，边上次之，中腹最不易围空。金角银边草肚皮，这是说一个子下在盘上的价值是不等的。一个子下在角上价值最高，下在边上价值其次，下在腹中价值最低。如果把这些应用在商铺选址上，就可以解释为：金角的铺位是首选，因为街角汇聚了四方的人流，并且人们在这里驻足的时间长，因此店铺的展示面大，品牌的曝光度也会很高，所以街角商铺的财气就旺。而银边就是指街两端处于人流进入的端口铺位，也就是刚进入商业街的客流有兴趣和有时间高密度停留的地方。因为这样的铺距离金角铺位不算远，所以银边的作用就是借力，在零售上也能分一杯羹，消费者虽然有惰性不愿多走路，但这个距离也是在大多数人能接受的范围内。草肚皮则指中间部分铺位，这里由于客流分散，并且消费者购物兴趣下降和行走体力不支，从而使这样的店铺经营困难重重。现在最佳的珠宝店选择要不就选一头，要不就选一尾，开在中间的都经营较难。具体到泰安市的珠宝零售店，我看到了岱庙金店万达二店的选址就是按这个标准来选的，同时在泰安市的珠宝一条街上，看到大量优质的珠宝店铺选址也遵循这个原则。其实以前我们一直是以实测人流的方式来选铺，认为这样的数据会更精准，同时还要结合店前的路边宽度和能不能停车等因素，或许这样的选址会更科学一些。只不过真正到了珠宝零售终端一线，类似像泰安市这种四线城市，才发现简单的方式有着万变不离其宗的规律，虽然随着时代的进步，消费者对商铺选择的取向有所变化，但金角银边草肚皮的理论还是大致有效的。

万达广场在四线城市经营所引发的思考

在国内各省会城市考察，基本都能看到万达广场，生意或好或坏都在深刻地影响着这个城市的零售业，尤其是珠宝首饰零售业。一个城市的客流是很容易受牵引的，要么是体量大，要么是新兴业态，尤其是欠发达省份的省会城市，万达广场几乎到了可以重构一个城市商业的地步。在泰安这个山东的地级市看到万达广场的开业，多少有些感到意外和不解，这样的城市体量真的足够支撑万达广场的发展吗？说实话，在泰安的万达广场逛，能深刻感觉到这里的万达广场招商还不完全充分，还有很多工作与省会级城市没办法比。也许是这里的政府招商政策较好，也许是为了提早布局四线城市，但没有人流支撑的万达广场里的珠宝商家估计会非常难受。不过万达广场晚上的人流还是可以的，由于场地足够大，这里承担起了城市公园的部分功能。有人流的地方就有客流，虽然这种中低端的客流对珠宝零售店来说转化率还是相对较低的，不过有总比没有好。

通过泰安市的考察，我不主张珠宝品牌进驻四线城市的万达广场，当然有特殊本领生存的非传统珠宝品牌例外。但只要是传统商业街未严重衰落，就不要轻易布局新的万达式商圈，因为这里的成熟需要很长的时间，短则 1 ～ 2 年，长则

3～5年。这对珠宝零售店来说实际是致命的，除非有老店支撑和呼应，否则还是不要有这种提前布局的想法。在这个世界上，人生就像长跑，抢跑者多数是无法获得第一的，真正的赢家都是综合实力最强的幸运者。下一站是未在我计划之内的肥城——有着丰富资源的鲁中宝地，我将重点关注的是非主流品牌在四线城市的生存空间，以及商场珠宝区与珠宝城甚至是珠宝一条街的竞争。一般来说，较为低端的市场其消费模式还是比较原始的，消费者对珠宝城或者是珠宝一条街的依赖性比较大，在这种情况下，不知那些已经入驻商场的珠宝品牌会有怎样的精彩反击？四五线城市的珠宝门店一般以“亮瞎顾客的眼睛”为目标来打造店招，力求成为整条街最亮的招牌，这虽是我们的机会所在，但我不得不善意地吐槽下，具体原因只能在下一站借机详细解析了。

[延展阅读]

1. 泰安简介

泰安市，隶属于山东省，位于山东省中部，北依山东省省会济南，南临儒家文化创始人孔子故里曲阜。泰安因泰山而得名，“泰山安则四海皆安”，寓国泰民安之意。城市位于泰山脚下，依山而建，山城一体。泰安市境内的泰山是国家重点风景名胜区，有“五岳之首”“天下第一山”的美誉，是世界自然与文化遗产。

2. 泰安主要商场（商业街）和珠宝品牌

商场（商业街）	主要珠宝品牌
万达	Auro Heesh、周大生、银匠世家、7℃银饰
财源大街	周大生、岱庙金店、百福川珠宝、尚尊珠宝、梦金首饰、东岳金店、金万福、萃华金店
中百大厦（泰山区）	周大福、六福、周大生、银匠世家、老银匠、招金银楼
银座商城（泰山区）	周大福、周大生、金至尊、六福珠宝、老凤祥、金伯利钻石、老庙黄金、潮宏基、金戈儿、宝至尊、金象珠宝、嘉乐琥珀

肥城：鲁中宝地寻觅商机意犹未尽

2018 年 6 月 1 日
34 ℃　晴

山东肥城是一个完全没有在我考察计划内的县级市，受友人所邀来此一游却收获颇丰。肥城地处山东中部，有着近百万的人口，珠宝店比我想象中的要多些。山东确实是一个经济强省，但同时也是一个珠宝首饰零售终端较多、竞争比较激烈的省份。其实很久以前我就知道周大生、老凤祥、中国黄金、世纪缘珠宝、梦金园和赛菲尔珠宝等诸多珠宝品牌在山东都做得相当不错，这次却真正看到了县级市这种四线城市的诸强之战。肥城的主要商圈是一条商业主街，当然也是珠宝一条街，这个区域内还有两个不错的商场，商场内也有一定数量的珠宝店。当地的老凤祥和尚尊珠宝是“一家子”，由我这位朋友所开，应算是这里最大的珠宝店。周大生由百福川珠宝经营，在新合作购物中心和新合作生活广场两个商场中也有周大生、老庙黄金、中国黄金、世纪缘和老凤祥等珠宝店，基本是一牌多店，凭经验来说，这里应是由数家老板控制的一个处于僵持状态的市场。以前都说山东省的珠宝终端竞争激烈，其

实细看之后才知道他们仍处于低水平的竞争，没有进入真正的差异化竞争阶段，看来这里的珠宝市场仍有较大的发展空间。

非主流品牌的四级市场生存空间

在肥城这个县级市中，除了一些常见的全国性主流四线品牌外，仍有一些非主流的珠宝品牌存在，这与全国其他省份的县级市市场态势基本一样，只是这里的非主流品牌竞争力较弱而已。县级市现在几乎都是周大生、老凤祥、中国黄金、中国珠宝、周六福和老庙黄金等多店对多店的竞争，当然在山东还有梦金园、世纪缘珠宝和赛菲尔珠宝等本地强势品牌的店，但这些珠宝品牌的店一般不会是多店，更多的是以单店的形式保持一定的市场占有率。不知道以前这里的杂牌珠宝发展的情况如何，只听说这几年全是全国知名品牌的天下，做杂牌越来越不赚钱了。在全国很多地方，有些本地珠宝品牌靠大店和多店的打法也能稳占一席之地，不知为何山东省很多本地珠宝商放弃了本地品牌，或许是因为本地品牌的生存空间已狭小到无法生存。站在肥城珠宝一条街上，我突然间有一种可怕的推论，也许未来几年内本地杂牌将会基本团灭，只剩一些全国性的珠宝品牌在地方上厮杀。当中国珠宝终端的多样性不复存在后，不知未来的中国珠宝业到底算是良性了的还是恶性了？非主流品牌在四五线市场的弱势，说明全国性珠宝品牌已经扩张到了极限，未来中国珠宝首饰终端的增量将发生在哪里？不过看到一些本地杂牌的产品和装修水平，确实在快速的终端升级中毫无优势可言，估计他们未来的命运不是出局就是改牌。

婚纱影楼与珠宝的结合或许是最佳组合

四五线城市的租金相对较低，很多珠宝店的店招有四五层楼高，我很好奇地问二楼以上的房子怎么处理的，得到的答案基本都是空着的。由于店招所导致的窗户遮挡，既无法住人也无法用于经营，只能闲置或当仓库。现在零售终端绝大部分的业态，都是需要有窗户的，因为任何人都离不开阳光和空气。只有婚纱影楼行业对窗户的需求最低，拍摄用的影棚部分更是完全不需要阳光。我一直梦想着做一个婚纱影楼和珠宝结合的品牌，珠宝和婚纱影楼的客群基本是重叠的，这就为二者的结合提供了客群基础，同时珠宝大店废弃的场地完全可以改成更衣室、化妆间和影棚，这简直就是完美的组合。然而现在国内的现状是：懂珠宝的不懂影楼，懂影楼的不懂珠宝，没有真正的跨业经营人才带领，这两种业态是无法有机组合在一起的。我曾经跟个别珠宝老板建议过，在肥城时也再次跟珠宝老板建议试行一下这两种

模式的结合，然而我从他让我必须入股的语气里，感觉到的是对异业结合模式的恐惧怀疑心理。虽然我对摄影有着一定的兴趣，也多少了解一些影楼的经营套路，但真正让我们去经营影楼我并没有什么把握，因为这几年开影楼的门槛好像也提高了很多。利用珠宝大店的闲置场地做一个最低成本的影楼，或许可以是一个最佳的跨业组合模式，或许只是一个我永远无法实现的梦。

通过肥城商场珠宝区和珠宝城的斗法看终端竞争

四五线城市由于城市规模有限，一般的商场规模都不会很大，有些商场更像大城市中的超市，这就意味着当地商场珠宝的优势并不会明显。特别是在四线城市的商场没有什么餐饮区和电影院，更多的只有单纯的购物功能，因此这样的商场聚客功能相对较弱。在肥城的主要商业街上，各业的门店还是较多的，间接说明商场的逛街功能不是很强，人们还是愿意在商业街上逛，这也反映出四五线城市的消费模式还停留在比较低端的层次。一个城市的商场珠宝区和商业街的珠宝店强弱主要取决于这里的消费者购物习惯，同时也取决于各珠宝商家的经营实力，越是商场集客能力弱的地方商业街铺的机会越多，对于一个大到以珠宝城级别竞争的商场来说亦是如此。在一个四五线城市，500平方米的珠宝店就可以算做一个珠宝城，因为500平方米的珠宝店多是用2～3个珠宝品牌来组合经营，有些甚至达到3～4个珠宝品牌。说实话现在的中国大部分的珠宝品牌的产品线都不长，单店达到300平方米的珠宝品牌产品线差不多就达到了极限，尤其是在四五线城市的珠宝品牌产品的相似率都达到可怕的地步，完全不顾及珠宝消费者的感受。一般国内的珠宝品牌单店最好控制在80～150平方米之内，这是最适合经营的面积，这样的单一品牌店既能让产品最大化地展开，同时还能设计出非常完善的功能区。现在的县级市的房价也被炒高了，其实如果租金不高，开一个120平方米的品牌珠宝店是最佳的选择。商场由于场地所限，基本没有可以开设这么大面积品牌店的场地，因此如果是商场珠宝店和商铺珠宝店竞争，论单店来说商铺珠宝店的优势更加明显，同时由于商铺珠宝店相对独立，成交率较高。在肥城明显感觉商场珠宝区的实力更弱一些，尤其是在商业街上有如珠宝城一般大的店一开，看中实力的消费者会更容易选择在这里购买。

通过劲霸男装招牌看珠宝店招

长时期在全国各地考察，尤其是四五线城市考察，看到服装业优秀店铺的概率是极高的，比如说中国商务休闲男装领导企业劲霸男装的招牌，

我是真心喜欢，绝对的高端大气上档次。其实中国珠宝行业较服装行业落后，一直以来我们行业的店招（店铺招牌）都没有什么特别出彩之处，在店面形象上我们确实需要大幅度的提升。店招的重点是性价比，我们珠宝行业一般是什么材料贵就用什么，现在很多店招都是采用不锈钢，有时甚至整体门头都是不锈钢的，设计师在店招的设计上也乏善可陈，互相借鉴来借鉴去了无新意。曾经我与一些四五线的珠宝老板们开玩笑说，我们珠宝行业的店招和门头太像KTV和酒店店招了。我还经常看到几十万的店招，特别是在一些三四线城市的大店店招达到3～5层楼，这样的面积高达几百平方米自然造价不菲。不过熟悉店面装修设计的人都知道，这些招店的设计很多是由一个月薪几千到上万元的平面设计师用Photoshop修出来的，根本就谈不上什么专业设计。某次有位老板陪我考察时问我，什么样的店招最显眼？我一时也不好描述和回答，就直接带他在夜晚的大街上开车转，并向他解释最显眼的店招应是什么样的。说实话，在我所了解的珠宝老板的审美水平中，这样的老板其审美水平已经算不错的，起码他在努力寻找属于自己的最显眼的店招。所以有时候想想我都替那些珠宝店面设计师感到悲哀，他们无意之间“沦为”了一个画图员。通过劲霸男装的店招，我个人感觉我们要重新审视珠宝店的装修性价比，要让专业人员做专业事，努力设计出一些专业、显眼、高性价比的店招，尤其是在四五线城市更要把控好做工，否则中国珠宝店的店招仍将继续延续低水平且无谓的浪费。

有些时候无心插柳柳成荫，来肥城考察就是如此。通过这次的考察我愈发明白，未来能在县级市场存活下去的除了少量的优秀地方珠宝品牌，再者就是全国性的主流品牌，市场的淘汰机制越来越追求效率，很难再给小品牌以时间去慢慢发展。四五线城市中由于消费升级较慢的原因，街边珠宝店赚钱的概率大过那些缺乏优势的商场，但这也并不代表此时的商场珠宝完全没有机会，走精致化、小众化路线依旧能吸引到少量的特定消费群体。下一站即将前往的是山东省会济南，终于要走入山东省的“心脏”了，想到泉城路热闹繁华的景象以及各大珠宝品牌专卖店，还有山东本土品牌世纪缘珠宝，就对济南之行充满了期待，这次我需好好观察下为何世纪缘珠宝可以迅速走红，其模式对其他珠宝品牌有无借鉴之处？济南的珠宝市场一直以来发展都是很不错的，很多大品牌都把它作为新产品、新门店、新服务的试点区域，相信在那里将会是一段充满惊喜的考察。憧憬太多不如一探究竟，不说了，出发。

[延展阅读]

1. 肥城简介

山东省泰安市下辖市，肥城地处山东中部、泰山西麓，因西周时肥族人散居于此而得名，西汉设县，至今已有 2200 多年的历史。是“史圣”左丘明故里、“商圣”范蠡隐居之地、“武圣”孙膑屯兵之处，也是闻名中外的“中国佛桃之乡”。2017 年 12 月，当选中国工业百强县。

2. 肥城主要商场（商业街）和珠宝品牌

商场（商业街）	主要珠宝品牌
长山街	周大生、老凤祥、老庙黄金、百福川黄金珠宝、世纪缘珠宝、缅甸翡翠、招金银楼、尚尊珠宝、福隆珠宝
新合作购物中心	老庙黄金、老凤祥、翠绿首饰、七好银饰、金戈尔

济南：泉城珠宝平静下的风起云涌

2018 年 6 月 2 日
33 ℃　晴

济南是一个非常有文化内涵的城市，一直以名泉众多而闻名。我曾来过多次，但每一次都不是为了名泉而来。以前来济南主要是学习世纪缘或其他工作上的原因，而这次却是以一种别样的心情来游学。源于自认为的熟悉，我直接到泉城路逛了起来。这是济南最繁华的步行街，整条街由长条石基铺成，极具特色美感。以前这里店小且多感觉很充实，而如今附近几个大商业中心吸走了大部分的人气，街上的几个大专卖店看起来孤独而又凄凉，我内心多少感觉到一丝忧伤，还好同行的朋友提醒我说这里晚上的人气相当好，这多少让我释然一些。像这种省会级城市的商业街，正由于大量的超级商业中心崛起而改变了人流，尤其是商业中心内餐饮的锁定效应是主街铺有效人流骤减的主要原因。这几年我深知山东整体珠宝市场还是不错的，很多珠宝品牌都在山东取得了较好的发展态势，如：世纪缘珠宝、周大生、老凤祥、梦金园和赛菲尔珠宝等。我去过几次济南国际珠宝城，都感受到了山东珠宝市场的急剧

变化。山东的珠宝零售业可以说是沿海发达省份的代表，整体的更新迭代速度比较快，尤其是一线商铺的高租金让原有的专卖店模式压力增大，同时商场的不断升级也迫使商场珠宝店不断更迭。这些变化对消费者来说或许是好事，但对珠宝经营者来说将是得不偿失的事。济南的商业区同样有些分散，看过几个主要商场后，发现泉城路仍然是绝对的领导者，看来它的地位不会被轻易动摇，毕竟在这条路上散落着无数的珠宝零售故事，凝聚着行业的巨大变迁史。

山东本地品牌世纪缘珠宝的成功之处

近几年，从山东崛起的世纪缘珠宝让很多同行都艳羡不已，它一路金戈铁马，创下属于自己的辉煌。所以来到山东就不得不关注世纪缘珠宝。或许是一直心怀敬意，或许是由于离职后的空杯心态，我以欣赏的眼光认真地观察到了他们比较有意思的三个成功之处：第一，独特的柜台高度。可能是源于满足山东人普遍身高的原因，也可能是源于不满意传统珠宝柜台的高度无特色问题，世纪缘珠宝提升了柜台的整体高度，从普通柜台的 0.95 米提升至 1.05 米（目测）。这种提升以前在其他地方看到过，但这里由于店大的原因让我感受到了这种提升的巨大好处，尤其是那种看货时前所未有的舒服，看来以后我还要加强对柜

台高度的观察。第二，钻石首饰的定制。钻石定制最重要的是现货裸钻的数量和现场镶嵌的时长，而这两点世纪缘珠宝无疑做的是相当优秀的。墙上展现的大量裸钻现货和不到一小时的镶嵌时长，让我觉得他们是真正玩定制的，相信很多顾客也这样觉得。强大有可能源于对手，世纪缘珠宝旁边的钻世界在定制方面更狠、价格更低、镶嵌时间更短。不过源于品牌的影响力，我还是更看好世纪缘的钻石定制。第三，也许是最重要的一点，那就是世纪缘旗下拥有 MLE 这样的爆红品牌。由于前同事张公志的原因我很早就了解到了 MLE，这次亲眼见证了他们的升级才真正明白最可怕的力量其实是一种不断升级的力量。作为世纪缘切入婚庆珠宝的这一个大招，MLE 无疑是成功的，但世纪缘又是婚庆又是定制的定位，恐怕多少会分散他们的资源。

珠宝首饰产品创新中的"一款多戴"

这几年中国珠宝首饰行业的终端，已从拼店升级到了拼产品升级的阶段，而拼产品其实是最难的，因为国内产品的同质化实在是太严重了，想创新极其困难。以前可能在抖音上和展厅见过一款多戴的产品，也没有太过在意。这次在济南的终端商场再次看到一款多戴的产品，仔细听了导购人员的积极推介后，突然对珠宝首饰中的一

款多戴产品产生了兴趣。最早的一款多戴产品印象中可能是从套戒开始，现在已发展成了戒指、吊坠和耳钉等不同组合。其实在深圳的展厅我还看到过钻饰戒指的换石，简直可以用脑洞大开来形容。只不过现在的珠宝一款多戴还处于创意珠宝推介阶段，没有成为一个专业的细分品类，也没有专业的公司和品牌集中力量大干。严格意义上来说，现在的一款多戴珠宝还多少有些硬伤，比如：有些珠宝的款式转换有些问题，或者说是麻烦，有的甚至需要一定的专业工具。不仅如此，为了追求一款多戴的效果，款式的设计也受到了一定的局限，这样多少会造成款式组合的不伦不类。求新求变是产品发展的主旋律，在未来款式为王的竞争过程中，有创意的一款多戴绝对是一条发展潜力巨大的新路，但真正适合一款多戴的产品需要更具实力的企业进行研发和探索，而不能只是小公司的创意产品，否则形成不了规模优势。光有产品提供者的努力是不够的，所有产品销售人员要多向消费者推广一款多戴的文化，尤其是针对白领精英和学生这两类主要人群，相关企业必须加大一款多戴产品的推广力度。

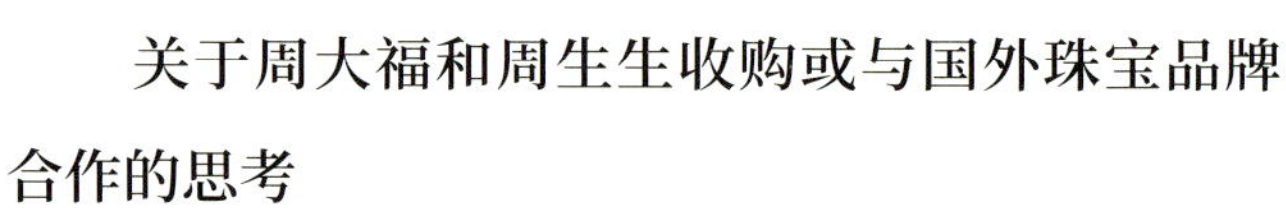

关于周大福和周生生收购或与国外珠宝品牌合作的思考

济南的珠宝业很是发达，所有竞争的参与者

都会在此展示自己最独特的一面，因此我在济南收获颇多。在泉城路上逛时突然发现了周大福收购的美国品牌Hearts On Fire的店，以及周生生的合作品牌——意大利Marco Bicego的新品，现场的感觉远比网上新闻来得真切得多。这些收购而来或者是合作的品牌产品的确都有诸多独到之处，只是都由于相对高端而生意一般。当然这也许就是他们的品牌定位选择，收购国外品牌只是为了多一些组合，并不是为了真正全面推广和培养这些品牌。这些年陆续听到许多企业收购了许多的品牌，当然都号称是国外如何厉害的品牌，但说句实话在国内还真没有谁把收购的品牌做好，比如：钻石小鸟收购的意大利瓦伦萨的顶级手工定制珠宝品牌Lani，到现在也没有见到一家终端门店。我想像周大福和周生生这种级别的企业收购一些有特色的国外品牌先养着，待需要时变身高端品牌推出或许也是一种不错的选择，但其他的珠宝企业收购国外珠宝品牌，并试图在国内发展成高端品牌简直是有些异想天开。品牌的运作是一个技术活，并且需要一定的经济实力和人才团队，中国珠宝首饰行业早就过了有概念就可以成功的时候。现在国内市场中最大的问题是品牌太多，而不是缺少品牌，太多的品牌已让消费者选择困难，再多些新的国际珠宝品牌其实意义并

不大。通过全国范围的国际珠宝品牌考察发现，其实国际珠宝品牌在国内发展好的并不是太多，也没有获得太大的投资回报，这与中国的奢侈品重税是密不可分的，我个人判断在国内做高端珠宝品牌机会渺茫。想到这些我就明白了周大福和周生生收购国际珠宝品牌却没有大力推广的原因了，他们时刻准备着迎接市场变化，冷静地把自己的品牌做到极致，这种战略确实是富有远见，而且充分体现着务实精神。

济南珠宝终端藏龙卧虎，随着各商圈的演进升级，各珠宝店也都随之升级迭代，整体给人“焕然一新”之感，但估计高价房租的重压也让各大珠宝品牌难以畅怀。无论如何，泉城路上那些占据“天时、地利、人和”的大店仍将继续各领风骚。通过看山东本土品牌世纪缘的成功，我们发现地方品牌的优秀不仅体现在可以有一个好的模式快速复制走向全国，还会根据本地消费者的特点设计出适合本地消费者的产品、服务，甚至是柜台。在这个过程中他们已经找到能够制衡竞争对手的“利器”。一招制胜，绝不拖泥带水，见到如此“聪明”的品牌真是大快人心。通过济南市场可以看到未来山东市场还将有很大的上升空间，它也将更宽容地接纳那些优质品牌的到来。虽然我很喜欢济南这座城市，但也不能再停留了，快马加鞭赶往下一站有环渤海地区经济中心之称的天津。它的市场和济南有着异曲同工之处，但同时它有着更高级别的商场，我将继续关注高端商圈对珠宝品牌的选择及其背后隐藏的逻辑。我们行业能在高端商圈占有一席之地的珠宝品牌真的不多了，这样的局面不知什么时候才能有所改变。除此之外，记得天津的爱伦斯特和百信珠宝城当年风头正盛，发展前景十分不错，不知时隔多年后他们是否还能艳压群芳，还是已经悄然离场。

[延展阅读]

1. 济南简介

济南市，简称“济”，别称“泉城”，是山东省省会、全国十五个副省级城市之一，环渤海地区南翼的中心城市，山东省的政治、文化、教育、经济、交通和科技中心。济南因境内泉水众多，拥有“七十二名泉”，被称为“泉城”，素有“四面荷花三面柳，一城山色半城湖”的美誉，济南八景闻名于世，是拥有“山、泉、湖、河、城”独特风貌的旅游城市，是国家历史文化名城、首批中国优秀旅游城市，史前文化龙山文化的发祥地之一。

2. 济南主要商场（商业街）和珠宝品牌

商场（商业街）	主要珠宝品牌
万达广场（市中区）	I Do、BLOVE、上海金店、千福珠宝、世纪缘珠宝、克徕帝、老银匠
贵和购物广场（天地坛街）	Cartier、PIAGET、CHAUMET、TIFFANY、周大福、谢瑞麟、金至尊、潮宏基、和合玉器
银座购物广场（历城区）	周大福、六福珠宝、周大生、金戈尔、六合金玉
银座购物广场（历下区）	Cartier、SWAROVSKI、PANDORA、I Do、ENZO、周生生、周大福、金至尊、六福珠宝、老庙黄金、周大生、金银珠宝

天津：商圈争战激烈　大型珠宝城风光不再

2018 年 6 月 3 日
34 ℃　阴

考察路线最好的方案通常是由出租车司机帮着“制定”的，我们原来计划好了许多路线，但遇到不打表的黑心司机什么办法也没有。还好他说得似乎有些道理，反正我们的时间自觉贵过打车费，所以我们就按他说的天津银河、大友谊商场、滨江道步行街和海信广场的路线一路考察下来。由于时间紧、任务重，确实有走马观花之嫌疑，但总好过没有亲眼所见。天津的商圈和商业中心的变化较前几年比大得多，外来人口的不断涌入加快了天津的商业发展，商业中心的档次和规模也在不断地提高。尤其是第一站天津银河，就让我有了不同以往的体会，也让前几天在二线省会城市游荡的心突然间又兴奋了起来。天津是一个有着中西合璧，古今兼容独特风貌的城市。记得上次的全国考察我还吐槽了一番这里的建筑群，但现在觉得这是它独有的城市印记，只要能用良好的心态去看待，这个城市能带给我们的东西远比想象中的要多。这次在这里的考察点和上

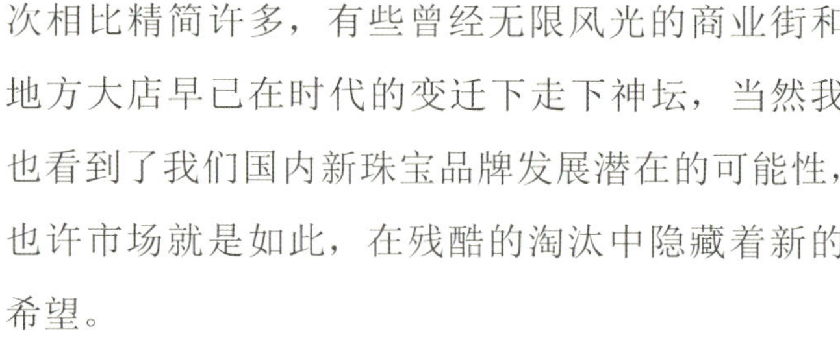

次相比精简许多，有些曾经无限风光的商业街和地方大店早已在时代的变迁下走下神坛，当然我也看到了我们国内新珠宝品牌发展潜在的可能性，也许市场就是如此，在残酷的淘汰中隐藏着新的希望。

高端商业中心的品牌选择与背后的逻辑

在银河商业中心，我首先见到的是高大上的DE BEERS，虽然这段时间有新闻说他们开始做人造钻石，让我对他们有很深的成见，但美的东西终究还是人人喜欢的。看了他们的店我很快就原谅了他们开始喊着做人造钻石的事，我在不断反思为什么他们可以把店做得如此漂亮，而我们同样的货却无法做到同样的美感。现在大部分的国内珠宝品牌实力并不弱，很多企业的财力也相当的可以，但我们大多数的珠宝企业决策者们对自身品牌不自信，都想抢占中低端市场，自动放弃了高端市场的争夺。其实我们完全可以把店做得像一线品牌这样漂亮，然后再继续争夺中低端市场，更何况把店铺形象做好所花的钱远比每年乱投央视的广告费用低。一直以来，我们总有一个误区，认为通过广告火起来的品牌就可以顺利入驻高端商场，可惜事实并非如此。在天津银河国际购物中心这个高端商场中，只有相对时尚的DR和BLOVE入驻，其他的珠宝品牌都只能“守在”

旁边的乐天百货。之后看过银河商业中心、乐天恒隆广场和海信广场等相对高端的商场后，我更加坚定了这方面的判定。高端商业中心挑选珠宝品牌再也不是我们印象中的逻辑了，尤其是天津这种准一线城市的高端商场早已升级完毕。现在的高端商场中珠宝品牌基本主选国际珠宝品牌和国内的港产品牌，以及 I Do、DR 这种要么高端，要么时尚的珠宝品牌，很多时候更是以年轻化和时尚化为主。说句良心话，现在市场中大多数主流的珠宝品牌如果进入高端商场，确实会有一定的违和感，中国国内珠宝品牌的升级速度真应该更快一些，否则这种与国际一流品牌档次上的差距会越来越明显，从而让中国珠宝品牌走向世界定将成为一句空话。

BLOVE 的故事还能持续多久

很高兴在天津看到了 BLOVE 的店，但是天津的 BLOVE 店明显就不如其他地方看到的店，或许是审美疲劳或许是没有对比就没有伤害。看多了 BLOVE 的店之后突然有了另外一种疑问，那就是 BLOVE 的核心竞争力到底是什么呢？是产品？是品牌？是概念？还是其他什么？之前或许是因为他们的整体感觉让我们耳目一新，但随着时间的推移，他们产品的竞争力到底在那里？其实说到婚庆珠宝概念的品牌，单从产品方面来看还是 I Do

的产品做得更好，而且还是现货，虽然不便宜但还是可以接受的，毕竟I Do在品牌上的投入让产品有了一定的附加值。从玩概念这一方面来看，我还是觉得DR更优胜一些，因为“男士一生只能送一人”的这个概念确实还是有一定杀伤力，尤其是这个信任值普遍不足的年代，用这个概念足以击中很多消费者的痛点。如果要我对比I Do、DR、BLOVE这三个都以婚庆为概念的品牌，我反复对比来对比去，还是觉得前两者更好一些，而BLOVE的优势相对并不十分明显。回想起最初在深圳华强北附近看到的BLOVES，也就是现在的BLOVE，当时觉得他们简直是珠宝界的一股清流，产品和道具都是那样的清新脱俗，绝对能让我认真地偷师两次。然而时过境迁，他们的优势确实已不存在了。不是他们退步了，而是这个时代进步得太快了，尤其是DR对他们的冲击一定是非常大的。我不知道他们的这个婚庆珠宝的故事还能挺多久，也许他们还有大招正在研发之中。真心希望他们能快速地完成核心竞争力的升级，从而在婚庆珠宝中可以长期向我们展示三强鼎立的局面，不然BLOVE很快就会成为我痛心的记忆。

滨江道步行街滨江商厦二楼珠宝区

回想起我上次在天津的考察，那时每个商业街都记录着中国珠宝业的辉煌，我脑海中还依稀记

得当时这条步行街的盛况。然而再次来到滨江道步行街时，我发现时间才是世界真正的主人，这里的变化实在太大了，只有滨江商厦还坚守在那里。我怀着无限的感慨上了滨江商厦二楼的珠宝区，也许是由于时间段的关系，这里服务员比客人还多。如果街上没有人流量那还是可以理解的，可是我们能清楚地看到外面有大量的人流，这和店内形成了明显的反差。现在消费者越来越挑剔了，所有省会的步行街都快变成文化旅游一条街了，而且这些旅游的消费者只是逛一些特产店，然后到处拍拍照就心满意足地走了。所有这些步行街基本只剩街边的小店还有生意，其中更以小吃、特色餐饮和旅游产品店生意较好，珠宝店还有其他高消费品店并不能实现很好的人流转化。步行街上的商场，除非是体量很大的商场或是餐饮很牛的商场，大部分盈利性较好的生意都被体量巨大的商业中心抢去了。在这个滨江商厦的二楼珠宝区，我明显感觉到珠宝区的层次太低了。以前在物质紧缺的时候，购物环境差一些消费者也就忍了，如今到处拼的都是环境，这里就真的由于硬伤而让消费者提不起购买兴趣了。不仅如此，这里的品牌组合更是弱弱联合，一看就是布置给中低端消费者看的，殊不知中低端消费者早就被下级市场开的大量珠宝店拦截。一直以来，我们都认为消

费者分层后大城市中仍有大量的外围低端消费者入场，然而大量中低端渠道的“降维截胡”，早已让守株待兔的商场境况日下。记得小时候学“守株待兔”这个成语时，我还笑话主人公好傻，其实现在大城市的中低端商场不正是面临着树还在，兔子早被别人抓光了的窘境吗？

仍在坚守中的爱伦斯特和百信珠宝城

记得上次来天津考察时正是爱伦斯特相当风光之际，这次来发现原有的店早已搬走了。看着由于商业街升级而面目一新的步行街，我真实感受到了商业的力量是一种生生不息的强大力量。这次我虽然又找到了爱伦斯特珠宝，也认真地看了百信珠宝城，但总是对地方性的珠宝品牌和珠宝城有着一种说不出来的同情，他们坚守自己的骄傲与事业相当不容易。地方珠宝品牌想走出来是很难的，我这次已没有时间仔细研究爱伦斯特，但我想从整个珠宝行业的大势来说，他们当下的日子和曾经的幸福时光相比应该很难。消费者是健忘的，也是容易变心的，无论这些地方珠宝品牌曾带给他们多少美好的回忆，他们都会毫不犹豫投入新品牌的怀抱。爱伦斯特式的地方珠宝品牌没有走向全国做大做强是正常的，因为这么多年的奋战他们或许太累了，不是每一个地方品牌都可以幸运地一路前行。如果有一天我见到爱伦斯特的老板，我一定会对他说：“你们辛苦了，你们曾经给了我很大的惊喜，时至今日你们仍在行业中战斗，你们已是真正的勇士！”当然还有百信珠宝城，据说在2016年做过重装升级，不仅把经营面积由原来的五千余平米扩建为一万六千余平米，业务内容更是涵盖了从定制到检测的一站式服务，成功把自己打造成一个“王者”。这样的大店我不知投资者们将背负多大的压力，总之我十分佩服这些珠宝城投资者的心理承受能力。也许他们的生意尚可维持，也许他们的生意远比我想象的好，我都想对他们说：天津这种城市开珠宝城的风险正越来越大，而且在时间的延长线上盈利将越来越艰难。我非常尊重这些同行，但只能在心里默默地祝福他们：生意兴隆通四海，财源茂盛达三江。

在天津这座城市考察，我看到的是市场对我们珠宝品牌越来越严苛了，老商场和商业街“让位”于新商场，新商场门槛太高，很多珠宝品牌连“入场券”都拿不到，大型珠宝城气势还在，但未来发展情况还很难说。天津毕竟有一千多万的常住人口，其不同层次的消费者数量都不小，如何让消费者看到你并愿意进店购买，我认为最重要的还是要打造出差异化的消费体验，因为未来消费者的体验需求将越来越追求高格调，只有“高格调”

才能成为消费者心口上的一颗朱砂痣，让其念念不忘。下一站是首都北京，我想将会一扫我在天津考察的失落，因为北京有菜百这样的超级巨鳄值得我们从业者去朝圣。当然北京值得考察的地方有很多，比如王府井银作局的文化旅游银饰，未来银饰的发展空间不可小觑，我个人非常关注这样的特色银饰。另外北京还有以前我颇为熟悉的老铺黄金、金色宝藏和文房一号这三个兄弟品牌，经过市场的风雨洗礼，不知它们是否依然初心不改，还是初心易得始终难守？总之对珠宝人来说，北京是一个非常特别的地方，我迫不及待去开启一段“京城奇遇”。

[延展阅读]

1. 天津简介

天津，简称津，中华人民共和国直辖市、国家中心城市、超大城市、环渤海地区经济中心、首批沿海开放城市，全国先进制造研发基地、北方国际航运核心区、金融创新运营示范区、改革开放先行区。天津位于华北平原海河五大支流汇流处，东临渤海，北依燕山，海河在城中蜿蜒而过。天津滨海新区被誉为“中国经济第三增长极”，2017 年中国百强城市排行榜排第 5 位。

2. 天津主要商场（商业街）和珠宝品牌

商场（商业街）	主要珠宝品牌
新世界百货（东马路店）	潮宏基、悦兰珠宝、周大福、老凤祥、金至尊、周生生、千叶珠宝、麒麟瑞祥
伊势丹（南京路店）	莱绅通灵、I Do、VEOTEO 珠宝、Ama 珠宝、谢瑞麟、玛贝尔、千足珍珠
恒隆广场	APM Monaco、莱绅通灵、爱迪尔珠宝、珂兰钻石、老凤祥、周生生、锦喜珠宝、东尼佩吉钻石
友谊商厦（河西店）	PANDORA、金至尊、六福珠宝、周生生、周大福、MGS 曼谷银、古禹轩
劝业场	周大福、六福珠宝、周生生、谢瑞麟、金至尊、老凤祥、周大生、金玉珠宝、源通珠宝、阳光珠宝、金辉珠宝、云地矿珠宝、星星雨珠宝、黛慕妮珠宝
银河国际购物中心	TIFFANY、BVLGARI、CHAUMET、SWAROVSKI、PANDORA、DE BEERS、DR、BLOVE、周大福、周生生、六福珠宝

北京：京城珠宝行业神话长盛不衰

2018年6月11日
27 ℃　多云

北京是我此次考察的重点，也是我整个行程的重要节点，因此我在这里留出了足够多的时间去仔细看一下北京珠宝业的变化。在北京我认真逛了一些有代表性的商场，比如：东方新天地、北京百货大楼、王府井百货大楼、王府井的银泰、国泰百货、颐堤港购物中心和菜百等。虽然此行的目的是考察终端，但我也不能忽视一些对终端有影响的东西，所以还逛了天雅珠宝城，去参访了“款多多”和“国金黄金”，当然还去了798艺术区和三里屯体验了一下年轻人的潮流生活。商场和商业街也许是我看多了的缘故，也许是北京天气的原因，都快没有什么感觉了，只能依靠毅力去支撑着看完。其实考察是非常艰苦和难熬的，我知道我已到了长途旅行的疲劳期，需要在这里调整一下，否则很难坚持走完后面的行程。没有强大的毅力是无法远行的，上次我的中国珠宝大穿越就出现过这样的时期。实际上任何远程的比赛或是旅行都会遇到倦怠期，很多人会在这个时期放弃和退出，而我因为有过以前的长征经历，无论是心理还是身体都有了一定的准备，因此仍可以休息一下再出发，当然前提是我也不是一个愿意半途而废的人。

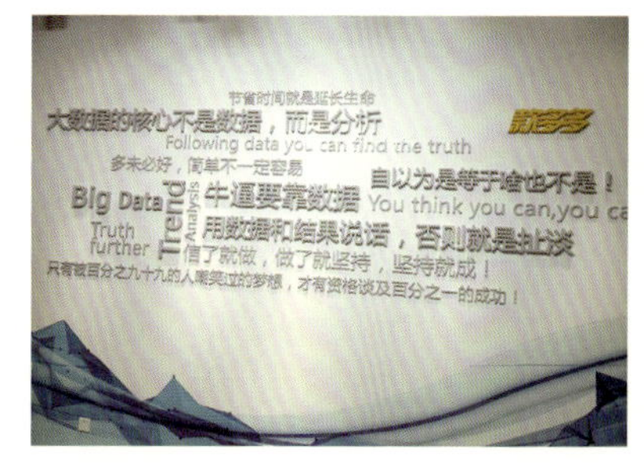

北京菜百依然是中国珠宝首饰业无法复制的神话

考察中国珠宝首饰终端不来菜百简直就像没有考察过一样，菜百无论是以前还是现在都是中国珠宝零售业者的圣地，也是中国珠宝超级大卖场的一座丰碑。不是因为我认识王春利，或者说这个大姐是我长江校友就吹捧菜百，我是发自内心地敬仰这神一般存在的企业。这么多年来以强大的竞争力在北京一枝独秀，菜百已把传统珠宝的方方面面都做到了极致，是当仁不让的传统珠宝王者。在菜百的大店认真感受了一下，不得不说菜百的货品真是齐全，同时数量也是相当大气，场大、货全、量多、价格低是其制胜法宝。菜百用了一整栋楼来做珠宝卖场，在场地的体量上绝对是够大的，也就只有北京这样的城市才能撑得住这样的大体量卖场。估计即便是在喜欢洋派的上海、在年龄层偏新的深圳、在相对本地化的广州，这种大体量的卖场都很难存活。菜百不仅体量大，而且重点是货又全又多，这一栋大楼里的货真不知要投放多少个亿，货量真是够足的，要是一件一件认真看或盘点，没有几天是搞不定的。不仅如此，菜百首饰的价格也相对靠谱，尤其是

中低端货的价格真心不贵，只是一些极高端的货价格还是非常吓人的，可能也没有多少人可以买得起。环顾中国，北京菜百这样的企业恐怕是“前无古人后无来者”，就是上海城隍庙的那几个大店未来也无法超越，何况那些大店严重同质化且各成体系。在未来的新零售天下，估计更没有什么企业或品牌采用这种超级大店的模式，即使有的话也可能会赔得血本无归。菜百绝对是特殊时代、特殊城市、特殊人物造就的特殊的行业巨擘，将永远是中国珠宝首饰业无法复制的神话。

颐堤港购物中心 I Do 的第 X 代新形象试点店

颐堤港这个购物中心的名字以前我从来都没有听过，在原有的考察计划中也没有详细研究过，所以是一个计划外的考察项目。那么我为什么要来这么一个并不是十分出名的地方呢？主要是因为听说这里的I Do是最新一代形象试点店，好像是第六代形象的试点店。一直以来我都是I Do的铁粉，自然十分关注I Do下一代门店的发展，听说这个店是新装修出来的。以前在I Do新一代门店的SI上看到过这一代店的效果图，那时就已经被惊艳到，所以我迫切想要看看他们装修出来的新形象效果。这几年几乎所有珠宝品牌都在做形象升级，尤其是相对时尚的珠宝品牌升级的幅度更是非常大。我带着极其兴奋的猎奇心情

来到了颐堤港购物中心，努力装成单纯无害的顾客晃到了I Do的这个店。这个店的装修效果远没有看到效果图时那种震撼，由于涉及到他们的商业机密我就不详解了，估计他们的领导也不是非常满意，否则怎么没有大规模推出？不过平心而论，I Do的设计还是相对大胆，比国内很多珠宝品牌的升级厉害多了，这个店或许是材料和工艺，抑或是本店的布局所限，总之低于我心中的预期。相对而言我还是比较喜欢他们现有的店面形象，绝对是行业的上乘良心之作。也许超越自己并不是一件容易的事，不过我还是希望I Do能在店面形象方面继续给我们惊喜。作为一个店铺形象外行的我，希望我心中的店面形象之神能再树行业标杆。

王府井银作局的文化银饰和故宫 IP 在中国珠宝界的应用前景分析

就银饰来说，一路走来看得最多是商场或商业街上的小店，真的没有看到过多少像样的文化旅游银饰，而在北京王府井步行街考察时终于让我如愿了。王府井银作局，一看门头就觉得大气，看来北京城才是中国文化气息最浓郁的地方。进店之后我就更是“乐不思蜀”了，这里的装修、陈列和货品都极具特色，尤其是货品看起来就像纯手工制作的。我对银饰的认知水平极其有限，

不知这些到底有没有水贝产的，但绝大多数的货我还是非常喜欢的，毫不犹豫地买了几件，不然真对不起这个店的用心良苦。别的不说，仅是把货收得这么全就需要大量的时间和精力，我只在深圳百年宝诚看到过一些类似的货，在其他地方都没看到过这么好的银饰，当然还有一些用银做的工艺品，其中主要是我至爱的银壶。我以前在珠宝展上看到过制作极好的银壶，做工精美，极具收藏价值，要不是因为太贵了，我早就收它几个。我怎么说也算个行内人，这种壶动不动就上万，对于我这个喜欢茶和壶的人来说入手代价太高了，但我想作为零售企业或是针对高端消费者这个定价也许是合理的。对于这种周转慢的银壶，如果加价不高一些估计是赚不到什么钱的，毕竟开店又不是做慈善事业。仔细观察王府井银作局门前的打银工匠，几个年轻帅气的小伙子，一看就是很入戏的演员，因为我看到他们都是不断在敲些再简单不过的东西，根本不是在认真加工能放在店里销售的银饰。导购员还坚持说店里的产品都是他们几个加工的，我虽打死也不信但还是佩服他们的策划和演技。我想他们如果找几个真会打银的老师傅就更好了，由老师傅现场加工些复杂的样式会更有说服力，因为现在的消费者如果去过云南丽江等旅游区都会熟悉这些套路。总

体而言，我觉得王府井银作局给我们指明了一个卖银的新方向，做文化或是旅游银饰就要这么做。这种策略无论是城市景区的商业步行街，还是一些著名的旅游景点都是很有吸引力的项目。其实银饰是我们中国最传统的首饰，也是最有文化内涵的首饰，希望未来能有一批类似的企业或品牌，把这项独具特色的珠宝项目做强做大。另外，我在周大福和菜百都看到一种古法金，那就是宫匠黄金。宫匠黄金的广告语是：故宫匠心文化精品，让我认为他们是故宫的文创项目。其实到现在为止我还真的不了解这个宫匠黄金的来历，只是佩服他们的商业模式。说实话，我最认可的高端黄金项目是老铺黄金，他们的产品我是都喜欢都想买，就是太贵了买不起，即便买了也知放不起。不过老铺黄金的产品再好，现在的销售应该也大不如前了。但是看到宫匠黄金的产品和渠道落地后，我认为他们一定可以火一段时间。这么多年来黄金整个行业基本没有做出什么新高度，只有老铺黄金把黄金从产品上做出了新高度，但他们的渠道太少了，市场影响力也较小，结果自然是有深度没广度。另外世界黄金协会的囍福黄金其实也不错，世界黄金协会的名头够大，百泰的产品生产水平业界一流，算得上是强强联合，但中国人对世界黄金协会远没有故宫那么熟悉和有亲

切感。综上所述，我个人认为宫匠黄金把老铺黄金专注的古法金加上了故宫这个超级大 IP，完美地结合在了一起，同时又推出特许经销的方式，这将极大有利于消费者入手高品质的黄金，商业上注定会获得较大的成功。通过看宫匠黄金的古法金 + 故宫 IP+ 特许经销的三位一体策略，我个人认为未来的宫匠黄金前途无限，同时也认为故宫 IP 在中国珠宝界的应用将风景独好。故宫文创一直做得不错，中国珠宝首饰行业的故宫文创或许才刚刚开始。

老铺黄金的高端文化黄金消费客群今昔何在?

几年前我经常到北京上课，一放学就去逛老铺黄金、金色宝藏和文房一号，所以对这一个老板三个店的文化黄金相对比较熟悉。金色宝藏把佛系珠宝推向了一个新高度，文房一号把文化黄金推向了一个新高度，而老铺黄金则是一个综合性的古法黄金品牌。做这三件事的老板尤可厚非是一个有情怀的人，也是一个对行业有贡献的人。他们的店铺从形象到产品我都非常佩服，这次来北京自然少不了去看看。老铺黄金和金色宝藏没有什么大的变化，但文房一号却全面去除了黄金，或许是因为黄金对于文房用品来说有些俗气，或许是配上黄金的文房用品实在是太贵了。当然没

钱可能限制了我的想象力，但是没事买这么贵重的黄金产品在家摆着确实难以想象。如果没有了特定的消费群体，我估计这种高端的黄金产品会像高端和田玉和翡翠一样少有人问津。有时我也看不懂，希望有机会问问他们的老板，那些高端文化黄金消费客群今昔何在？不过还是算了吧！只要他们的店一天不关，我就相信他们的消费者仍然会有，不然店如何能开得下去？中国的消费者层级分明，同时由于人口基数较大，各层级的消费者都会有相当大的数量，但愿老铺黄金他们的高端文化黄金消费长盛不衰。

很早以前我就已经把北京看作中国珠宝行业创新的摇篮，虽然不一定准确，但是北京珠宝市场的自我造血能力真的相当强，这得益于大环境的创新氛围和北京强大的历史文化积淀，当然最重要的还是市场容量够大，因此催生了一些具有文化内涵的品牌和长盛不衰的超级珠宝城，这种“集万千宠爱于一身”的市场是别人羡慕不来的。心满意足看完北京市场后，我即将赶往下一站沈阳。作为在近代以工业重镇闻名的城市，沈阳的商业圈发展较早，某种程度上也浓缩着珠宝行业的变迁史，我将沿着沈阳著名的“中街”和“太原街”寻找珠宝零售终端的变化。相信在新旧商圈的迭代中，各大珠宝门店肯定会大有作为，尤

其是一些标志性地方老店，如东祥金店、萃华金店等，作为东北曾经的王者，我非常想知道他们是否仍然傲视群雄，有无让人惊喜的变化。

[延展阅读]

1. 北京简介

北京，简称“京”，是中华人民共和国的首都、直辖市、国家中心城市、超大城市、国际大都市，全国政治中心、文化中心、国际交往中心、科技创新中心。北京位于华北平原北部，背靠燕山，毗邻天津市和河北省，被全球权威机构 GaWC（全球化与世界级城市研究小组）评为世界一线城市。联合国报告指出，北京人类发展指数居中国城市第二位。2017 年，北京市人均可支配收入达到 57 230 元，住户存款总额和人均住户存款均居全国第一。

2. 北京主要商场（商业街）和珠宝品牌

商场（商业街）	主要珠宝品牌
东方新天地（东城区）	APM Monaco、MONETA、WOOSOOSA、SWAROVSKI、MIKIMOTO、PANDORA、LILYROSE、LOVE&LOVE、I Do、DR、英皇珠宝、老凤祥、周大生、完美克拉
王府井百货大楼	六福珠宝、金至尊、卡莱欧珠宝、莱绅通灵、恒昌珠宝、千叶珠宝、王府井黄金
槐房万达（丰台区）	BLOVE、周生生、周大福、佐卡伊、诗普琳珠宝、老凤祥、钻石世家、千叶珠宝、菜百
颐堤港	PANDORA、I Do、SWAROVSKI、APM Monaco、Roseonly、周大福
银泰（王府井大街）	Cartier、TIFFANY、TASAKI、APM Monaco、PANDORA、莱绅通灵

沈阳：老工业城的品牌危机和曙光并存

2018 年 6 月 14 日
22 ℃ 雷阵雨

作为东北三省最发达的城市，沈阳一直引领着整个东北三省的珠宝市场。不过由于沈阳商业中心的过度开发，有一段时间我非常担心沈阳的珠宝商家的生存情况。这次考察我想重走一遍“中街”和“太原街”这两个沈阳最好的商圈，其他的小商圈暂时真不想去，看多了都是泪。

“中街”仍然是沈阳商业中心的中心

中街有萃华和荟华的大店，也有兴隆大家庭、久光、恒隆、新玛特等一连串的大商场，是沈阳商业中心中的中心，历次都是我非常愿意逛的地方。我听说沈阳有四个主要商圈，但我每次能去的只有中街和太原街，一是因为这两个地方我比较熟悉，二是新商圈一般珠宝店的数量过少，所具备的考察意义不大。在沈阳的中街，通过对人流量和店铺升级的新旧程度判断，我明白这里仍是沈阳商业中心中的中心。一路拍来拍去，让我对中街产生兴趣的地方其实是荟华银，这不仅是因为最近我喜欢上了银饰，更重要的原因是荟华升级的方向很有参考价值。虽然荟华银的整体升

级效果不知如何，但作为一个传统的地方金店，没有选择向上升级成珠宝品牌，而是向下扩展成银饰品牌，这让我惊讶之余，也发现了地方珠宝品牌迭代的新可能。在中街的恒隆商场中，我有幸看到潮宏基二店在装修，不知它是把原有的店迁过来，还是真要开个二店，如果是后者确实会让人细思极恐。在大体量的商业中心开二店的品牌有不少，但作为潮宏基这样的品牌开始在大商场开二店，一来说明潮宏基开始进行渠道加密了，这会对中国珠宝终端的现有格局产生一定的影响；二来说明单一卖场中出现了多店拦截这样的渠道战方式，未来将会引发更惨烈的渠道竞争。我真希望他们只是迁个址，或者只是进行小范围尝试，不行就撤回。反正用不了多久就可以真相大白，我也就不瞎操心了。

“太原街”的新旧商场变幻及不景气商场中的珠宝经营风险

沈阳的太原街原来是一个不错的购物之地，带着原有的美好记忆我先后去看了中兴、新世界、欧亚、百盛和万达。说实话，这些商业中心中只有中兴和万达的情况还好一些，其他的经营情况我实在不想赘述。中兴整体体量扩大，看起来风光，实际上无意中分散了客流量，要不是有大型的超市支撑，估计人气也很不好看。万达的发展

较快，究其原因主要是抓住了新兴消费人群的胃口，同时整体设计的后发优势也吊打其他老商场。从顾客的角度来看，在这里逛街俨然变成一种享受，所以万达的客流量相对还是不错的。我也顺便在万达买了一件东西，想想万达为什么会吸引我购物呢？因为这里有无印良品、电影院、屈臣氏、汉堡王、Apple 专卖店和华为专卖店，其实我的需求并不多，但好像这些功能很多商场都没有组合好。为了重温一下在卓展的愉快购物回忆，顺便看看其旁边的周大福旗舰店状况如何，我又打车去了卓展。之所以说在卓展有愉快的购物回忆，是因为这里大牌多还打狠折，我还曾在这里随波逐流扫货过。当然重点要说一下这里的珠宝店，虽然被放置到楼上，但整个珠宝区还是不错的，尤其是 FENIX 菲尼莎，这个 CC 卡美旗下的品牌，他们的产品确实在不断进步中，其中的一些珐琅工艺产品，漂亮而且不贵，我个人认为还是很有市场潜力的，只是很怀疑这样的店能否赚人钱。无论如何，我还是要感谢他们带给我的灵感，将来我一定要认真研究他们的产品线，因为在产品创新方面还有很多机会。看过卓展，我去了其旁边的周大福旗舰店，我原有的认知被一个大企业的恒心击碎了一地。周大福现在虽然被修路围挡着，但仍在微笑着营业，而且员工的士气还保持得不错。偌大的一个店，算上我这个假冒的顾客，也只有两伙客人，他们居然还能微笑着，陪着我仔细逛完了整个店，真是服了！大品牌就是有大品牌的气度！大品牌就是有大品牌的恒心！突然觉得那些小品牌的游击战真的上不了台面，但换个角度来看，他们这样会不会拖垮自己呢？越想越不敢买某某珠宝品牌的股票了。逛了沈阳这么多的商业中心，我发现在不景气的商场中珠宝商家们都面临着很大的经营风险。一直以来沈阳都以商场过多而闻名，随便一数一大堆，并且体量都非常巨大。然而随着整体零售行业的变化，大商场的人气基本是靠餐饮、电影院、游乐项目、超市来支撑。没有组合好这些品类的大商场，正由于网购和新零售的冲击，经营越来越困难。此次来沈阳，明显看到一些商场有倒闭的迹象，这对重压之下的珠宝零售终端来说也不是什么好消息。其实本来商场中部分相对弱势的珠宝品牌生意就不太好，赚的钱也不多，如果因商场的原因造成代收的货款不能及时兑付，那么这些珠宝同行的损失可就大了。从时间的延长线上来看，部分商场一定会退出历史舞台，尤其是一二线的商场升级较难，面临的困难较多，因此盘旋于这些商场中的珠宝同行需注意回款风险。总而言之，我个人感觉商场珠宝已到了最危险的历史时刻，

除了仍有一定竞争力的优势商场外，大量的鸡肋级商场的珠宝扣点式经营风险越来越大，即使是可以自收银的商场，未来也会有很大一部分的珠宝商家无利可图，因为消费升级是大势所趋，行业迭代已然飞速开始。

东祥金店升级引发的地方品牌迭代思考

在东北，东祥金店是一个老字号了，且有哈尔滨东祥和沈阳东祥两个东祥的说法，印象中它是一个相对落后的老地方品牌，可这次详细看了东祥金店的升级，却让我重新审视起东祥金店。老地方品牌一般都是走微升级的战略，而东祥金店的升级步子可不是一般的大，直接就大胆切入了中高端时尚市场。我先是在中街看到东祥金店的广告，结果逛了三个东祥的店后，我彻底服了。东祥再也不是以前的东祥，而是一个新的时尚珠宝品牌。从店铺的整体装修风格来看，虽然和一线时尚品牌有些差距，但作为一个地方珠宝品牌，已经足够出色。我很快了解到他们找的是沈阳市天界广告装饰有限公司装修，由东祥金店的“太子”整体负责升级的。说实话，我真的很佩服这个新一代的珠宝人，有胆识，有气魄，敢于出如此重的手，不过不知道他们的老顾客看到如今的变化会怎么想？另外，他们的产品升级也很有特色，把硬金做成K金的感觉，并打上“米兰金工艺”的标签。如果不以挑剔的眼光看，他们确实走出了一条新路，一条大胆的产品创新之路。不管升级后的东祥销售业绩如何，作为一个老的地方性珠宝品牌他们无疑是成功的，尤其是换了一种思维去做黄金，当然这意味着更大的挑战。作为一个老珠宝人，我扪心自问没有这么大的勇气，只能感慨地说一句：后生可畏！

从萃华珠宝电脑操作台看珠宝终端智能化

作为雄踞东北三省的龙头，萃华金店对东北的珠宝市场开发贡献颇多，无论是品牌的历史，还是渠道的数量和质量，萃华金店在相当长一段时期内都堪称王者。我熟门熟路找到萃华金店的老店进行考察。这个店已做过升级，门口的龙椅极具历史感，只是溥杰的题字和“萃华珠宝”的风格多少有些违和感，但升级了总比没有升级好，我还是带着好奇的心态上下楼认真地看了起来。整个萃华珠宝最让我感兴趣的就是岛中的电脑操作台，一体机的设计。我最早在周大福见过，后来一直想着把它运用起来，结果想着想着就抛之脑后了，而今天看到萃华珠宝已推出类似的功能，内心真的有些感慨。未来珠宝终端的智能化不可避免，其实其他行业早就开始了，而珠宝行业才刚刚开始，如果我们只是边想边等，不知猴年马月才能实现。其实珠宝终端的招牌、电子屏、金

价屏、广告屏都可以实现智能控制；远程监控、智能防盗、电子标签、人流统计、智能考勤、OA（办公自动化系统）、ERP（企业资源计划系统）和其他一系列的设备设施也都可以实现智能化，而我们目前连智能家居那套成熟的系统都没有应用，真不敢想象如果没有萃华珠宝这样的先行者，我们珠宝终端的智能化岂不是又成了另一个落后其他行业的铭证？

“道阻且长，行则将至。”考察完沈阳市场，我突然生出这样的感慨，正如我前面所想的那样，老工业城市的珠宝市场一点都不安宁，我们很多珠宝商在这里可能已经被伤透了心，尤其是那些不景气商场里的珠宝店，撤离或者不撤离都显得尴尬，而转战其他地方又不一定有适合的位置。当然这次看到的荟华银、东祥金店和萃华金店的升级店给了我很大的惊喜，他们终于升级了！不枉费我念念不忘一番！时代在变，珠宝行业将接受更大的风雨考验，我想如果我们珠宝行业足够团结、足够锐意进取，未来像沈阳这样的大市场将以更好、更新的面孔展示给世人。下一站是梅河口——我的家乡。回家乡考察的心情其实是很复杂的，但我觉得也不应该错过这么一个考察低端市场的机会，顺便可以思考下未来众多连锁品牌将如何在终端立足这个“深远”的问题。现在开店的代理成本、租金成本和人力成本都非常高，不知道我所设想的珠宝店远程开店模式是否真的有成功的可能性，下一站我们将继续探讨。

[延展阅读]

1. 沈阳简介

沈阳，是辽宁省省会、副省级市、沈阳都市圈核心城市，国务院批复确定的中国东北地区重要的中心城市、先进装备制造业基地和科技创新中心，是环渤海以及东北唯一的特大城市。地处东北亚经济圈和环渤海经济圈的中心，东北振兴以及辐射东北亚国际航运物流中心，是长三角、珠三角、京津冀地区通往关东地区的综合交通枢纽，“一带一路”向东北亚、东南亚延伸的重要节点；同时也是国家历史文化名城，是中华文明的重要发祥地，素有“一朝发祥地，两代帝王都”之称。

2. 沈阳主要商场（商业街）和珠宝品牌

商场（商业街）	主要珠宝品牌
万达广场（铁西区兴华南街）	克徕帝、周大生、老银匠、萃悦轩、周大福、珂兰钻石
大悦城	PANDORA、MARRY ME 高端珠宝定制、Brosway、I Do
万象汇（铁西区）	SWAROVSKI、PANDORA、ENZO、谢瑞麟、周大福
万象城（和平区）	SWAROVSKI、BVLGARI、TIFFANY、Cartier、ARTē、PANDORA、APM Monaco、I Do、周大福、周生生、ROGO
皇城恒隆广场	SWAROVSKI、PANDORA、KING BABY、Thomas Sabo、I Do、BLOVE、DR、莱绅通灵、爱迪尔珠宝、六福珠宝、谢瑞麟、东祥、爱丽丝珠宝、千叶珠宝、金象珠宝、中国珠宝、明牌珠宝、潮宏基

梅河口：区域品牌更替　零售未来大畅想

2018 年 6 月 17 日
23 ℃　小雨

都说“近乡情更怯”，我可能是在外久居习惯了，对回家乡这件事其实并没有什么好感。只是觉得自己人到中年，路过家乡都不回来待上几天总有些过分了，再说能回来见见老同学也好，人一晃就老了，且行且珍惜。梅河口近几年一直吵着要升地级市，其实这种县级市经济相对不怎么样，但既然回家了不去考察也不是我的风格，所以我还是带着十万分的不情愿去看店。之所以不太乐意看家乡的店，因为这里曾是我投资的伤心地。曾和几个高管参股梅河口这里的珠宝店，可是一直没有赚到什么钱就退股了，结果后面接盘的人却在这里赚了大钱。虽然后面接盘的人是我的好兄弟，我也为他感到开心，但在家乡投资无缘赚钱的教训还是深深地留在了我的记忆里。像梅河口这种小城市其实在东北还是有很多的，我前几年去过了数不清的类似的小城市，后来变成了天天在公司坐镇的人，就少了下店的机会。小城市的投资风险相对并不高，但有时真的很折

磨人，在这里生活好像整个世界的时间都变慢了，人也慵懒了很多，尤其是对我们这些习惯了深圳那样快节奏的人，感觉整个人都被世界遗忘了似的。当然，在这样的地方考察相对比较简单，现在的梅河口主要有两个珠宝消费地，一个是原有的以百货大楼为起点的步行街，另一处是欧亚购物中心那种自成体系的商业中心。

通过区域品牌轮流坐庄看区域品牌强势时限

在梅河口这种城市，国内大部分的珠宝品牌都来了。欧亚购物中心的珠宝区里更有周大福和中国黄金等，在步行街上有老凤祥、六桂福珠宝、萃华金店、荟萃楼珠宝和宇泰珠宝等，总之各层级的珠宝品牌都集全了。由于这里有六桂福珠宝的店，所以其他各品牌的销售情况我也大概都了解，在这里考察基本就没有什么悬念。只是在步行街和欧亚购物中心都看到了宇泰珠宝勾起了我的往事。宇泰珠宝的前身叫作三星珠宝，宇泰珠宝这个名字是2008年变更而来。以前我曾多次去过他们的公司总部和很多地方的门店考察，尤其是他们在吉林省各市县的布点，位置好且租金低，曾经让我们这些后进入者羡慕不已。作为吉林省原来绝对的王者，宇泰珠宝的渠道数量达上百家之多，但随后由于荟萃楼珠宝的不断猛攻，现状就不便评价了。其实时间是我们所有零售业者的

共同敌人，任何所谓的强势品牌都不过是一段时间的英雄。时间一到，再风光的霸主也要乖乖交出曾经拥有的一切。有些时候即使老板想变革也很难，因为作为连锁品牌的管理团队和加盟商都容易固化，一旦陷入固化局面除非全部重建，否则自己的现有体系就成了最大的反对力量。这一切就造成区域强势品牌势必要轮流坐庄，不可能长期一枝独大。我曾和一个同行讲，一个模式一旦成型也就意味着衰退的开始，他还信心十足地认为我言过其实。在他看来哪有模式成型就意味着衰退的道理，模式成型了正是大杀四方的时候。通过看这么多地方豪强的兴起和沉浮，我深刻地认识到我们在敬畏英雄的同时也要清楚地认识到，想要更持久的成功，唯有不断地打破和重构自己的商业模式，当然即使这样也不可能一劳永逸地独霸天下。

珠宝零售领域的代理成本是最大的成本

建立一个珠宝连锁帝国是相当不容易的，尤其是连锁店的代理成本就足以吓退一大票人。试想开一个大中型的珠宝店面，在县级市都需要 500 万～800 万元，员工需要 5～10 人，年销售额更要高达 1000 万元以上才有利可图。这几乎相当于当地的一个中小型企业，但现实却是我们只能雇个年薪 10 万～15 万元的人负责经营这个店，真

正的股东或是老板一年都去不了几次。而且现在想在这样的城市开个店赚钱更是难于上青天，当下的经济环境十分复杂且员工的稳定性也在变差，没有及时、高效、准确的决策能力，事事都需要向上请示的店长是带不好这样的店的。很多时候我们看到莆田人开店赚钱，就觉得只要有钱谁都可以开店，其实这是没有看到莆田老板可以耐心十足，在不管喜不喜欢的城市都能住下来的这个事实。绝大多数的店开不下去都是因为管理不善造成的，哪怕是不太高明的决策都比没有决策强，只要是老板直接管理的店，即便是由一个小股东管理的店都比完全没有驻店股东管理的店优秀。很多选址不错的店，由公司直管时的效益远不如由加盟商管理的效益，这曾是我以前持续多年的困惑。我们可以反过来想，一个店投资也不小，在市场上招个人就把所有决策权交给她，这实际上是极不负责任的做法，因为新招的人大多数情况下没有能力做正确的决策。如果真遇到一个有能力的店长，一旦店长发现原来经营一个珠宝店不过如此，那么这个店长不是被挖走就是自已开始筹钱创业，除非你用股权留人，否则人在巨大利益面前终究是要离开的。如果不幸遇到一个没有什么能力的店长，那你的代理成本就可能更高，虽然这个店长不会因有能力而成为你的新竞争对手，但不能帮你赚钱的人也会直接要了这个店的命。综上所述，珠宝零售领域的代理成本是行业最大的成本，也是珠宝零售领域中最大的痛点，如何能解决这个问题将成为行业未来最大的机会点。

破解珠宝界的远程开店管理难题畅想

记得有句古话说：人往高处走，水往低处流。优秀的人才如何可以逆向地派到下级县市来？同时开在下级县市的店如何能管理好？对这些问题我已研究了几年，基本已有了一套未经验证的思路。我一直梦想着建立一个可以集中控制千店级的连锁管理系统，通过远程监控、远程考勤、远程安防、ERP和远程营销系统，把所有的连锁店用互联网技术联结在一起，其中所包含的相当多子系统都无数次论证过和考察过。如果再加上启动电子标签，那么这个超级连锁管理系统在技术上基本是无敌了，然而有一次自己计算了一下投入，结果把自己吓到了。看来任何的管理升级畅想时很容易，真止实施起来会是一个巨大的工程。没有规模就更无法分摊成本，按千店级计算，仅是远程监控部分平均单店就要每年投入上万元，这样每年的使用费用就意味着达到千万级，再加上其他的电子标签和各项系统费用，我初步算过，一个系统的使用费用高达5000万元，平均每个店的成本都达到了5万元。在人员管理上我们有一

整套行之有效的模式，基本可以解决远程管理人员方面的问题，但这一切都是一个庞大的系统工程，需要我未来花 3 ～ 5 年的时间才能构建完成。如果真是需要 5 年的时间，试问我们现在这个行业都不知是什么样子了，我自己到时也已是一个近 50 岁的大爷了，这样到底值吗？能否和分布式的方式一样，平行建立各个子系统，然后再由我组合起来，这或许是一条捷径。其实远程管理首先要解决就是信息不对称的问题，然后是高效正确决策的问题，我只要能解决这两方面的问题以后所有的问题就都迎刃而解了。

可能是延续了前一站在萃华珠宝的所见所想，我对珠宝界远程开店管理进行了一番畅想，无论如何，只要行动起来，每个细节都会指引你如何实现，正如某位互联网大咖说过："一切以用户为中心，其他一切都纷至沓来"。在产业的转型升级期间，我们更应该注重价值创造能力，而不是在恶性竞争中互相伤害，最终影响整个行业的利润空间，没有胜者意味着大家都是败者，这是谁都不愿见到的。在家乡畅想完以后就该前往下一站长春了。长春的考察相对简单，其中最重要的就是一些具有代表性的大店和大型商场的珠宝区。这两年荟萃楼珠宝在吉林快速崛起，可以说是真正做到了奇袭这个市场，另外国际设计师品牌爱丽丝珠宝也是我非常好奇的品牌，这次我将考察他们设在长春的总部，相信能让我找到一些他们品牌迅速发展背后的原因。

[延展阅读]

1. 梅河口简介

梅河口市别名梅河，位于吉林省东南部、通化市北部、长白山西麓、辉发河上游，地处松辽平原与长白山区的过渡地带。是吉林省东南部交通要冲和东北地区重要的交通枢纽之一，是吉林省东南部重要的商贸物流中心，煤炭生产集聚地。

2. 梅河口主要商场（商业街）和珠宝品牌

商场（商业街）	主要珠宝品牌
中联商业广场	老庙黄金、爱丽丝珠宝、缅甸珠宝、老银匠、韩艺珠宝
欧亚购物中心（东昌区）	周大福、中国黄金、中国珠宝、银世汇、和发黄金、金大福珠宝、六桂福珠宝、白金 & 钻石、宇泰珠宝、晶雅轩
泰昌街	中国黄金、六桂福珠宝、金玉金店、梦金园、荟萃楼珠宝、百年银坊、宇泰金银珠宝楼、萃华金店、金大福

长春：北国春城各大珠宝品牌迎接新生

2018 年 6 月 20 日
22 ℃　多云

长春市其实有好几处商圈，但我知道其实真正应去的只有三个商圈，因为这三个商圈已有足够的代表性。得益于以前工作的原因，我对长春的珠宝终端相对比较熟悉，无论是重庆路商圈的卓展购物中心、亚泰富苑购物中心和长百大楼的珠宝区，还是这条街上的大量珠宝店，我都考察过很多次了。这条街的珠宝店最值得看的有荟萃楼珠宝大店、爱丽丝珠宝大店和联发珠宝的数家兄弟店，同时还有一个我个人感兴趣的 BOF 钻石体验中心，至于其他的珠宝店，气场或特色就远远不足以吸引我了。重庆路商圈中的卓展购物中心升级后的珠宝区明显不如以前，这或许是高端商场已不像以前那么重视珠宝区了。红旗街商圈主要是由欧亚商都、巴黎春天、亚细亚百货和万达广场构成，这里的珠宝品牌较多，其中欧亚商都的珠宝区相对较强。万达广场由于与其他几个商场距离较近，很难看出除体量大之外的其他优势。其实通过看这么多的万达广场后，我个人感觉万达广场如果能自成商圈才是最好的，消费者的粘性就会好很多。而如果面临众多商场分流，万达广场并没有具备碾压性的优势。最后我不得不去的商圈就是欧亚卖场，听说长春的欧亚卖场绝对是巨无霸级的超级商业综合体，珠宝品牌非常多也非常齐全。

欧亚卖场这种超级珠宝卖场启示录

长春欧亚卖场是我见过面积最大的大型商业中心，听说隶属于长春欧亚集团，2000年末开业。欧亚卖场的单体建筑面积达60万平方米，位居世界第一位，现在正申请吉尼斯世界纪录。由于欧亚卖场的体量巨大，商品十分齐全，全年商品销售收入可达上百亿元。通过打听得知，欧亚卖场的年接待客流曾超过1亿人次，日最高客流达80万人次，这简直是神级现象。在这里逛街的人都是一脸骄傲，估计也是感受到了大国的美好，只有大国才会有这样体量的商业中心。这里的珠宝区超级大，是我目前见过的数一数二的珠宝区，基本上我见过的珠宝品牌这里都有，看得出来他们绝对没有受制于场地的困扰，唯一的问题就是大家的竞争太过于赤裸裸了。欧亚卖场有很多经营面积较大的珠宝品牌，有些品牌的店面足够开两家店了，感觉这里的珠宝区足以媲美一个珠宝城。说实话这要是大型节假日，都不敢想象这里的盛况，肯定是人山人海，生意火爆，但遇到像

我这时候来的这种人流，估计大多的珠宝品牌都会近乎绝望。因为再多的人流分布到这种巨无霸商业中心的海量空间中，都显得如此稀少，这样也就给消费者造成一种空荡荡的感觉。估计每个省会城市都可能有这样的神级大鳄存在，但我真不知在网购如此发达的现在，这种神级的存在还可以持续多久。

长春 BOF 钻石体验中心指圈工艺展示

其实在温州考察时，我就在爱是唯一珠宝那里看到了指圈工艺的展示，并且我还通过在深圳的朋友了解得知这是由哪个厂出品的，只是这里不方便说出厂名。在长春的 BOF 钻石体验中心我突然又看到了这种套路的指圈工艺展示，感觉非常亲切，当然我知道这种指圈工艺展示对产品销售的帮助并不太大，只不过能让消费者感觉到这个品牌更专业一些。我很早以前就知道 BOF 钻石这个品牌，也曾数次来考察过，没有想到这么多年后他们仍顽强地存在着。作为一个行业老兵，很容易产生偏见，同时很容易人云亦云。我以前也曾犯过轻下结论的错误，按自己的主观认知判断，虽然曾多次判断对了，并事后诸葛亮炫耀了一把，但现在看来自己是多么的无聊。其实任何创业者都远远比打工者更加勇敢和睿智，BOF 钻石的门店虽然没有一些国内优秀的竞争对手好，但

他们活到了现在，并且看起来也没有任何不好的征兆，说明我以前对他们的判断有误，如果此时此刻能见到他们的老板，我内心最想对他说的话就是：“兄弟，对不起了，以前小看你们了！”没想到一个指圈的工艺展示让我想到这么多，我希望以后可以把这个展示发扬光大，做得更有震撼感，我们可以放在墙上展示，或者可以改良一下作为手镯的工艺展示，感谢 BOF 钻石体验中心让我看到这么多可能性。

荟萃楼珠宝在吉林的快速发展解析及手部 SPA 策略探讨

来长春又看见了荟萃楼珠宝重庆路上最早的大店，对于荟萃楼我可以说是一个了解它的局外人，这个店我也是非常熟悉。荟萃楼起源于吉林市，到长春攻占市场这一步棋是相当冒险的，但是我真心佩服莆田人的创业精神。爱拼才会赢，商业最重要的就是敢拼，看到这个大店我心中充满感慨，如果换作我去坚守这个大店估计早就撤离了，然而在强敌环视的重庆路，荟萃楼挺过来了！通过看重庆路上荟萃楼开的另一家大店，我知道他们已在长春真正站稳了脚跟。我一直信仰“避实击虚”“农村包围城市”的战略，但荟萃楼的核心城市突破带来的全省遍地开花，让我看到了不同渠道战略下取得的不同结果。商业本是

无定式，我以后要认真研究不同的渠道战法，并且还要努力学习莆商的对战意识。其实很多时候挺过去也就意味着成功，正如马云所说：“今天很残酷，明天更残酷，后天会很美好，但绝大多数人都死在明天晚上。”这句话用在我们实体店也同样适用，多少人由于不敢赔和赔不起早早败下阵来，有时只要再坚持一会儿可能就会成功，意志的崩溃带来的大军崩溃结局实在太可惜了。现在荟萃楼珠宝应是吉林省最强大的本土品牌，不管长春重庆路上这个大店的真实带动效益如何，仅仅是他们展现出的战斗意志就着实让我们佩服。荟萃楼珠宝令我感到惊喜的还有他们的手部 SPA 策略，这两年珠宝店流行起了手部 SPA，其实就是通过给顾客免费提供手部保养服务来增长留客时间，据说这种操作效果还不错。我一直认为这种小事对提高销售的效果，没有想象中的那么好，所以在长春的荟萃楼珠宝店我就免为其难地体验了一次。这就 次体验让我发现自己想得太简单，原来这种服务真的太爽了，而且你小手一交出来，没有十分钟别想跑，同时更有一种不买不行的负罪感。像我这种老男人进行手部 SPA 都感觉到小惊喜，更何况那些美女？如果此时不断给顾客推介产品，提高成交率简直太容易了！通过和手部 SPA 的技师交流得知，她们的工资并不高，基础工资才2000多元，服务一个顾客提成也不高，整体费用低得让人难以置信。固定投资就更少了，一个桌子三把椅子再加上少量工具，真实投资可忽略不计。当然这个服务项目看起来没有什么实际产出，但这种服务项目的间接产出还是相当大的。我看到很多家的手部SPA都是员工兼职做的，据说这样有利于销售，但荟萃楼珠宝是由专职人员做的，实际上更明智。销售人员大多是外向的性格，同时也都是销售出身，没有系统学过手部SPA这个看起来容易实际并不容易的技术。雇佣这种专职的手部SPA技师，她们也愿意在珠宝店这种环境较好的地方工作，同时每月轻轻松松就可以赚3000～4000元的工资，还可以通过微信朋友圈卖些珠宝，一举两得。这种美手技术服务者都是一些喜爱美容行业的、温柔耐心的小姑娘，并且都有一些稳定的客户群，很多顾客都是主动加她们的微信来学习美容知识的，这样通过朋友圈发布珠宝新款很容易达成有效宣传。相反门店中很多时候是珠宝导购人员主动加顾客微信，顾客对销售有着天然的排斥心理，最终的宣传效果自然是不尽人意。总之，手部SPA项目真的是珠宝项目的完美搭档，看来我以后也要认真研究并开展一个新的手部SPA独立品牌。

近看爱丽丝珠宝的国际设计师品牌概念

就服装领域来说，我在上海看到过很多设计师品牌，所以我在判断未来珠宝品牌发展方向时，曾认为中国珠宝首饰行业将有一大批的设计师品牌诞生，实际上现在各种定制珠宝品牌和定制珠宝工作室就是这种方向的雏形。这次考察全国时我一直关注着珠宝界的设计师品牌，哪怕是打着设计师品牌概念的珠宝品牌都行，但一直都没有真正遇到。到了长春我才认真去欣赏这个听说过无数次的爱丽丝珠宝，爱丽丝珠宝把自己定位成国际设计师品牌，并且在店中确实有设计师的相关资料和产品，符合我所曾推断的珠宝设计师品牌发展方向。看得出来爱丽丝珠宝好像也在尽可能地去中文化，作为一个中国人我确实对此有些不认同，但作为一个有国外基因名字的品牌，去中文化无可厚非，毕竟这涉及不到法律和道德问题。通过认真地观察爱丽丝珠宝的终端，我十分认可他们的设计师品牌概念和去中文化的策略，激起了我想到他们长春总部考察的兴趣，后来也得以如愿。我在爱丽丝珠宝却始终没有问他们关于品牌定位的问题，因为怕交浅言深引起误会，但他们这种国际设计师品牌的道路却让我很有兴趣去关注。国际设计师品牌必须有强大的国际设计师团队，同时每个设计师的设计风格必须鲜明，

最终这个国际设计师品牌的整体产品风格也必须独树一帜。这条路在当前中国珠宝销售压力较大之际能否走得从容，能否真正落实到位暂时不得而知，但我真心希望中国能产生一批有特色的珠宝设计师品牌，因为这或许是中国珠宝首饰行业的一条出路，哪怕是一条荆棘丛生的出路。

很高兴看到在美丽长春的各大品牌迎来新生，这一站的考察感觉就是对我以往一些主观认知的颠覆，看来只有真正走到终端才能减少偏见。终端的发展日新月异，我们也应该庆幸这些各式各样新鲜的元素，让珠宝终端零售业变得更加精彩可爱。下一站我将前往的是黑龙江省会哈尔滨。哈尔滨是一座很接地气的历史文化名城，有著名的中央大街商圈，也有门对门的西城红场和万达广场这样的大型购物中心，想必战况一定很激烈。另外我还希望通过哈尔滨去考察黑龙江这个农业大省的市场，各珠宝品牌新旧迭代，区域强势品牌轮流坐庄，不知道未来有谁可以引领他们升级？

[延展阅读]

1. 长春简介

长春，简称“长”，别称“春城”，是吉林省省会、副省级市、东北亚经济圈中心城市，是国务院定位的中国东北地区中心城市之一，国家历史文化名城，我国重要的工业基地和综合交通枢纽。长春有着深厚的近代城市底蕴，是著名的中国老工业基地，是新中国最早的汽车工业基地和电影制作基地，有“东方底特律”和“东方好莱坞”之称。

2. 长春主要商场（商业街）和珠宝品牌

商场（商业街）	主要珠宝品牌
欧亚（朝阳区）	SWAROVSKI、PANDORA、周生生、六福珠宝、周六福、戴梦得、潮宏基、老凤祥、宇泰珠宝、萃华金店
万达（朝阳区）	LOVE&LOVE、BOF 钻石体验中心、Soufeel Jewelry、VOGUEBEADS、I Do、周大福
长春百货大楼（朝阳区）	周大福、六福珠宝、百萃珠宝、梦金园、长百黄金、老银匠、潮宏基
巴黎春天百货（朝阳区）	ENZO、老凤祥、周大福、周大生、荟萃楼珠宝、珍帝美珍珠
卓展购物中心	Cartier、FENIX 菲尼莎、六福珠宝、周大福、周生生、谢瑞麟、荟萃楼珠宝、翡翠物语

参考文献

一、专著类

1. 罗宾·伦特,热纳维耶芙·图尔. 奢侈品销售的艺术:顶级奢侈品品牌的销售圣经[M]. 牛继业,译. 北京:机械工业出版社,2016.

2. 汤姆·佐尔纳. 欲望之石:权力、谎言与爱情交织的钻石梦[M]. 麦慧芬,译. 北京:生活·读书·新知三联书店,2016.

3. 约翰·本杰明. 欧洲古董首饰收藏[M]. 杨柳,任伟,译. 北京:社会科学文献出版社,2018.

4. 苏珊·拉·尼斯著. 金子:一部社会史[M]. 汪瑞,译. 北京:北京大学出版社,2016.

5. 阿纳斯塔西娅·扬. 顶级珠宝设计[M]. 崔静,译. 北京:电子工业出版社,2016.

6. 黎志伟,欧阳勇军,王先庆. 珠宝新零售[M]. 北京:人民邮电出版社2019.

7. 张磊,赵旭刚,卢雯婷编. 珠宝电子商务[M]. 北京:中国地质大学出版社2018.

8. 包德清,周琦深,王维,等. 珠宝终端运营管理[M]. 北京:中国地质大学出版社2017.

9. 毛文. 珠宝秘语[M]. 北京:中信出版社,2017.

10. 任进,巫金津. 世界珠宝品牌简史[M]. 北京:中国地质大学出版社,2019.

11. 马家叙. 世界奢华珠宝[M]. 上海:上海科学技术出版社,2014.

12. 陈祖顺,王其全,黄晓望. 珠宝首饰营销策略:从项目中学营销[M]. 北京:中国地质大学出版社,2016.

13. 郑泓灏. 苗族银饰文化产业调查研究[M]. 北京:社会科学文献出版社,2018.

14. 王昶,代司晖. 如何开家珠宝首饰店[M]. 北京:化学工业出版社,2015.

15. 胡雨馨. 奢侈的诱惑[M]. 北京:社会科学文献出版社,2017.

16. 曹攀登. 和田玉及翡翠市场指南[M]. 北京:中国地质大学出版社,2016.

17. 崔宏毅. 黄金白银投资交易实战[M]. 北京:经济管理出版社,2018.

18. 郭宇宽. 情感定制·意义经济[M]. 北京:清华大学出版社,2016.

19. 梁涛. 钻石的价值[M]. 北京:中国地质

大学出版社,2016.

二、学位论文

1. 杜炜. 中国珠宝产业集群形成影响因素及演化机理研究[D]. 北京:中国地质大学,2016.

2. 谢艳. 我国珠宝产业竞争力的评价研究[D]. 北京:中国地质大学,2017.

3. 张政. 中国珠宝品牌未来发展的方向研究[D]. 北京:中国地质大学,2017.

4. 白旭萌. 大众化体验模式在珠宝行业中的应用研究[D]. 北京:中国地质大学,2017.

5. 高兴. 影视与明星效应对珠宝首饰的影响与推广研究[D]. 北京:中国地质大学,2018.

6. 张雪. 影响中国消费者珠宝购买意愿的因素及对策研究[D]. 北京:中国地质大学,2018.

7. 秦卓亚. 珠宝首饰购买行为研究[D]. 北京:中国地质大学,2017.

8. 赵璇. 珠宝零售品牌品类规划案例分析[D]. 北京:北京服装学院,2017.

9. 康琛. BL珠宝公司珠宝产品营销策略改进研究[D]. 合肥:安徽大学,2018.

10. 刘婉婷. 中国珠宝私人定制——珠宝个性化定制探究[D]. 北京:中国地质大学,2016.

11. 朱文秀. 基于互联网思维下的珠宝O2O运营模式[D]. 北京:中国地质大学,2018.

12. 石健. 我国珠宝行业税收风险管理研究[D]. 济南:山东财经大学,2016.

13. 宋建丹. 世界钻石行业时空格局演变的地理学透视[D]. 太原:山西师范大学,2017.

14. 董平. 流行饰品营销策略研究[D]. 南京:南京大学,2017.

15. 李嫱. 试论珠宝品牌现状和价值评估[D]. 北京:中国艺术研究院,2017.

16. 邓蕾. T珠宝公司高端珠宝首饰自主品牌发展策略研究[D]. 桂林:广西师范大学,2016.

二、期刊论文

1. 张宜齐,丘志力,李志翔,等. 我国特色珠宝玉石旅游商品市场开发现状及存在问题探讨[J]. 宝石和宝石学杂志,2017(6):31-42.

2. 原毅茹. 关于中国珠宝产业供给侧改革的思考[J]. 现代商业,2018(17):57-58.

3. 杨瀚，丘志力，张钰岩，等. 广东省珠宝旅游商品区域市场发展模式及开发现状研究[J]. 宝石和宝石学杂志，2018(5)：51-57.

4. 王志麟，刘常凯，吴冰. 迎接行业新挑战——中国珠宝标准化建议[J]. 宝石和宝石学杂志，2018(A1)：147-153.

5. 薄昊楠，丘志力，杨炯，等. 强劲的消费和萎缩的市场——国内奢侈品市场现状、成因及对策分析[J]. 宝石和宝石学杂志，2017(6)：43-51.

6. 辛涛，张倩怡. 浅谈珠宝品牌文化[J]. 才智，2018(25)：221.

7. 王宇婷，易加斌. 珠宝品牌微信营销模式与策略研究——基于捷夫珠宝的案例分析[J]. 中外企业家，2017(1)：47-51.

8. 杜睿，郭真，耿郡忆，等. 哈尔滨市珠宝行业发展态势及其评价[J]. 经营与管理，2018(1)：72-77.

9. 刘薇. 互联网+背景下珠宝营销对策探讨[J]. 中国经贸导刊，2016(35)：91-92.

10. 王昶，袁军平，马春宇. 珠宝首饰类专业高技术技能型人才协同育人平台的构建与实践[J].宝石和宝石学杂志,2016(1):38-42.

11.陈姚朵.大数据在珠宝企业的应用现状[J].宝石和宝石学杂志,2016(4):60-65.

12.董学力.珠宝行业线上线下垂直型商业模式构建应用[J].现代商贸工业,2018(3):57-59.

13.吴青蔓.现代功能性首饰——科技时代首饰的新机遇[J].美术大观,2017(11):108-109.

14.杨昕悦,刘常宇,陈桂玲.中国珠宝企业打造高端奢侈品牌的路径研究——以应用VR技术为例[J].中国市场,2017(34):111,113.

15.丁育伟,施健.中国古诗中的珠宝首饰及其在叙事性首饰设计中的研究[J].工业设计,2017(10):64-65.

16.伏伦,王波.推进珠宝产业集聚发展　打造中心城区时尚经济新极核[J].现代商业,2017(29):62-63.

17.董学力.钻石珠宝行业创新商业模式前景研究——以深圳为例[J].中国管理信息化,2016(7):153-155.

18.杨新迪,杨力行,杨明星.文化视觉下的珠宝[J].宝石和宝石学杂志,2016(1):43-48.

19.何南兵,王腾吉,赵亚良,等.饰品钻石的市场现状及发展趋势[J].超硬材料工程,2018(4):39-45.

20.胡楚雁.浅谈珠宝首饰的收藏[J].宝石和宝石学杂志,2018(A1):207-210.

21.周兮.从消费者的心理分析珠宝橱窗设计[J].艺术评论,2017(3):170-172.

四、报纸文献

袁英,罗颖,徐龙,等.产品价格与原料成本脱钩是深圳地区黄金珠宝产业转型的核心.中国黄金报[N],2016-3-8(9).

附：全国一至四线城市分级表

全国一二三四线城市分级表	
一线城市	北京、上海、广州、深圳
准一线城市	杭州、南京、济南、重庆、青岛、大连、宁波、厦门、天津
二线城市	合肥、南昌、南宁、昆明、温州、淄博、唐山、成都、武汉、哈尔滨、沈阳、西安、长春、长沙、福州、郑州、石家庄、苏州、佛山、东莞、无锡、烟台、太原
三线城市	乌鲁木齐、贵阳、海口、兰州、银川、西宁、呼和浩特、泉州、包头、南通、大庆、徐州、潍坊、常州、鄂尔多斯、绍兴、济宁、盐城、邯郸、临沂、洛阳、东营、扬州、台州、嘉兴、沧州、榆林、泰州、镇江、昆山、江阴、张家港、义乌、金华、保定、吉林、鞍山、泰安、宜昌、襄阳、中山、惠州、南阳、威海、德州、岳阳、聊城、常德、漳州、滨州、茂名、淮安、江门、芜湖、湛江、廊坊、菏泽、柳州、宝鸡、珠海、绵阳

四线城市	株洲、枣庄、许昌、通辽、湖州、新乡、咸阳、松原、连云港、安阳、周口、焦作、赤峰、邢台、郴州、宿迁、赣州、平顶山、桂林、肇庆、曲靖、九江、商丘、汕头、信阳、驻马店、营口、揭阳、龙岩、安庆、日照、遵义、三明、呼伦、贝尔、长治、湘潭、德阳、南充、乐山、达州、盘锦、延安、上饶、锦州、宜春、宜宾、张家口、马鞍山、吕梁、抚顺、临汾、渭南、开封、莆田、荆州、黄冈、四平、承德、齐齐哈尔、三门峡、秦皇岛、本溪、玉林、孝感、牡丹江、荆门、宁德、运城、绥化、永州、怀化、黄石、泸州、清远、邵阳、衡水、益阳、丹东、铁岭、晋城、朔州、吉安、娄底、玉溪、辽阳、南平、濮阳、晋中、资阳、都江堰、攀枝花、衢州、内江、滁州、阜阳、十堰、大同、朝阳、六安、宿州、通化、蚌埠、韶关、丽水、自贡、阳江、毕节

后记

在行业众多朋友的关心下，我人生中的第二本书——《中国珠宝零售终端研究》终于正式和大家见面了。从我个人的角度而言，这是对本次全国珠宝终端考察这一宝贵经历的总结和纪念，同时也是为了回馈朋友们一路上的帮助和支持。本书以日记的形式记录了我对中国50站城镇珠宝终端的考察见闻，贯穿了我多年来对珠宝行业零售的思考，借此机会分享给行业有缘者，希望能为有缘者提供些许参考。当然我也很清楚，中国珠宝首饰行业是一个朝气蓬勃的行业，零售终端的发展更是日新月异，随着行业的更迭这本书也将暴露出它的局限性，因此它终究只是“当下的产物”。由于时间仓促且忙碌的原因，书中难免存在着诸多不足以及偏颇之处，还望众行家们海涵，并多给予指正和批评，我将不胜感激！

任何市场发展的动力都是为了满足市场的需求，当下的珠宝行业进入到了多元化发展时期，市场不断细分的消费需求催生出丰富多样的终端面貌，这对我们从业者来说是十分珍贵的学习素材，因为它有可能孕育着行业未来发展的新势力。在本次的中国珠宝终端考察过程中，我个人受益匪浅。很多珠宝品牌，尤其是新兴品牌，为我们展示了高超的品牌运作能力和创新精神，这是行业的一件幸事。一方面，随着行业的迭代升级，挖掘不同细分市场的消费需求，并用具有特定品牌印记的产品和服务来满足某一消费群体，这对传统珠宝行业来说是一种创新。这种创新带来的是高智慧的竞争，将极其有利于行业的繁荣发展，这也说明了我们行业人才济济，未来可期。另一方面，从整个行业竞争力提升的角度来说，中国珠宝行业在经历了互相模仿和追随国际大牌的阶段后，正式到了需要转变身份的时期，毕竟我们不能只停留在初期阶段，眼睁睁看着国外品牌陆续涌入中国市场，抢占高端市场份额。因此，我也希望本书能够起到抛砖引玉的作用，吸引高手们一起华山论剑，激发更多新起之秀投身行业发展之伟大事业。

同上次的全国考察相比，这次的“全国性珠宝终端考察”是对我个人更为严峻的考验，好在靠着不忘初心的毅力坚持下来，一路见证终端百态，心生万千感慨。无论是发达的一二线市场，还是看似落后的五六线市场，中国珠宝人都在不断奋斗着，甚至是战斗着，这种不服输的精神实在是令人敬佩。相信在我们所有从业者不懈的努力下，中国珠宝行业必将迎来属于它的光荣时刻，届时也将真正诞生一批具有国际影响力和市场号召力的珠宝品牌，并真正借助“新零售”这把利剑助力终端实现质的飞跃，当然前提是我们脚踏实地做好当下的升级迭代这件事。珠宝首饰作为高端消费品，必将随着国民经济的稳定增长和消费升级而走入新的时代，我们需充分挖掘其功能属性和文化属性，促进行业转型升级，特别是前期发展过程中得不到足够重视的文化属性。无论是黄金、钻石、银饰，还是现在大火的K金和暂时“落魄”的玉石，如何从文化的角度为它们赋能也是我们从业者的重要课题。同时伴随着新零售的崛起，珠宝行业的发展还将面临着诸多瓶颈，还有各类问题悬而未决，虽然我个人的力量是有限的，但是在众多业界有志者共同努力下的可能性则是无限的。“路漫漫其修远兮，吾将上下而求索”，希望我们能齐心协力，共同迎接行业更加繁荣的未来！最后再次感谢所有在旅途中给过我无私帮助的朋友们，正是因为你们的帮助和激励，才有了这本书的诞生！祝愿大家都能在珠宝之路上高歌猛进，越来越好！祝愿中国珠宝行业越来越强！

张 栋

2019年6月30日

风传行业凛冬已至

未来新零售将席卷天下

带着对行业如何迭代等问题的思考

历时 6 个多月，180 多天

游历中国 50 多个城镇，40000 多里路程

洞悉全国东西南北各大城镇

直面中国珠宝终端千姿百态现场

揭开中国珠宝行业零售终端最真实的现状

探寻新零售时代的行业变革

为中国珠宝首饰行业未来的发展

提供最翔实的调研报告

谨以此书致敬所有中国珠宝人

中国珠宝首饰行业零售终端现状大揭密

中国珠宝零售终端研究（下册）

中国珠宝全国游

张栋·著

郑州大学出版社
·郑州·

图书在版编目（CIP）数据

中国珠宝零售终端研究/张栋著. —郑州：郑州大学出版社，2019.8

ISBN 978-7-5645-6605-0

Ⅰ.①中…　Ⅱ.①张…　Ⅲ.①宝石－零售商业－销售管理－研究－中国
Ⅳ. ①F768.7

中国版本图书馆CIP数据核字(2019)第152679号

郑州大学出版社出版发行

郑州市大学路40号　　邮政编码：450052

出版人：张功员　　发行电话：0371-66966070

全国新华书店经销

深圳市恒安达印刷制品实业有限公司印制

开本：720mm×1020mm　1/16

总印张：30

总字数：418千字

版次：2019年8月第1版　　印次：2019年8月第1次印刷

书号：ISBN 978-7-5645-6605-0　　总定价：198.00元（全两册）

中国珠宝零售终端研究十年预测

第一条：中国珠宝零售终端十年内将消失一半。理由是：现在中国珠宝零售终端预估数量高达12.5万家，行业整体处于严重的渠道过剩状态，同时面临着中国经济增速放缓和网购及其他新零售冲击，处于低水平过度竞争的珠宝零售终端将面临着大规模“倒闭潮”。

第二条：中国培育钻石或将成为行业新风口。理由是：未来五到十年之间，中国培育钻石在新一代年轻消费者的推动下或将获得爆发式发展，同时也源于中国在培育钻石领域的历史积累，如果能得到国家政策支持和相关科技突破，中国将有机会引领培育钻石所引发的“世界钻石革命”。

第三条：港产珠宝品牌仍将得以发展和长期存在。理由是：周大福的多元化和周生生的轻奢布局，将有可能继续领军中国珠宝行业渠道变革，同时这两个品牌所代表的港产品牌集群现在仍具有着强大的核心竞争力。

第四条：国产珠宝品牌领军阵营业已产生并将称霸江湖。理由是：老凤祥、周大生、中国黄金、中国珠宝及周六福这几个品牌，源于已有的强大的渠道能力和各自独特的竞争力，在未来的五至十年里将深刻影响着中国珠宝首饰行业。不过这些全国性强势品牌中变数最大的是中国黄金和中国珠宝，如果有国家力量去支持和发展这两个品牌，仅“中字头”的国家背书就可能把他们推向更高的巅峰，反之则是另一种结局。

第五条：国内有独特竞争力的特别品牌仍将存在。理由是：未来的五至十年之内，I Do源于高端的品牌形象和独特的婚庆品牌定位，DR源于新零售的概念和最有生命力的品牌故事，克徕帝源于业内最强大的终端运营能力，老铺黄金源于对中国文化的理解和产品的极致高度，这四个品牌或将在未来的五至十年得以发展和存在。

第六条：中国珠宝首饰行业或将迎来失业潮。理由是：未来的五到十年，无论是珠宝首饰的生产领域或是零售领域，都将因为技术的进步和企业的优胜劣汰而带来大量的岗位消失，因此我们珠宝行业或将迎来历史上最大的“失业潮”。

第七条：中国珠宝零售终端“莆商”有可能成为核心力量。理由是：现在的中国珠宝首饰零售终端中，莆商控制着60%～70%的渠道，湘商控制着20%左右的渠道，其他地域的珠宝商控制着余数不多的零售终端。随着未来行业竞争的加剧和宝二代接班的挑战，莆商或将成为“绝对性的珠宝终端力量”。

第八条：中国珠宝首饰行业十年内将面临三大危机。理由是：源于硬金特殊生产工艺，作为行业最具代表性的硬金产品，或将引发严重的质量危机；同时源于国家税控趋严，无论是关税和零售定税都存在着行业性税务危机；最后由于多年的营销中过度承诺和证书提级问题，整个中国珠宝首饰行业都面临着严重的信任危机。

第九条：银行抽贷或将导致行业金融风险。理由是：目前无论是中国珠宝行业上游企业，还是珠宝行业下游企业，甚至珠宝行业中间的批发企业，都或多或少地在银行借了黄金和资金，这些银行资金的数额累计起来相当大。未来五至十年大量的珠宝企业面临着迭代倒闭的现实风险，巨额的银行资金可以因各种“跑路”和资金风险而抽贷，届时整个珠宝行业将面临相当大的金融风险。

特别声明：本书中的九条“十年预测”仅

为个人对行业发展的猜测，本人不承担任何责任且不针对任何单位或个人。敬请所有同行把我的九条“十年预测”当作我的一家之言，不要过度认真，如有碰巧言中则请各自一笑了之。

张 栋

2019 年 6 月 30 日

序

近十年来，中国黄金珠宝行业在宏观经济的红利中迅速发展，而后遭遇经济下行、市场遇冷的打击，各大企业都开始了对未来发展方向的积极探索。伴随着中国经济结构的调整，黄金珠宝行业也必然要进行相应的调整，我们现在正是处在一个调整的阶段。任何一个行业发展到了一定阶段都需要进行调整，在这个过程中，有些落后的模式会被淘汰，一些前所未见的概念会涌现出来，这是市场发展的自然规律，同时珠宝行业新零售的崛起也加速了这种整合期的到来。

中国珠宝行业迭代升级势在必行，选择从供给侧进行改革是其中的一个方向，这本身是个巨大的挑战。我们需要思考消费者的变化、产品品类的变化、珠宝品牌的变化，研究珠宝终端零售的各种变化去促进供给侧改革，把零售端和制造端无缝连接起来，逐渐去掉中间环节，建立属于行业的数据基础和技术基础，围绕品牌价值进行竞争，让整个市场迈进以市场和消费者需求为主导的发展进程，从而保证供应端发挥出最大价值，并形成珠宝行业的产值和效益。

由于近年来零售终端网点的盲目扩大间接造成整个行业的“虚胖”，终端竞争也进入了白热化状态，所以进行全面系统的终端零售研究十分必要。这项重任执行起来并不简单，需要有足够多的耐心和时间。张栋博士历经6个月时间，详细考察了50多个城市的各个商圈和终端类型，上至中国一线发达城市，下至西南偏远城镇，考察对象涵盖国际珠宝品牌、港产珠宝品牌、内地时尚珠宝品牌、新兴婚庆珠宝品牌及地方珠宝品牌等，融汇成此书，向我们展示了中国珠宝终端零售在蜕变期的各种变化，并分享了他在考察过程中对行业的诸多思考，相信能给很多业界人士提供一定的借鉴。细读此书，我们能深刻感受到行业正面临着来自各方面的压力，如城市商圈演变造成的人流变化、门店数量过多和价格战盛行带来的恶性竞争、房价高居不下带来的开店高成本以及低效营销造成的重复浪费等。同时也能看到终端零售在消费升级过程中出现的机遇。随着中国新一轮消费升级浪潮的到来，中国珠宝消费者进入了追求美好生活的消费时代。在一二线城市已经趋向成熟的背景下，三四线城市的钻石增长潜力也在不断上升，其他高利润珠宝产品也是如此。众所周知，中国消费结构正呈现多元化趋势，对珠宝首饰的消费需求也将出现情感满足和文化指向这两种趋势。作为珠宝品牌来说，唯有时刻盯紧市场，把握特定的消费者需求，将情感和文化相结合，赋予产品以特定内涵，品牌价值才能更好地得以体现，而这些都可以在终端零售中看到端倪。

总而言之，研究行业终端零售是供给侧改革研究中密不可分的一部分，张栋博士的这本书为中国珠宝行业终端零售的迭代升级提供了强有力的实战依据，对珠宝品牌发展之路同样具有很好的借鉴意义和批判意义。纵观历史，行业发展最难的不是从0到1，而是从1到10，前者是从无到有，后者则是从平庸到一流。我们有张栋博士这样孜孜不倦的实战派，也有许多勇于尝试、不断创新的行业新星，相信在各方人士的共同努力下，中国珠宝行业的未来一定会更加璀璨耀眼，在国际珠宝界争取到一定的话语权。

曹阳

2019年6月30日

曹阳

高级经济师，深圳黄金珠宝文化研究会会长、深圳黄金珠宝研究所所长、深圳宝联珠宝标准与信息技术促进中心主任。长期从事黄金珠宝产业发展战略研究工作，是黄金珠宝业界著名的行业发展问题专家，也是深圳珠宝产业发展战略顾问之一。

前言

珠宝首饰在人类历史文明发展中扮演着重要的角色，是传达思想与情感的重要载体，集审美性和实用性为一体。虽然中国现代珠宝行业的起步较晚，但并不妨碍中国成为世界级珠宝消费大国。众所周知，在行业前期的高速发展中，我们的珠宝品牌生产能力得到了快速增长，市场需求不断扩大，品牌建设也已经形成一定规模，诞生了大批具有行业影响力的企业。随着全国经济增速放缓、产业结构调整、消费升级，中国珠宝行业已进入一个十分关键的转型迭代时期。

记得有一句名言是这样的：“这是一个最好的时代，这是一个最坏的时代。”我想这句话用来形容当下的珠宝行业最为恰当不过。这是一个最好的时代，伴随着经济的快速发展和消费时代的更迭，珠宝首饰作为国民凸显个性化需求的消费品之一，迎来了新的发展契机。截至 2018 年，中国的黄金消费量已经连续 6 年位居全球第一，珠宝零售市场业已达到 6000 亿元的规模。另据权威机构预测，2018—2022 年期间，中国珠宝首饰行业的零售规模复合增速约为5%。虽然近几年珠宝行业发展脚步放缓，很难再现以前的“黄金时代”，但不可否认的是，珠宝零售市场依然潜力巨大。首先，由于消费群体迭代和消费习惯演进等原因，镶嵌类及K金产品的市场前景越来越好，消费者对珠宝产品的选择逐渐由追求保值性转向追求佩戴性，这将给未来的珠宝市场带来无限的活力；其次，中国拥有庞大的珠宝消费人群，尤其是上千万的婚庆人群是珠宝市场核心驱动力量之一，同美、日等发达国家接近80%的结婚人群钻石饰品渗透率相比，中国的这一数据目前为50%，其市场上升空间仍然十分可观；再者，在中国城市化演变的大背景下，三四线及五六线城市迎来消费升级变革，“小镇青年”消费大肆崛起，也将为珠宝零售市场提供新的增长点。对传统珠宝品牌来说，行业迭代所带来的市场机会正悄然而至，但同时各种严峻的考验也将如期而至。

随着国民经济增速放缓和国际品牌的相继涌入，国内珠宝行业正面临着产能过剩、渠道恶性竞争、价格战危机、品牌附加值低等问题，销售利润随之大幅降低，而企业运营成本却逐年攀升，很多传统珠宝品牌正逐渐陷入困境。对他们来说，这似乎成了一个最坏的时代。伴随着珠宝行业新零售的大肆崛起，珠宝企业将进入群雄纷争的年代，但市场的“大蛋糕”基本上已经被国外品牌和少数的全国性品牌瓜分，剩下的众多品牌走得“步步惊心”。大家都在观望，也都在积极探寻各种问题的答案，如行业未来发展的新风向会是如何？低线市场红利期还能持续多久？高端市场现在还有无机会？是否只能甘心追随行业巨头后面？其实国内各大珠宝企业当前所面临的问题很大程度上来源于对自身的不自信，产品创新力不足，转型乏力，导致品牌发展气势逐渐削弱。一个行业的洗牌时期必然是机遇和挑战并存的时期，在新的消费时代背景下，面对日益白热化的竞争，唯有抓紧升级和变革这两根“稻草”，提升品牌运作能力，我们广大的珠宝企业才有可能走出一条“康庄大道”，行业发展也将在回归理性后走向真正的繁荣。

中国是世界奢侈品消费大国，也是世界珠宝消费大国，据中国珠宝玉石首饰管理中心预计，中国将在2020年成为全球最大的珠宝消费市场。然而我们可以看到的现状是，目前国内顶级高端市场主要被国际珠宝巨头垄断，如

Cartier、BVLGARI、TIFFANY 等，中高端市场则由港资品牌和少数优秀的全国性品牌占领，如周大福、六福、周生生、谢瑞麟和老凤祥、中国黄金、周大生、I Do 等，中低端市场则由众多走“亲民路线”的品牌构成。除了顶级高端市场以外，中高端和中低端市场由于竞争激烈、渠道密集，品牌运营同质化严重等问题，时常演绎着“相互伤害”的故事，这不仅不利于品牌自身的发展，也大大制约了中国珠宝行业的发展。面对未来更为严峻的市场竞争，尤其是国外品牌的强势围攻，我们急需提升品牌核心竞争力，加强销售渠道、品牌、设计开发等行业壁垒的建设，打造出具有竞争优势的中国珠宝品牌。

作为一名投身珠宝行业十几载的珠宝人，我愈发觉得这个行业充满了可爱之处，它是一个值得我们为之努力奋斗的行业。为了这一份热爱，也为了更好地探索珠宝行业未来发展的可能，我在 2018 年 4 月份离职之后进行了人生中的第二次全国珠宝零售终端考察，从深圳出发一路北上，再由北往西，遍游全国除台湾外的所有省份，详细了解不同级别市场中珠宝终端最真实的一面。珠宝终端市场远比我们想象中的要复杂、要多样，我们想要做好珠宝市场的研究，必须有足够真实、全面的素材作为支撑，否则难免失之偏颇。考察的过程中我总希望尽善尽美，因此有些时候我是用批判的眼光去看待中国珠宝终端江湖纷争的。批判本身不是目的，希望行业未来越来越好才是最终目的。真心感谢各个珠宝品牌带来的丰富多样的终端面貌，让我的考察之路充满惊喜和感动。在这6个月的考察中，我得到了很多业界朋友的关照和支持，包括行业领袖、资深人士、后起新秀等等。对于大家的帮助，我诚惶诚恐，无以为报，唯有以此书的出版来表达我的感激之情。无论如何，本次全国性的珠宝终端考察对我而言意义重大，我也将以此激励自己继续在珠宝行业不断努力，为行业的发展贡献绵薄之力。

张 栋

2019年6月30日

目录

/ 上册

第一部分：初见篇 / 001

002　福州：城市演变下的珠宝终端险象迭生

009　安溪：传统市场艰难匍匐之茶都印象

016　温州：东方犹太之乡珠宝格局落定

023　南昌：再访洪城　见证丛林法则之残酷

031　景德镇：魅力瓷都鱼龙混杂　欲说还休

038　醴陵：特色经济县市窥见珠宝困境和未来

045　长沙：群雄争霸未平　港产品牌升级正忙

052　株洲：消费升级引发的攻守战硝烟四起

第二部分：深入篇 / 059

060　武汉：火炉之地老铺黄金似乎前程似锦

069　杭州：婀娜杭城婚庆珠宝异军突起

077　上海："时尚之都"见证国际珠宝品牌之强势

085　南京：金陵珠宝迭代升级忧患犹多

094　合肥：万达席卷下的霸都珠宝生态奇观

103　郑州：中原之地迎来行业发展新阶段

112　新密：乌金之乡探寻县市珠宝终端之谜

120　太原：非强势品牌跨区作战利弊尽显

128　石家庄：北方粮仓应对消费升级启示录

第三部分：畅想篇 / 137

138　泰安：三线市场终极较量之各施绝技

145　肥城：鲁中宝地寻觅商机意犹未尽

153　济南：泉城珠宝平静下的风起云涌

161　天津：商圈争战激烈　大型珠宝城风光不再

170　北京：京城珠宝行业神话长盛不衰

180　沈阳：老工业城的品牌危机和曙光并存

189　梅河口：区域品牌更替　零售未来大畅想

196　长春：北国春城各大珠宝品牌迎接新生

205　参考文献

212　附：全国一至四线城市分级表

214　后记

/ 下册

第四部分：反思篇 / 219

220　哈尔滨：冰城核心商场珠宝格局变幻莫测

228　通辽：内蒙古小城新老品牌剑拔弩张

236　锡林浩特：草原明珠珠宝发展稳中求进

243　呼和浩特：中国乳都民族珠宝品牌大放异彩

252　银川：凤凰城内时尚品牌争奇斗艳

260　西宁：青藏高原上软玉市场日薄西山

268　兰州：金城低端珠宝市场生生不息

276　西安：古都高端商圈崛起　大牌鏖战正欢

第五部分：寄寓篇 / 286

287　成都：天府之国珠宝市场遍地开花

297　重庆：山城民风造就别样珠宝营销战场

305　贵阳：文化缺失　地方品牌发展堪忧

313　遵义：三四线珠宝市场银饰未来可期

322　毕节：珠宝商正在为商铺业主打工

330　六盘水：中国凉都不凉　渠道火拼正猛

337　昆明：凛冬下的超级珠宝区进化

346　普洱：茶城不老　地方珠宝消费力仍盛

354　文山：边陲小镇　一店多牌步履蹒跚

第六部分：尾声篇 / 362

363　南宁：绿城珠宝光鲜背后暗波涌动

372　广州：羊城玉石消亡　轻奢珠宝崛起

379　海口：椰城传统渠道灾难正在上演

386　深圳：中国珠宝之都的特殊零售市场新解

394　乌鲁木齐：亚心城拨云见日　DBE 强势登场

402　拉萨：日光之城群狼小店得天独厚

409　香港：购物天堂见证港式品牌创新不断

417　澳门：赌城珠宝市场奢华中玄机暗藏

423　参考文献

430　附：全国一至四线城市分级表

432　后记

第四部分 反思篇

哈尔滨：冰城核心商场珠宝格局变幻莫测 220

通辽：内蒙古小城新老品牌剑拔弩张 228

锡林浩特：草原明珠珠宝发展稳中求进 236

呼和浩特：中国乳都民族珠宝品牌大放异彩 243

银川：凤凰城内时尚品牌争奇斗艳 252

西宁：青藏高原上软玉市场日薄西山 260

兰州：金城低端珠宝市场生生不息 268

西安：古都高端商圈崛起　大牌鏖战正欢 276

哈尔滨：冰城核心商场珠宝格局变幻莫测

2018 年 6 月 22 日
31 ℃　多云

美丽的冰城哈尔滨可以说是我的第二故乡，我在这里前后待了十几年，因此到哈尔滨考察简直可以闭着眼睛走，当然这样说也多少有点浮夸，要不是有兄弟陪同我也很难真正了解哈尔滨的变化。由于工作的原因我有很长一段时间没有在哈尔滨四处考察了，这次回来认真看了中央大街商圈、南岗商圈和哈西商圈。中央大街在我记忆中有 1450 米长，基本是一条珠宝街加上百盛和中央商场，再加上附近的麦凯乐、哈一百两个大商场，这里的购物氛围是相对一流的，这个商圈我可以说是轻车熟路。南岗商圈主要由秋林、远大购物中心和松雷商厦及周边的商业街组成，珠宝业态主要还是看这三个商场。至于哈西商圈我主要看的是万达广场和西城红场，这两个大的商业综合体是新商圈，没想到发展得如此之快。哈尔滨这一路走来我也是心潮澎湃，没想到我在这个城市待了这么多年，算得上半个哈尔滨人了。其实这两年哈尔滨的商业变化还是很大的，尤其是升级

后的松雷给我的印象最为深刻，看来零售领域的变化即使是中国最北的省会城市也相对较快。

通过金琥珠宝看俄罗斯的琥珀和紫金

在中央大街上有一个珠宝店叫作金琥珠宝，以前曾路过很多次却从未进去过，感觉他们卖的俄罗斯琥珀和紫金好像和我没有半毛钱关系。此行要不是当地的兄弟提醒我说他们的生意一直都不错，我可能又会再次错过了解俄罗斯琥珀和紫金的机会。俄罗斯紫金在东北边境城市销售已久，虽说宣传是俄罗斯紫金，但我听说在国内有两家厂可以生产，所以总以为他们是忽悠游客。这次认真看了紫金首饰后，才知道紫金的亮度、光泽度和坚硬耐磨度都优于铂金与黄金，即使戴了很多年也能保持最初的光泽。不管是真是假这都激起了我的兴趣，现在中俄关系友好，何不创立一个真正的俄罗斯紫金品牌，到时没准既能赚到紫金的钱，同时还可以为中俄两国的友谊做出一定贡献。俄罗斯不仅有紫金，他们的琥珀更是闻名中外。琥珀其实就是一种树脂化石，是一种有机的似矿物。俄罗斯最西面的州——加里宁格勒州集中了世界琥珀藏量的90%以上，是俄罗斯的一块“飞地”，以“琥珀之都”名闻遐迩。如果把琥珀和紫金整合在一起，推出一个真正的俄罗斯珠宝品牌，足以满足一定的消费群，看来我需要

安排时间去俄罗斯考察一下，期待早日能实现这一愿望。

哈尔滨大型购物中心的未来及区域珠宝企业的迭代问题

西城红场是由红博商业集团投资建设的，是目前哈尔滨乃至东北三省最大的40万平方米纯商业综合体。西城红场的原址为哈尔滨机联机械厂，利用老工业遗址进行改造是一种世界潮流，我国的不少城市都开始积极尝试将老厂房改造升级，形成了风格各异的文化创意产业基地。这次全国考察我也看了几处类似的地方，但逛完西城红场后还是觉得这里的发展前景会更好。西城红场和万达广场看起来有些类似，万达广场是在新的土地上按套路大兴土木建设的，全国的万达广场都大同小异，而西城红场则完全是改造而成，除了大量的新建部分，整体的风格还保留着旧工厂的元素，对年轻人的吸引力无疑是巨大的。在西城红场中考察珠宝店，明显感觉到这里虽然人气好过万达广场，但整体的经营管理水平还是相对较弱的，珠宝区并不成规模，布局也不尽合理，白白浪费了如此好的人气。哈西万达广场的餐饮组合得不错，我以前曾多次来过，现在这里的珠宝区终于活跃起来了，但面对这个门对门的西城红场赤裸裸的分流，我想万达广场又需要一番努

力追赶了。这两个超大的商业综合体吸引了很多好玩的年轻人，如果在这里卖婚庆或定制类的珠宝，以及卖银饰，生意一定会不错，这将对原有的商场模式是一种沉重打击。万达广场的运营相对成熟，西城红场的概念极具特色，这两个大的商业综合体如果联起手来定能吸引大量的人气，但万一他们没有发挥各自的长处反而内斗起来，将有可能是他们两个商业综合体共同的灾难，也是那些已入场珠宝企业的灾难。这次在哈尔滨，我也留心观察了黑龙江本土的几个珠宝品牌。记得刚来东北工作时，黑龙江省是捷夫珠宝、东祥和华美金店的天下，其中捷夫珠宝在高端市场是当仁不让的王者，东祥金店和华美金店的渠道也是数一数二，这三个品牌在黑龙江的盈利能力让无数人羡慕不已。一晃十多年过去了，他们仍有很大的进步，当然也有一些他们曾经看不起的后起之秀偷偷发展起来。说实话，他们都是我非常尊敬的品牌，我曾在他们身上学到了很多，但时至今日再次看到他们在感到亲切的同时，也有一丝感伤。时代进步太快了，我们甚至都来不及回望，就已经不断地被新生的竞争对手超越，正如前央视主持人张泉灵说的：“时代抛弃你时，连一声再见都不会说。”有时我在想谁会挑起区域珠宝企业迭代升级的重担呢？是这些珠宝企业的接班

人呢？还是本土的新锐珠宝企业呢？又或者是其他的横扫千军的全国品牌呢？在捷夫珠宝、东祥和华美金店三者中，捷夫珠宝的潜力应是最大的，他们现有的店面品质是最高的，只是他们卖给了上市公司金一珠宝，不然他们一定会有更快的升级速度。东祥是东北的老牌子，有历史底蕴可挖掘，真的希望能有人来让它重现辉煌。

农业收成对三四线珠宝品牌的影响

在哈尔滨工作期间我养成了关心农业的习惯，因为一直以来农业的收成都与珠宝店的销售息息相关，谁让黑龙江省是中国的农业大省呢？任何三四线的珠宝品牌都应重视农业的收成，因为如果想做农民的生意就要多了解农民，最好不仅知道他们一年的收成，还要知道农忙的具体时间。这样作为三四线珠宝品牌就可以根据这些规律和特点，及时在这些农民卖完粮安排孩子结婚时，开始最疯狂的活动促销。一到东北就听说今年北方旱灾，主要是雨水太少了，玉米基本全完了，黑龙江省相当一部分的玉米要绝收。有些田地已把玉米改种大豆了，争取这样可以减少些损失。东北三省作为中国玉米和大豆的主产区，一直受美国玉米和大豆的价格竞争，压力很大，结果现在又遭受天灾，对珠宝店来说这将极大影响今年的黄金消费。有朋友问我受灾了怎么办？我只好

告诉他把结婚用的黄金做薄做轻，要看起来大些但金重要下来，不然农民买不起。同时在做促销的时候，多送点对农民来说比较实用的赠品，这样或许可改善一下销售窘境。中国农民靠天吃饭确实不容易，三四线城市的工人更不容易，一旦当年的农业不行还会连累到城里的工人收入，这些都是实实在在的连锁反应。农业发达的省份和城市，当地老百姓的收入必然会受到当地农民收成的影响，这种影响是强烈的正相关关系，而且时效性又非常强，真心劝三四线的珠宝品牌多关心农业，“关心粮食和蔬菜”不仅是为国家，更多的是为了自己。

在哈尔滨考察，可能是源于对哈尔滨特殊的感情，惊喜地看到各大老商圈通过升级整合依旧屹立在冰城的核心商业区，这在全国都是非常难得的。事实证明，市场确实更加偏爱这些积极迭代的商圈，但新商圈也不是毫无机会。新旧商圈之间人流的落差需要时间去平衡，也需要相对弱势的商圈和品牌齐心协力追赶。北国冰城魅力永驻，珠宝终端争奇斗艳，衷心祝愿在这里发展的品牌百尺竿头更进一步，尤其是东北本土品牌，希望它们能再现东北王者之风。由于和朋友有约，下一站我将赶往通辽这个内蒙古东部城市，再次感受内蒙古同胞的热情真诚，见识当地新老品牌

精彩的攻防战，尤其是当地非常著名的哲里木金店与大批外来珠宝品牌的战争。在这样的城市经营珠宝店更多的是考验经营者的耐心和诚意，我相信能从哲里木金店老板以及其他同行身上会学到很多东西。

[延展阅读]

1. 哈尔滨简介

哈尔滨，简称“哈”，别称“冰城”，是黑龙江省省会、副省级市、特大城市、中国东北地区中心城市之一，哈尔滨都市圈核心城市，是东北北部交通、政治、经济、文化、金融中心，也是中国省辖市中陆地管辖面积最大、户籍人口居第三位的特大城市，地处中国东北平原东北部地区、黑龙江省南部，国家重要的制造业基地。

2. 哈尔滨主要商场（商业街）和珠宝品牌

商场（商业街）	主要珠宝品牌
万达广场（香坊区）	爱迪尔珠宝、捷夫珠宝、周大福、中国黄金、爱在嘉钻石、瑞恩钻饰名店、吉盟珠宝、迪梵雅珠宝
中央大街（道里区）	I Do、周大福、吉盟珠宝、六桂福珠宝、金大福、中国珠宝、克徕帝、中国黄金、老凤祥、捷夫珠宝、圣索菲亚珠宝
百盛购物中心	SWAROVSKI、捷夫珠宝、I Do、六福珠宝、周大福、潮宏基、瑞恩钻饰名店、中国黄金、周大生
远大购物中心（果戈里大街）	SWAROVSKI、周大福、六福珠宝、戴梦得、金一珠宝、冰城华美金店、东祥、老凤祥、捷夫珠宝

通辽：内蒙古小城新老品牌剑拔弩张

2018 年 6 月 25 日
30 ℃　小雨

通辽是我入行以来最早出差到过的地方，记得当时的哲里木金店就是我最早的一批客户。现在想起他们心里还是暖洋洋的，这不仅仅是因为内蒙古人好客，更是因为他们的真诚和信任。他们的真诚不仅用来对待朋友，对待顾客也是如此。哲里木金店的老板是蒙古族人，十多年前他们就已经可以把营销做到草原上的蒙古包里。曾几何时，有很多零售商问我如何进攻通辽珠宝市场，我都以此为案例劝他们不要去了，因为通辽是中国最大的蒙古族聚集地之一，我们不是怕他们被蒙古族人打，而是怕他们无法破解那份通过时间和真诚凝结起来的情谊。一来到通辽我就投奔他们而来，这主要是缘于几个月前的一次美妙经历。有些脸盲的我在德诚珠宝的活动上和这位哲里木金店的老板偶遇，我们已经有十多年没见面了，当时我没有认出来，还是这位老大哥主动同我打招呼，并和我共同回忆了十多年前的那场相识，临别还送了我他们定制的蒙古首饰，当时别提多感动了。这一幕就像电影台词所说的“世间所有

的相遇都是久别重逢”，人生能有朋友之间的这种感觉实在是可贵。

新老珠宝品牌在三四线城市的攻防之战

一到哲里木金店的那栋大楼，我就看到了正在装修升级的哲里木金店，十几年的时间真的变化太大了。通辽现在的商业布局完全不同往昔，哲里木金店附近的这条街都成了珠宝一条街了，这些数量众多的金店都是为了吃哲里木金店的豆腐而来。打个不太恰当的比喻，此时此景就好比一个略显疲惫的雄狮被一群强壮的狼不断地攻击着，雄狮虽然未落下风但也不得不小心应付。说实话，这种状况我在考察时见多了，这就是典型的新老珠宝品牌在三四线城市的攻防之战。很多原有的当地龙头老大都在这场无休止的攻击中败下阵来，这也是符合自然规律的，但对于那些曾经的龙头老大来说结局确实挺难以接受的。老的珠宝品牌随着经营时间的推移，首先将面临着员工老化的问题，尤其是发展速度不快的企业，老员工相对较多，辞退，不人道；留下，企业人员老化。在一些三四线城市工作机会不多，尤其是像珠宝店这种工资较好，形象光鲜的企业就更不好找，老员工绝对不想离开。但老员工由于年龄的关系面临着生活上的巨大压力，老人、孩子、老公对一个中年女员工来说是不可逃避的责

任。这样老的珠宝品牌在和新的珠宝品牌拼员工活力上是占不到便宜的，尤其是一些新开的珠宝品牌的员工基本以90后为主。其次还将面临着产品老化的问题。随着时间的不断推移，大量的滞销产品挤满了柜台，尤其是对玉器有偏好的老店滞销产品数量巨大，这样的产品结构导致产品竞争力不断下降。最后，也是最要命的客群的老化问题。老珠宝品牌的客群和门店一起成长，现在很多原有的消费者都到了跳广场舞的年纪，对珠宝首饰的需求大幅下降，关心更多的是如何能多活几年。而新珠宝品牌面对的大多是新兴的消费者，这种客群上的差异最终导致老珠宝品牌压力巨大。好在哲里木金店属于全国为数不多的仍处于优势竞争地位的老珠宝店，他们的团队还是够拼的团队，尤其是作为哲里木金店的决策者，正在锐意进取和不断升级着自己的品牌，可能用不了多久又会再现当年唯我独尊的雄风。

进入新商圈对珠宝品牌来说的福与祸

在三四线城市看到了很多新商圈中触目惊心的事，主要就是经营困难，入场的商家们损失惨重。中国一二线城市的城市化大多是成功的，因为这些城市有着相当大的人口基数，商业开发过度的后遗症也通过时间缓过来了，而像通辽这种三四线的城市就做不到那么快的新商圈养成。通过看通辽的商场和较大的商业中心，我很替其中的珠宝商家们担心，那些新的商业中心真的没有什么人气，旁边还能看到荒地，不知猴年马月才能火起来。现在很多三四线城市存在着开发过度的问题，根本没有足够大的人口基数就搞多商圈，最终倒霉的是那些入场的商家，熬死一批又一批，苦不堪言。当然对于新商圈来说也有一些成功案例，但这样的比例真的太少了，因此我个人强烈反对没有实力的珠宝商家入住新商圈，最好等到新商圈成熟后花大价钱进去，不要为了占得先机而损失惨重。对于三四线城市的新商圈来说，珠宝品牌的提前入场大多数是灾难性的，对于一二线城市的新商圈来说，珠宝品牌提前入场或许有一半的成功机会。只有一线或准一线城市的成熟运营商开发的新商圈，尤其是新商圈中的好商场或好商业中心，好商场和好商业中心的好位置才是开店最靠谱的选择。

I Do 珠宝的七天换花到底能坚持多久

在通辽看到 I Do 感到很开心，没想到在这样的城市也有 I Do，一直以为他们主要驻守在一二线城市。通辽 I Do 珠宝与全国其他城市的店没有什么两样，一切都是按照总部要求的标准装修的，生意相对来说还不错。本来是一个例行性的参观，结果无意中用手摸了一下他们店内的玫瑰，

居然还是真花！这下我彻底服了！很多年前我看到I Do用真玫瑰陈列时，我就怀疑他们能坚持多久，现在连Roseonly都开始卖永生花了，而I Do还在坚持用新鲜的真玫瑰，无论冬夏，无论南北，这件看起来很简单的事其实做起来是很难的。问了才知道，I Do店里的花每周换一次，全年52周共计52次，可能费用并不高，但“细节成就完美”，一个门店的奥秘全在细节里，I Do对这件小事的坚持足以让消费者感动并被它吸引。做品牌是相当困难的，尤其是做一个相对时尚的珠宝品牌就更加困难，需要很多的付出，甚至是很多看不到回报的坚持。通过I Do的七天换花一事我看到了如何做品牌，那就是一丝不苟地坚持。I Do的产品贵些是有道理的，因为他们的整体品牌投入和运营成本要高一些，不贵些他们根本就坚持不下来。我想I Do的困难时期应该已经过去了，据我观察他们终端是相当不错的，应该处于很好的盈利状态。未来的终端竞争将更残酷，如果I Do能一如既往地坚持，我想他们仍将长久屹立于中国民族品牌之林。

免费换新是否会成为史上最大的零售坑

在通辽看到了黄金免费换新的广告，由于时常看到钻饰和硬金的免费换新广告，让我对免费换新这件事开始认真了起来。现在黄金免费换新

已基本成为三四线城市珠宝店的共识，天天用，店店用，都快用烂了。诚然黄金换新这种行为对商家来说损失较小，可以通过换大或是换其他高利润珠宝把损失补回来，但往往消费者仍会有上当受骗的感觉。看到免费换新才来的消费者一定是不能接受吃亏的消费者，如果换到了自己喜欢的首饰就算了，如果不是，则一定会引起纠纷。对于硬金和K金的免费换新，主要是这些产品加价高，所以免费换新一次或两次商家也许还能承受住，一旦这种服务形成了习惯，再加上其他商家的价格战攻击最终导致产品毛利下降，这种换新的承诺兑现就会成为问题。天下没有免费的午餐，消费者或许都知道这个道理，但钻饰的免费换新就不是那么简单的事了。五年回购和年年换新款绝对是品牌商的恶梦，五年回购的事我们在这里先不讨论，就说钻饰换新款这事。在未来人造钻石泛滥起来之际，以店里导购人员的鉴定水平，试问能保证在换新款回收环节中不被换石吗？如果真被恶意换了呢？不仅如此，这些终端加盟店为了促销做出了过度承诺，如果有一天改牌了怎么办？是后来者还是原有的品牌主承担损失？其实我们今天所有的“侥幸”，市场早已暗中标好了价码，不计代价的换购终有一天商家会玩不下去，届时有可能会造成消费者的信任危机，也

许免费换新将成为珠宝首饰零售领域中最大的坑，我们迟早会为此付出代价。

在通辽的考察有很多意外的收获，会友赏店，其乐无穷。尤其是I Do，在这样的北方城市也能如此细致地经营着，也许正是这种执着的精神才造就了他们的成功。总得来说，这样的城市投资风险虽小，但也须十分谨慎，因为一不小心就会陷入新商圈的华丽泥潭。下一站是锡林浩特，一个完全是“误入”的城市，既来之则安之，我想我不妨多花点时间体验内蒙古的风俗人情，感受遥远祖国内陆的商业气息。事实上，三四线城市的广告投放和营销手法仍然对传统珠宝品牌有一定的借鉴意义，下一站我将重点关注这些方面的内容，希望能有所收获。

[延展阅读]

1. 通辽简介

通辽市位于内蒙古自治区东部，是内蒙古自治区东部和东北地区西部最大的交通枢纽城市，被自治区政府定位为省域副中心城市。东靠吉林省四平市，西接赤峰市、锡林郭勒盟，南依辽宁省沈阳市、阜新市、铁岭市，北边与兴安盟以及吉林省白城市、松原市为邻，是环渤海经济圈和东北经济区的重要枢纽城市。

2. 通辽主要商场（商业街）和珠宝品牌

商场（商业街）	主要珠宝品牌
科尔沁区明仁大街	周大福、老凤祥、爱丽丝珠宝、赛月珠宝、戴梦得、祥和玉器、萃华金店、哲里木金店
万达广场	I Do、LOVE&LOVE、六福珠宝、裸钻时代、梦金园

锡林浩特：草原明珠珠宝发展稳中求进

2018 年 6 月 26 日
29 ℃　晴转多云

由于中途补给的需要，我是被迫要在锡林浩特停留的，也顺道考察一下这个内蒙古深处的小城市。到这里的时候已是黄昏，夜幕降临时这里真的非常安静，安静得我们只能吃着烤串斗起地主来。说实话，这种小城市给我多少钱我都不愿来，这里和深圳比实在是太寂寞了。我又想起了我所佩服的莆田人，不管多偏僻的地方他们都会留下来认真地做生意。锡林浩特的商业街不长，清晨沿着额尔敦路我逛了维多利广场、民盛购物中心、德克隆购物中心和富勒时代购物中心中的珠宝店，同时也逛了街道两旁的六桂福、梦金园、老凤祥、周大生、伊诺尔钻石和中国黄金等珠宝店。整体而言，这里的珠宝竞争不大，大部分的珠宝店员都是有气无力地守着柜台，没有几个“如狼似虎”的人让我感动。也许是深处内陆的生活就是如此安逸，我在这里有一种游荡于天际之感。有生之年如果没有重要事情我想我是不会来这种城市的，但这里或许真就是一个赚钱的好地方。看着遥远的边境小城各路珠宝品牌齐聚，内心还真的暗暗佩

服起那些外地的商人，祖国的偏远之地靠你们了。

通过鑫盛源终身换和银岛银饰终身换看换购

在锡林浩特看到了鑫盛源珠宝的黄金终身换和银岛银饰的终身免费换的广告，我一开始很是替他们担心，认为这是一种过度承诺，在承诺终生这件事上没人能做得到，哪个情侣结婚时不是说好一辈子，结果还不是有 50% 的离婚可能性。一个个体的寿命远大于一个企业的寿命，一个珠宝店再厉害能经营多少年，难道会经营一百年？我想这样的珠宝店真得天赋异禀。我作为行业人明白他们终身换的想法，换大不换小，不断地换大把每次换新的工费损失给补回来，基本也不会亏多少钱，只不过有时太折腾了。还好黄金终身换这个项目是德诚鑫囍缘推出的，一打听才知换新率并不高，同时换新时由于连带销售一般还会赚钱。听到这些突然让我想起一件事，我们不是常想着如何让顾客回来吗？一个老顾客的维护不就是通过各种售后服务来实现吗？谁说不能终身换，只要是新换的产品工费足够低就可以实现，想想黄金和银饰还真的可以免费换新，因为这两种产品的基础工费真的不高。不知这种换新品牌方会不会按新货收取标签费或者品牌服务费，如果是这样那么此类业务就真心不好开展了。

周大生的全国性代金券营销及以站亭广告为代表的传统广告

在锡林浩特考察我起得很早，因为内蒙古大草原的路实在太远太荒凉，所以想节省出时间早些出发，结果赶上了周大生的店还没有开门。远远看一群人聚集在周大生店门口，立马激起了我看热闹不怕事大的心理。当我快速赶过去时，门前已有近 20 人了，开始不断有人排队等着入店，我也伸长脖子看热闹，发现原来是周大生玩代金券营销。一听到代金券营销我就觉得惊讶，这都什么年月了，“买珠宝送代金券”多少年前就玩过，根本没有什么效果，现在周大生居然又捡起来重玩了。幸好朋友多好办事，从一些业界朋友处打听才知道周大生玩的是全国性的代金券营销活动。这个代金券不是以前我们的那种代金券，这种代金券是先用钱买，80 元买 100 元价值的代金券，然后让买券的人到店里用代金券兑换礼品。实际每张券周大生珠宝店都是亏钱的，但由于大量的领券人到店，转化了一部分想买珠宝的消费者，这就把成本收回来了。经验主义害死人，我差一点就错过了这么好的终端营销学习案例。老券新玩法确实是高明的手段，看来我也要找机会试试这种营销的实际效果。目测周大生的转化率不是太高，但收回成本并小有所获还是可以保证的。

正如营销策划界的高手叶茂中所说："营销就像是一场游戏，该认真认真，该混蛋混蛋。"通过周大生的全国性代金券营销，让我进一步认识到了珠宝终端营销也要迭代了，不能再拘泥于以前的旧营销思维。提到营销我就想起了传统广告，我们很多传统珠宝品牌在广告上花了不少钱，特别是终端广告上面。在三四线城市考察仍可看到大量的终端广告投放，在锡林浩特首先看到的就是六桂福珠宝的站亭广告，然后是灯标和其他各种户外的广告。其实现在终端一公里内的传统户外广告还是非常有效的，尤其是在三四线城市的零售终端还真是传统户外传媒最好，反而是电视广告的效果越来越差了，无论是央视还是省台都被大量的年轻人抛弃，这部分人大量接触的是移动互联网上的广告。传统的户外广告、高铁和电梯广告也还不错，当然多少会受到互联网广告所代表的新媒体所冲击。作为从不听广播的我不知广播广告的效果如何，估计也好不到哪里去，因为我们现在大部分人开车时都直接用蓝牙连上手机。通过全国的考察我感觉户外广告投放的原则一定是由近及远，越近的地方越要投得充分，只有当钱多得没处花时再投放那些超过 1 公里外的广告。现在的珠宝终端早就到了贴身肉搏战阶段，作为空军的广告战基本用处不大了。不过我们不能低估 1 公里内的传统户外广告，因为这种广告

还是如武装直升机一样可以直接支援陆军进攻的。

全国珠宝店招牌的多语种问题

锡林浩特可以说是内蒙古的腹地，几乎所有零售店招都有蒙古语，这是我第一次看到行业各珠宝品牌的蒙古语写法，当然我一个蒙语字也看不懂。说实话，国内很多珠宝品牌，包括大多数的知名品牌根本就没有考虑过多语种店招的问题，好的珠宝品牌能考虑到英文名就不错了，更别说蒙古语了，估计他们做梦都没有想过。蒙古语的写法其实看起来有点奇怪，相当不好排版，很是考验美工的水平。这突然让我联想起，新疆一定会要求用维吾尔语，西藏一定会要求用藏文，这可怎么排版呀！作为开过广告公司的我，真的很少想过VI（视觉识别系统）要考虑多语种的问题，一般都认为做好中英双语就可以交货收钱了。记得六桂福珠宝在东北开店时，有的店招上有俄语，有的店招上有朝鲜语，除此之外就没见到过什么其他的语种。这次锡林浩特真的没白来，引起我对店招的思考，不过凭经验来说，以后在设计VI时，在中国境内只要考虑到以下几个语种就够了，例如：中文、英文、俄语、朝鲜语、蒙古语、维吾尔语、藏语。仅仅考虑到这几种语言的翻译还不行，还要认真对比研究不同语种间的翻译最佳方案，不能只是直接的音译。在翻译合理的同时，

建议也要像英文一样进行商标注册，这样才真正像一个品牌珠宝的样子。不仅如此，由于每种语言的写法不同，还要考虑如何设计出更好的店招，不然太过勉强的排版只会显得没有水准。

草原明珠锡林浩特的珠宝终端虽然比较平淡无奇，没有什么活力，也没有什么绝对的老大，但是对一个这样的内陆城市来说，珠宝市场也在不知不觉中稳中求进，任何一个品牌只要能在当地存活下去，只要能走入当地消费者的内心，它就是成功的，因为它享受到的是这个市场的长久利益。下一站是呼和浩特，我将继续走入北方人的豪迈与朴实中，考察珠宝品牌在当地的发展情况，尤其是一些在当地发展较好的内蒙古起家的珠宝，如莲七珠宝、天泽龙泰、戴俪尔等，少数民族的珠宝品牌一定别有一番韵味，不知在市场残酷的竞争机制中这些品牌的生存状况如何？

[延展阅读]

1. 锡林浩特简介

锡林浩特市位于内蒙古自治区中部，首都北京的正北方，是锡林郭勒盟盟府所在地。2015年末常住人口26.3万人，是一个以蒙古族为主体、汉族占多数、多民族聚居的边疆少数民族地区。先后荣获中国优秀旅游城市、全国科技先进市、全国双拥模范城、全国法治县（市区）、全区文明城市、卫生城市、园林城市等称号，2010年被中国马业协会授予“中国马都”称号，素有“草原明珠”的美誉。

2. 锡林浩特主要商场（商业街）和珠宝品牌

商场（商业街）	主要珠宝品牌
五道街	老凤祥、荟萃楼珠宝、林东金店、鸳鸯金楼、六桂福珠宝
民盛购物中心	周大福、嘉合舜珠宝、熙吉日珠宝、瑰丽珠宝、金海湾银楼、金鼎金玉
额尔敦路	周大生、老凤祥、梦金园、鸳鸯金楼

呼和浩特：中国乳都民族珠宝品牌大放异彩

2018 年 6 月 28 日
30 ℃　多云转阴

从锡林格勒一路狂飙来到呼和浩特非常辛苦，但也一路真切地感受到了草原的壮美。为了对得起这次将近 700 公里的长途征程，我决定认真地看看呼和浩特。从来没有到过呼市，说实话跟自己所想象的有些不一样，这可是一个真正的少数民族城市。以前我一直听说戴俪尔、乾坤金店、莲七珠宝和天泽龙泰等珠宝在这里做得不错，这次算是来到了它们的大本营。呼和浩特的商业圈相对集中，东西万达、再加上中山路多个商场和摩尔城，基本就是整个呼和浩特市最好的商业中心了，当然这些也是我考察必须到的地方。西万达处在回族区内，和东万达对比珠宝区没有什么特别之处，真正让我收获较大的还是中山路那里。

民族首饰和彩宝的未来可期：莲七珠宝和天泽龙泰带来的思考

在去通辽考察依兰珠宝店时，我与同行聊到了蒙古珠宝这个话题，我个人认为行业应该诞生一个可以真正代表蒙古首饰文化的珠宝品牌，然

而到了呼市后我就看到了莲七珠宝的子品牌——蒙风珠宝。虽然我不懂蒙古文化，但我觉得它作为一个内蒙古的珠宝企业能推出代表蒙古文化的珠宝品牌，是非常值得让人钦佩的，因为随着消费升级本土品牌一定会进一步崛起。中国作为世界蒙古族人最多的国家，600多万的蒙古族同胞应该拥有本民族特色的中高档民族首饰，蒙风珠宝虽然在产品线和陈列上还需要进一步提升，但总体上来说似乎已经可以视为蒙古首饰的代表之作。从侧面来看，中国的民族首饰或许是未来中国首饰的发展方向之一，民族的就是世界的，随着中华民族自信心的不断提升，我们有理由相信类似蒙风的民族首饰或将迎来一个新的发展高潮。

在看完莲七珠宝的蒙风之后，我还很幸运地在王府井百货看到潮宏基的轻奢品牌SOUFFLE，这个新的轻奢品牌整体色调为白色，整个产品和陈列更加时尚，更加容易被年轻人接受。通过这段时间的考察，我发现现在时尚珠宝的主流色基本为白色，而且轻奢已经成为一个主要的品牌升级路线。想要做轻奢品牌就绕不开彩宝，机缘巧合我在呼和浩特还因天泽龙泰重新认识了彩宝这一品类。没想到生平第一次看到天泽龙泰是在这里，他们在内蒙古如此努力地经营彩宝，让我对彩宝有了不一样的看法。现在由于市场竞争的加剧，产品的品类和分支有了非常大的扩充，黄金延伸出了足金、千足金、万足金、99999 金（含金量 99.99% 的黄金）、硬千足金、古法黄金和精品黄金等，K 金也在 18K 金的基础上，又推出了 22K 金，再加上钻饰、彩宝、翡翠、和田玉、铂金、银饰、金表、半宝和各种木串等，给人一种无极限扩充的错觉。说实话，我只看好硬千足金、古法黄金、钻饰、18K 金和 22K 金，其他产品我实在爱不起来，特别是彩宝更是觉得有些忽悠成分。一直以来，由红宝石、蓝宝石和碧玺为主组成的彩宝，由于加价高和售后问题多，我都没有什么兴趣，但看到天泽龙泰和内蒙古其他珠宝品牌的彩宝铺货，我个人调整了对彩宝的负面看法。其实一路走来，CC 卡美、戴俪尔、曼卡龙、世纪缘珠宝和天泽龙泰等，都把彩宝做得不错，尤其是处于一二线城市的珠宝品牌，彩宝估计也是一个不错的利润产品，而不只是我眼中的形象产品。看到彩宝在柜台上的陈列，我突然间觉得新兴消费者或许会被彩宝的色彩所吸引，也许三五年之内全国市场将大规模地靠彩宝赚钱。看来以后的考察中，我要重新审视彩宝，尤其是对所有省会城市主流品牌的彩宝，当然这不是为了今天的市场，而是为了明天新兴的珠宝市场，轻奢离不开彩宝，彩宝时代或许就在不远处。

商场中的超级珠宝区还能风光多久

一路走来，不同城市的商场超级珠宝区给我留下了很深的印象。一般来说有 20 家以上的珠宝店都应算作超级珠宝区，因为这样的珠宝区承载的品牌够多。试想一下，一个商场 20 多家珠宝品牌在一起，这需要多大的人流才能养活起这么大的大家庭？越是大的珠宝区越符合二八法则（在任何一组东西中，最重要的只占其中一小部分，约 20%，其余 80% 尽管是多数，却是次要的），看着各品牌导购人员的表情我都觉得他们压力山大。在呼和浩特的维多利商厦再一次领教了超大珠宝区，粗略数了一下大约有 25 家。天哪！真想整理一份 20 家以上珠宝品牌的商场名录，看看这些珠宝品牌未来如何变化。我个人认为现在商场中基本分成这几个阵营：第一，香港珠宝品牌，周大福、周生生、六福珠宝实力较强，金至尊、谢瑞麟和英皇珠宝实力一般，特别是英皇珠宝的店就更少了。第二，I Do、潮宏基、莱绅通灵、千叶珠宝等比较时尚处于领先地位，DR 和 BLOVE 由于概念好也处于领先位置。第三，老凤祥、中国黄金、周大生作为千店级的传统品牌，在商场中同样处于优势地位，其后是明牌珠宝、老庙黄金、中国珠宝等。第四，优秀的地方品牌也不错，如 CC 卡美、帝爵珠宝、戴俪尔和其他品牌等。综上所述，

我们能数得上来的珠宝品牌大概就是这些了，想想商场的珠宝区空间，想想珠宝区与化妆品区的竞争，想想现在商场与 shopping mall 的竞争，想想城市更新和消费升级的速度，我想商场中超级珠宝区的风光不会持续太久，最多也就3～5年，届时这些被挤出来的珠宝品牌该何去何去？

CC 卡美的水吧区是珠宝圈最牛的水吧区

以前一直听说CC卡美做得如何好，却始终无缘得见，在山西太原我终于去看了他们的大店，装修、产品、陈列、服务水平都是一流，但由于当时的关注点实在太多，没有注意到他们的水吧区。在呼和浩特由于心情更好，时间更充裕，也许是更有缘，我注意到了CC卡美的水吧区。为了尊重CC卡美，我就不直接说店的名字，但可以负责任地说，他们的水吧区应是行业中做得最好的了，这主要源于他们的用心和敬业。水吧区想做好并不难，难的是整体风格的把握与投入。很多专卖店也做了水吧区，他们把水吧区规划得只为实用，并没有认真设计出美感，更有甚者不过是以茶、水、可乐、咖啡代替。其实水吧区何尝不能体现一种对待客人的态度，我个人认为水吧区可以代表我们对消费者的尊重，是一种敬业的态度。珠宝店并不只是提供珠宝产品的地方，更是一个提供全方位珠宝服务的地方，而一个品牌的

待客之道正体现了这个品牌的服务水平。看到CC卡美的水吧区，我个人认为要把水吧区做好，首先要规划出足够的面积和显著的区域，这样可以更直观地让消费者看到这里的与众不同。虽然消费者都知道羊毛出在羊身上，但即便如此，出毛也要有些仪式感，不然羊都会觉得不够受尊重。其次，品类要尽可能齐全，而且对于饮品要品牌化，比如：茶、咖啡、果汁、奶制品等，完全可以做成一个迷你型的饮品店，全方位地满足绝大部分消费者的饮用需要。对于珠宝店来说，尤其是一些大店，提供全方位的饮品是一个非常有效的留客手段。最后，要真心舍得给消费者喝。很多珠宝店一开始都是提供饮品的，后来为了节省成本，就变成了茶水，再之后就变成了水。作为珠宝店的投资者可以换位思考一下，消费者，哪怕是无效的消费者，一天使劲喝又能喝多少？而因为喝饮品增加了留店时间，并且对外提供了人气，这些又值多少钱？再说了，天下无免费的午餐，消费者喝多了嘴短，就是什么都不买他心中多少也有些亏欠，想到这些，我不得不敬佩CC卡美给我提供了一个上佳的水吧区范例。

戴俪尔店的卡位与未来珠宝店铺的选址

在呼和浩特市看了几个戴俪尔的店铺，基本都是在主商业街的显著位置，不仅店内面积较大、格局好，而且店外的招牌也相当不错。如果按一般的选址要求来说，这些店的选址都是一流的，可以想象他们以前可能经历过一个非常辉煌的时代。不过今时今日，我或多或少对省会城市这样的店铺有些担心，尤其是进到店内看到他们的导购员和货品结构我就更担心了。一来他们导购员的平均素质在呼和浩特来说是一流的，这样人工成本自然不会低；二来他们的产品以高利润产品为主，这样低周转的产品销售难度自然不低。再加上好位置开大店的成本，叠加起诸多因素，这样的店看起来漂亮，只是不知他们的投资回报率如何？在行业开始迭代的当下，消费者已被严重分化，特别是中高端的消费者，得益于快捷的交通和不断提高的眼界，本地门店高消费的时代或许即将终结。看着这么多好位置、高利润产品、高人工的大店，我真替他们的投资回报率感到担心。其实我现在更欣赏的是在 shopping mall 中的店，一看就投资不大，人流稳定，形象较好，估计盈利可能性也较大。一个消费时代的终结是不以人的意志为转移的，我相信在三年之内这种大店吸引来的不是消费者，而有可能是税务局。很多行业都有过“铺王时代”，珠宝行业的“铺王时代”同样不会太久，特别是在这种铺王租金和税金的比值如此离谱的时代。我想未来一定是轻资产、

小型细分和年轻时尚且有故事的店大发展的时代，可能我说得不全对，怀疑者请参看与珠宝近亲的服装、手表和化妆品行业的发展吧！

文化底蕴深厚的城市总是能带给游客独特的体验，像呼和浩特这样具有鲜明民族特点和众多名胜古迹的塞外名城就是如此，而这样的城市通常也能诞生出优秀的民族品牌。很开心在呼和浩特看到了能代表蒙古文化的珠宝品牌，我们少数民族文化生生不息的力量正以这种形式被体现出来，这是值得我们行业骄傲的事。整体来说在这样的城市开店还是有很多优势的，只要不过于迷恋商场珠宝区。下一站终于要走出内蒙古，奔向宁夏银川了。从未到过银川这座城市，据说这样的城市正是很多珠宝商的心仪之地，只要有心在这里耕耘，最终的回报都不会太差，是否真如传说中所言，待我先去打探一番。

[延展阅读]

1. 呼和浩特简介

呼和浩特，通称呼市，旧称归绥，是内蒙古自治区首府和政治、经济、文化中心，国家历史文化名城，我国北方沿边地区重要的中心城市。呼和浩特有着悠久的历史和光辉灿烂的文化，是华夏文明的发祥地之一。2016年2月23日，呼和浩特市在CCTV“中国经济生活大调查”2015年度十大最具幸福感省会城市中名列第六。

2. 呼和浩特主要商场（商业街）和珠宝品牌

商场（商业街）	主要珠宝品牌
维多利商厦	Cartier、PANDORA、I Do、CC卡美、周大福、周大生、周生生、六福珠宝、中国珠宝、中国黄金、潮宏基、老凤祥、诗普琳珠宝、天泽龙泰、欧瑞福黄金珠宝、雯莉珠宝、梦迪亚钻石、天乙珠宝、海瑞翡翠、金嘉利、乾坤金店、卡仑帝珠宝
万达百货（赛罕区）	周大福、诗普琳珠宝、九福珠宝、明牌珠宝、中国珠宝、欧瑞福黄金珠宝、天泽龙泰
中山路	DR、莲七珠宝、诺依珠宝、铭泽珠宝、金晟珠宝、金口碑宝、恒晶珠宝
维多利国际广场	PANDORA、Cartier、SWAROVSKI、LILYROSE、FENIX菲尼莎、CC卡美、周生生、六福珠宝、诗普琳珠宝、戴俪尔

银川：凤凰城内时尚品牌争奇斗艳

2018 年 6 月 30 日
32 ℃　多云

一路在广袤无垠的中华大地上狂奔，终于来到我从来没有来过的银川，吃上了正宗的水煮羊肉，好像就是清水煮的，一点膻味都没有，让我觉得以前吃的羊肉都是假的。全国考察时最大的幸福就是可以到处吃地道的美食，有时真的怀疑自己全国考察到底是不是为了吃美食，不过吃完还是要好好出去考察，燃烧卡路里。在银川逛了新华百货、国芳百货、王府井百货、华联商厦和万达广场后，感觉银川除了新华东街附近的珠宝一条街外，好像也没有什么更多的珠宝聚集地，看来这里的珠宝行业还是有些落后。尤其是看到新百购物中心和新百黄金城，个人认为这里的珠宝零售水平应落后于沿海城市 2 ～ 3 年，只有国芳百货的档次稍好一些。一直没有来宁夏真的错过了很多商机，很多年前就有朋友劝我来宁夏“攻城略地”，遗憾没有把握住。这次全国考察最大的感受就是，中国珠宝行业的零售商机现在就在落后地区，不要以为这里的钱不好赚，抛开其他的因素不说，这里的竞争对手明显更弱一些，这

就是“天赐良机”。如果有一天我创业，一定要先放弃优越的一线城市生活，到相对落后的省会中去，因为这里或许是我们可以快速获利的好地方，也是我们最后的机会所在地，当然这些地方的生活水平无法和一线城市相比，不过对于越来越向往佛系人生的我好像也没有什么所谓。

蒂爵珠宝的公益星陈列和店内产品陈列

在银川的新华百货再次见到了蒂爵珠宝，无论是店面形象还是道具陈列都非常专业，让人远远都能感受到其非凡气质。现在大多数的优秀珠宝品牌店内产品陈列都更加整齐和规范，尤其是像蒂爵珠宝这样重视产品陈列的品牌，连产品和道具的颜色都接近一致。我有时候在想这整齐划一的陈列到底好不好，到底能不能突出产品的特点？其实我个人很欣赏蒂爵珠宝的产品陈列，可以看出他们花了很大的心思进行陈列升级，想必他们的老板一定极其重视产品陈列，不然不会有如此美感突出的效果。这与国内大量的渠道珠宝品牌有着巨大的不同。其实国内大多数珠宝品牌的道具陈列都比较随性，有时产品陈列甚至可由加盟商自主决定。说实话，全国各地消费者的审美喜好真的不一样，就算同一个省份各级市场的消费者喜好都不一样，因此如果道具陈列都安排得一模一样，一定会存在有些地方消费者喜欢，

有些地方消费者看不上的现象，想要做到各地消费者都喜欢的可能性很小，同一套道具能做到各地消费者都不讨厌时就已经很成功了。这就让各珠宝品牌的道具越来越不敢有特色，不敢“张扬叛逆”，因为总会有人反对。在全国珠宝品牌进行道具陈列升级声势较大的今天，道具杂乱无章的现象已越来越少了，但有时也会存在矫枉过正的问题。当然我不是说蒂爵珠宝存在这种问题，而是我在蒂爵珠宝看到公益星的陈列意识到这个问题。公益星的陈列非常容易从几乎一样色系的品牌陈列中跳出来，相信消费者也能在全国大部分的公益星终端中一眼认出他们，可以说他们在陈列上的成绩是非常突出的。近几年由于著名 IP 产品陈列成本较高，大量的套系产品又被品牌方变成了自家货，因此很少有公益星这样的主题产品活跃于终端。今天在蒂爵珠宝看到的公益星陈列和店内产品陈列的完美搭配，让我看到了一个以后做主题产品陈列的方向，那就是主题产品陈列一定要在大背景下的产品陈列中“跳”出来。

BLOVE 等定制珠宝的定制时间策略及克徕帝早会解析

一路上我都很欣赏 BLOVE，所以有时会思考一些定制珠宝的问题，其中一个最核心的问题就是他们的定制时间问题。像 BLOVE 这样的定制珠宝，完全定制需要 35 ～ 45 个工作日左右，这个时间对顾客来说是相当漫长的，品牌方应该想办法让这个时间缩短一下，但他们为什么不这么做呢？一般下完订单起版制作应在 20 多天即可生产出来，同时加上做证书和物流的时间，基本 30 天左右就可以完美收官，为什么一定要 35 ～ 45 天呢？也许是加上修修改改的时间确实需要 35 ～ 45 天，也许是消费者并不在意需要等待 35 ～ 45 天，才造成这些定制珠宝品牌的出货期如此之长。直到在银川的 BLOVE 我才真正想明白这些问题——这一切都是成本原因！因为时间要求越短成本越高，尤其在出货较慢的旺季，加急当然是要加钱的，由于品牌的一致性原因，也不可能把出货期分成淡旺季。同时再加上海外调钻的原因，看来 35 ～ 45 天的时间还是非常合理的。真正的定制是需要 35 ～ 45 天的，但在山东世纪缘珠宝看到的有些定制基本 45 分钟就能搞定，只不过这需要大量的裸石和戒托“时刻准备着”，相比起来这种半成品备货的代价大太多了。终于明白了 BLOVE 的定制周期如此之长的原因后，我非常开心，不过冷静下来后发现自己只需要打个电话问就能了解到的事，居然要自己反复想，实在是蠢得感人。很多优秀的策略表面看起来并没有多少高明之处，但是从另外一个角度看就知道他们很不简单，比

如类似的还有克徕帝的早会。从南到北我提到克徕帝珠宝的次数实在太多了，我自己有时都不想再写克徕帝珠宝了，只是有时看到他们的一些行为还是觉得有分享的必要。有幸再次在银川见识到克徕帝珠宝的早会，通过这么多个店的对比，我个人认为他们的早会值得行业引以为傲。一个好的早会不在乎员工的多少，而应该真的能把员工的士气调动起来。很多珠宝品牌都有早会，但大多数的早会都流于形式，老板们理想中的早会都在各种各样的形式中“流产”，这些完全可以通过员工上班时脸上的精神面貌看出来。这突然让我想到保险公司的早会，或许让人觉得很疯狂，或许让人感到很反感，但如果能精心策划好每一个早会，员工一整天的状态真的不一样。我不知克徕帝珠宝是如何做到每天坚持这样高质量的早会，但我想这一定与他们总部的早会文化或是企业文化息息相关。一日之际在于晨，开好一个早会将是成功一天的开始，克徕帝早已深谙此道。如果未来我要建立新的连锁系统时，一定要把早会的重要性突显出来，要开出更有意义、更加快乐的早会。

MGS 曼古银升级对整个行业珠宝升级的借鉴意义

在银川的万达闲逛时由于人流较少，让我有

时间真正地去细看这里的门店，其中最吸引我的是MGS 曼古银。说实话，我以前好像多次看到过 MGS 曼古银，记得它是起源于泰国，由广东一个公司在运营的银饰品牌，形象相对一般。不过这次看到MGS 曼古银的产品、陈列和店面形象，感觉到他们的进步实在是太大了，他们的升级无疑是成功的。其实一个品牌的出身并不太重要，重要的是能不断地进步。看到 MGS 曼古银作为一个银饰品牌都如此努力升级，我突然间对那些进步较慢的国内珠宝品牌有了一丝丝不满。难道是升级太难了，还是他们认为升级太快会脱离原有的消费者？但我想这些都是借口，真正的原因是像 MGS 曼古银这样具有不断进化能力的优秀的珠宝品牌实在太少了。这几年来大量的银饰品牌不断涌现，同时也有大量的银饰品牌不断消亡。在数个国外优秀银饰品牌抢占优质渠道之际，我突然间发现我们国内好像真的没有什么优秀的银饰品牌足以生存下来。长此以往，后果不堪设想。如果在国内民族银饰品牌没有做起来的同时，时尚的银饰品牌也没有一个能存活下来，那么中国人的银饰品牌未来将路在何方？我不知 MGS 曼古银的真实经营情况如何，我只是希望我们行业大多数的珠宝品牌可以多向他们学习，不断精进升级，而不是不断下沉到低端渠道，不然总有一天我们会发现，大量不思进取的珠宝品牌集体憋死在了县城。

通过一番考察，发现凤凰城内的珠宝格局还是非常有意思的，大部分的珠宝品牌竞争力都不强，可能是在这样的偏远地区不愿发挥实力，只有少数的珠宝品牌还始终如一做好自己。无论是蒂爵珠宝，还是克徕帝与MGS曼谷银，在这样的城市都能看到他们如此努力，相信这个市场对他们回馈一定也还不错。其实银川城市综合竞争力在全国范围来看还是很不错的，在可预见的未来几年里，银川珠宝市场还是有很大的发展潜力。下一站即将前往的是青海省省会西宁，一座让我有些期待又有些害怕的高海拔城市，但更多的是开心，我终于有机会登上青藏高原。现在中国珠宝首饰行业的玉石库存严重积压，也许我会在西宁的专业市场上见识到和田玉生意惨不忍睹的一面，到时候我再去思考中国玉石市场有无回暖的可能。作为青海省第一大城市，不知其商场珠宝的发展情况如何，和内地省会城市有何区别？当然我比较关心的还是高原之上的婚庆珠宝，因为这是市场的主流需求，具有普遍的共性，种种疑问只有等到了西宁再一一解答。

[延展阅读]

1. 银川简介

银川市，简称“银”，是宁夏回族自治区的首府，国家历史文化名城，西北地区重要的中心城市。全区军事、政治、经济、文化、科研、交通和金融中心，以发展轻纺工业为主，机械、化工、建材工业协调发展的综合性工业城市。银川是历史悠久的塞上古城，是国家历史文化名城，民间传说中又称“凤凰城”，古称“兴庆府”“宁夏城”，素有“塞上江南、鱼米之乡”的美誉，城西有著名的国家级风景区西夏王陵。

2. 银川主要商场（商业街）和珠宝品牌

商场（商业街）	主要珠宝品牌
新华百货	周大福、金至尊、周生生、谢瑞麟、六福珠宝、蒂爵珠宝、老凤祥、戴梦得、吉盟珠宝、潮宏基、中国黄金、FENIX 菲尼莎
新百黄金珠宝城	周大福、六福珠宝、金至尊、老凤祥、中国黄金、新百黄金、赛菲尔珠宝、龙凤珠宝、伊诺尔钻石、尚银世家
国芳百货	SWAROVSKI、I Do、周生生、周大福、六福珠宝、吉盟珠宝、中国黄金、潮宏基、老凤祥、罗亚帝珠宝、明牌珠宝、7℃银饰、翠绿金店、金伯利钻石、雅悦珠宝
王府井百货	周大福、周大生、六福珠宝、金至尊、CC 卡美、蒂爵珠宝、同大福、中国黄金、戴梦得、吉盟珠宝
万达广场	SWAROVSKI、金至尊、六福珠宝、周大福、潮宏基、MGS 曼谷银、CC 卡美、DR、BLOVE、赛菲尔珠宝、周大生、梦金园、老凤祥、普柏琳珠宝

西宁：青藏高原上软玉市场日薄西山

2018 年 7 月 2 日
19 ℃　小雨

西宁是一座高海拔的城市，市区的海拔达到2295 米，听起来多少有些吓人。我一到这个地方就吃了红景天（抗缺氧药品）。长这么大还真没有上过这么高海拔的城市，并不是因为我恐高，而是真的没有什么机会见识高海拔，因此刚到西宁时多少有点兴奋。西宁是一座美丽的城市，从一路开车过来我就发现这里与众不同，所以我在西宁的整个考察相对开心一些，只是中途应朋友安排停留的时间有些长，多少影响了行程。西宁主要有一条商业主街和数家商场，同时再加上一个南关街，一个已经日薄西山的珠宝一条街。不过在西宁让我真正见识了和田玉，而且还是大量的和田玉，真心感谢所有在西宁帮助过我的朋友们。

珠宝一条街的兴衰与珠宝专业市场

说起珠宝一条街，我们在很多省会城市都能看到，尤其是像西宁这样有着深厚玉石文化底蕴的区域珠宝中心，更有一条规模超大的珠宝一条街。一铺难求曾是这里的常态，而如今西宁市城中区南关街的珠宝一条街却今非昔比。这条街最早以和田玉兴起，后来又集聚了很多国内常见的品牌珠宝店，但主要还是以卖黄金首饰为主。因此可以说这里原是一个专业的和田玉市场，此后变成了中低端的珠宝店一条街。国内有屈指可数的几个珠宝专业市场，西宁的南关街应是曾经最大的和田玉市场，一时风光无限，繁华异常。曾经有人预估中国珠宝首饰行业有四万亿的库存，其中 80% 的库存是玉石类，我仅仅看到西宁的和田玉存货就彻底相信了这个预估。做玉石类的商家其实是损失很大的一批商家，这些有一定文化性和艺术性的产品，会多多少少使人迷上这些产品，把赚来的钱都押到了货上，结果最后被“套牢”。目前国内无论是翡翠市场，还是和田玉市场、银饰小镇，又或者是彩宝基地，真没有见过可以一直生意兴隆的珠宝专业市场。在西宁由于朋友的安排，我还去了格尔木，顺便看了那里的和田玉市场，总之岂是一个“惨”字了得。西宁现今的珠宝一条街或许正以一种直观的方式告诉我们，中国珠宝专业市场的时代已经结束，而各省会城市的珠宝一条街模式，也很难拯救珠宝专业市场的衰落。其实通过全国范围来看，珠宝一条街模式正变为一种落后的经营模式，估计未来将被旅游文化一条街所替代。

影响新一代消费因素探讨：陈列道具及讲故事能力

西宁的国芳百货由于是新装修的缘故，商场中的各珠宝品牌的形象都是全新的，让人感觉到真正的高端大气上档次，我一进商场心情就非常好。新店道具自然也是全新的，所以我一次性就看到了所有这些珠宝品牌的最新道具和陈列，非常过瘾。一直以来，我非常欣赏周大福、周生生、潮宏基、I Do的道具与陈列，在这里基本可以全都看到，同时其他珠宝品牌的道具也有相当大的进步。说实话，对于道具与陈列，我一直认为是我们珠宝首饰行业的一大痛点。中国珠宝首饰行业在这方面远比其他行业落后，如名表、化妆品和服装行业的道具与陈列就比珠宝行业更专业和更实用。这两年国内各品牌的道具升级较快，总得来说，周大福的最整齐，周生生的最时尚，I Do的最经济。周大福为了规范其道具，基本考虑到了所有使用的细节，同时成本上也相对不会太高，只是确实没有什么出彩的地方。而周生生十分重视道具的时尚性，尤其是3D硬金的陈列是相当吸引人的。作为黄金中的3D硬金是时尚首饰中的边缘产品，周生生把3D硬金陈列得无可挑剔。西宁给我的整体印象是一个相对落后的城市，但国芳商场一楼的珠宝区让我改变了最初的想法。

事在人为，只要商场的珠宝区有所作为，能引进相对时尚的珠宝品牌，以最新的形象示人，很容易让消费者产生震撼的感觉。对比其他商场和商业街店铺的道具与陈列，国芳商场的珠宝道具与陈列的优势实在太明显了。现在各省会珠宝竞争已进入了白热化阶段，店面形象和道具陈列的水平，可以很大程度上改变消费者对品牌的认知，进而改变对产品的接受程度。不知道什么时候能出现专业的珠宝首饰陈列学课程，到时我一定第一个报名，去感受和学习陈列带给我们的文化力量。在这个越来越注重审美的年代，陈列道具带来的是视觉上的诱惑，对珠宝首饰而言，“讲故事”的能力同样重要，尤其是婚庆珠宝，没有一个罗曼蒂克的故事，很难“征服”消费者。婚庆市场我一直都很看好，虽然现在各种调研报告指出不婚族、晚婚或离婚率高等问题，把婚庆市场描述得岌岌可危，其实这样的信息或是调研结果应该让我们更加看好婚庆市场才对。大家试想一下，这些因素比起以前早早结婚后就稳定过一辈子，哪个对婚庆珠宝的需求更高？如果每个人都晚婚或是多次结婚，说明他们拥有伴侣的平均数量会大幅增高，如果我们不把婚饰只当成婚饰，而是当成爱的信物，原有的婚庆市场是不是会扩大几倍？我在西宁与DR的销售人员多聊了些，得

知 DR 已取得了在个别市场与 I Do 叫板的实力。不得不说 DR 真是创造了一个奇迹，只是用一个男人一生只能给一个女人买珠宝的故事，居然可以获得如此大的商业成功。不知道男同胞们会不会对 DR 怀有怨恨。用一个故事道德绑架了天下所有男人，权且把这当成一个玩笑，谁让女人都想证明自己的男人是否只爱自己呢。DR 用最低成本的线下门店，用锆石来代替钻石，用长时间的等待，用大量的线上营销投入，取得了不凡的商业成功，这或许是另一种值得借鉴的野蛮生长模式。DR 告诉我们一个事实，门店不用装修多么豪华，摆设的产品不管是真钻还是锆石，时间成本不管长短与否，只要有一个能打动人的故事，新一代消费者就会从网络上陆续涌来。

中国软玉市场的现状与发展前景

这次来西宁最大的感触就是亲眼目睹了中国代表性软玉——和田玉和昆仑玉的现状。一直以来都没有认真关注过软玉，个人比较喜欢的还是翡翠这种硬玉。只是后来了解了一些软玉相关的信息后，才偶尔看一下和田玉和其他软玉的产品。这次看到了一大批几十万甚至几百万的货以后，我才真正大开眼界。原有的软玉市场随着中国珠宝首饰行业的兴起，也同步迎来了一个高速发展的黄金时期。不过由于以前软玉主要是投资收藏品、工艺品和高端首饰的定位，随着原有的高端消费人群急速流失，商家们被迫去转战中低端首饰市场。祸不单行的是现在的中低端首饰市场，也因为金镶玉和旅游市场的泛滥而裹足不前，只剩一些中低端素玉和金镶玉仍在出货。对于库存较大的软玉企业来说，压力可想而知。说到软玉，无论是网上销售、旅游市场销售、机场小店还是各种传统渠道销售，现在都处于一个滞销期。各种渠道，哪怕是酒店中的专卖店所“储备”的库存加起来都不知多少年可以销售完。说实话，软玉行业远远看不到转暖的迹象，或许中国珠宝首饰行业的凛冬将先从软玉开始。

在西宁的所见所闻让我对珠宝专业市场有了更深的担忧，玉石是中国传统文化的一部分，希望我们在把它变成赚钱的商品时，也能把它原本的文化象征意义还给它。虽然现在是积重难返，但我们可以选择负重前行，共同在市场寒冷期寻找一丝曙光，这需要多方的协作，亦需要一代又一代匠人的投入。下一站是兰州，随着行业终端需求的变迁，这个西北地区的一大中心城市不知道正发生着怎样的变化？听闻兰州张掖路步行街上的蒂爵珠宝十分豪气，我想我没有理由错过。另外就是周生生的轻奢店，一些有远见的品牌经常选择在这样“不起眼”的大城市试点新形象、

新产品或者新模式，这对我这个珠宝老兵来说都是必看的，因为这正是这些品牌的精明之处，一方面，在这样的城市试点会有较好的受众群体，另一方面，在这样的城市试点风险较低，方便品牌方及时调整方向。兰州商场众多，我想知道在消费升级的大趋势下，那些老商场如果没有餐饮业和娱乐业的组合，想要活下去还有没有可能？

[延展阅读]

1. 西宁简介

西宁位于青海省东部，湟水中游河谷盆地，是青藏高原的东方门户，古“丝绸之路”南路和“唐蕃古道”的必经之地，自古就是西北交通要道和军事重地，素有“西海锁钥”“海藏咽喉”之称，是世界高海拔城市之一。西宁历史文化渊源流长，得天独厚的自然资源，绚丽多彩的民俗风情，是青藏高原一颗璀璨的明珠。

2. 西宁主要商场（商业街）和珠宝品牌

商场（商业街）	主要珠宝品牌
国芳百货	I Do、DR、老凤祥、吉盟珠宝、周生生、莱绅通灵、周大福、六福珠宝、蒂爵珠宝、潮宏基
王府井（城西店）	Ama 珠宝、SWAROVSKI、周大福、老凤祥、周生生、六福珠宝
万达广场（海湖新区）	I Do、周大生、周大福、中国珠宝、银世汇
王府井百货（中心店）	I Do、六福珠宝、谢瑞麟、周大福、周大生、周生生、珂兰钻石、蒂爵珠宝、Ama 珠宝、吉盟珠宝、老凤祥、瑞恩钻饰、润石珊瑚

兰州：金城低端珠宝市场生生不息

2018 年 7 月 12 日
32 ℃　晴

兰州给我的印象是相对落后，不仅仅是因为兰州的城市建设，更是因为这个城市居然打不到滴滴网约车。这或许是一句玩笑，但没有滴滴的城市打车真的好惨。我们因为尾号限行的原因，在停好房车后，本来想愉快地打个车才发现这里的的士是相当牛气，各种拼车、讲价和野蛮开车，让我想起了滴滴专车的美好。没有对比就没有伤害，在坐着疯狂的士逛了万达、亚欧、百盛、国芳、新世界、西太华后，只有张掖路步行街蒂爵珠宝的大店和克徕帝珠宝专卖店给了我非常深刻的印象。其实兰州的商场珠宝总体上是非常发达的，很多省会城市的商场都把珠宝作为最重要的产品区，只有发达省份的省会城市不会这样做，这与一个城市的整体消费水平息息相关。如果商场珠宝做得相对较好，在商业步行街上的珠宝店相对来说压力就比较大。在兰州张掖路步行街，值得一提的是蒂爵珠宝的大店还是相对不错的，整体店面布局和装修水准都体现了一定的高水准。唯一不足的是早上店刚开门，店内的空气交换还

不是很好。很多珠宝大店都或多或少存在这方面的问题，他们只安装了空调而没有安排新风系统，好在大型珠宝店空间大，门也多，一个小时左右的时间就可以达到很好的空气流通。同样在这条街上，克徕帝专卖店也具有一定的亮点，员工状态很好，充满活力，相对于其他珠宝品牌来说更加敬业，尤其是一大早就开始邀客，顾客一进店就能感觉到导购的热情。以前曾有人问我他们是不是由于培训系统强大才会有这种员工精神面貌，还分析了员工的平均年龄和管理模式等。我个人认为他们最重要的是员工待遇，没有良好的待遇再好的模式也很难发挥出效果。其实中国第一批珠宝店最应改变的就是薪酬水平，因为五险一金和当地较高水平的薪酬才是珠宝店提升销售的最基本动力，没有好的待遇就不会有好的员工，没有好的员工就不可能有好的销售，很多老板没能真正明白这个道理。

没有餐饮的商场如何能活下去？

逛街的时候我经常在万达式的 shopping mall 里解决午餐，我个人不是一个美食家，对吃的东西也不挑剔，只要万达中有一个本地的餐饮品牌我就很满意了。但在兰州由于行程的原因，我们只能找一个商场来解决午餐了。到了西太华商场，同事问我可否在这里吃饭，我觉得可行并让其打

听一下几楼有餐饮，结果被告知在8楼，找了半天发现只有一家苟延残喘的餐厅，我极其失望地下楼了，愤恨地说了句："没有餐饮的商场绝对活不下去！"虽然这是气话，但我越想越觉得有道理。很多商场的衰落与餐饮不无关系，不信大家回忆一下过去辉煌过的商场现在还有几家，尤其是那些没有转型引入餐饮的商场大多生意惨淡。万达就是由于把握和引领了这种趋势，硬是在群雄并起的商场群体中脱颖而出，打造出了集餐饮、娱乐、购物为一体的综合性商业模式。谁也不能逆趋势而行，吃的体验绝对不是线上服务可以代替的，就连我这个大叔出门都要用大众点评来找餐厅。在兰州的主要商场详细考察后，我可以断言，以后凡是餐饮做不好的商场还是趁早收手吧！曾几何时，消费者来商场主要是购物，而现在消费者来商场主要是逛街、吃饭、看电影，顺便才是购物的，而且吃饭还是其中最大的主题，这可以解释为什么网红餐厅对顾客的吸引力那么大。不过话不能说得太绝对，我也在认真思考，没有餐饮的商场真的就不能活下去了吗？也许专业商场还有机会！然而当我用手机翻了翻淘宝和京东，我又打消了这种犹豫。或许我武断了一些，但我还是很坚定地认为以后没有把餐饮做好的商场真的很难活下去。我在全国看了这么多商场，除了极少数实力强大的大商场外，大部分餐饮做得不好的商场日子都不是很好，因为他们的人流量下降得太厉害了。

商业街和部分商场中的珠宝博览会

在这次的考察中，我数次看到各种样式的商业街和商场中的珠宝博览会，或是类似展销会等名头的珠宝展销。前几年就有很多名头好听实为展销的电视台合办项目，我一直对此印象不好，很多时候只是匆匆路过，根本不会去细看。没想到在兰州，我终于缘于好奇和避无可避的情况下认真地看了兰州所谓的珠宝博览会，结果看后有了不同看法。在各种低端玉石组成的展销中，我发现这种地摊式的展销中还真有消费者去买，这让我觉得我们以前总以行业的眼光看问题不一定是对的，其实有一大批消费者正享受着这种购物乐趣。中国珠宝消费者的消费层次非常多，各消费层次的人数都相当大，因此这种珠宝展销会还有一定的市场空间。想到前段时间与业者交流时说我们传统玉石低端消费市场基本已不行了，此时看到这现状真有些不好意思。如果真如我所说这个市场不行了，为什么还有这种低水平的展销会呢？为什么还有那些认真购买的消费者呢？虽然在万亿级的玉石库存中，这些低端的销售显得微不足道，但如果我们客观地、不断深化地感知低端市场，或许我们也会从中获取可观的利润。

一路的考察使我不再极端，用更加包容的心来观察这个可爱的行业。

周生生时尚轻奢品牌 MINTYGREEN 试水兰州

我前一段时间匆匆而过看到周生生新推出的时尚轻奢品牌MINTYGREEN，今天有幸再次在兰州看到。这个店面以薄荷绿作为主色调，整体风格非常适合白领精英和时尚少女。在老一代的香港珠宝品牌中，个人认为周生生是最时尚的，结果为了迎合千禧一代（80后和90后）的消费者，现在连周生生都对时尚不自信了，又进行了一次重大的时尚升级。早在长沙我就看过周生生的时尚轻奢品牌，那一次对它没有太多感觉，只是觉得他们在进行小范围的尝试，新品牌与主品牌的产品有一部分还是同款，但通过这次我再次看到新品牌直接定位在一楼，与传统负一楼的其他珠宝品牌彻底分开后，我才真正明白他们的前瞻眼光。香港品牌还是非常有远见的，我们一直在忙着传统渠道的不断复制，而没有真正去研究未来。对比周生生和周生生的MINTYGREEN，我突然间感觉自己真的有些老了。70后认可的时尚和90后认可的时尚还是有很大区别的，周生生的时尚演变正说明我们已经老了，这真是一个可怕的事实，而周生生他们却提前感知到了时尚的变化。这一刻我真心觉得自己出来考察的时机选择得太晚，我的13年珠宝行业生涯将从此改变，我正以一个行业老人的身份在重新感受珠宝时尚。

国芳星巴克偷听千叶珠宝面试

国芳百货非常大，欣赏完周生生的轻奢店后实在太累了，就想去星巴克喝杯咖啡休息一下。其实我并不是喜欢什么星巴克，只是实在没有地方去了，没想到在这里我却被上了一课。刚拿咖啡坐下，就听到临座的两个女生在谈话，内容全是关于珠宝的。我本来不想偷听什么，怕让别人误以为我没素质，但由于听她们反复提到千叶珠宝，我就来劲了。千叶珠宝的董事长林明杰是我非常敬佩的一个人，我想听听她们到底讲些千叶珠宝的什么“坏话”，发现原来是商场中的千叶珠宝正在面试新人。对一个珠宝行业的老兵来说，商场中的珠宝品牌如何招人和面试，我还真的没有接触过，没想到她们居然在星巴克面试，看来星巴克的用处还真多。不过这种地方还挺适合面试的，尤其是在人不多的情况下，这里的环境可以让人静下来。千叶的面试官很有套路，一步一步地了解对方的过往，一步一步引导对方提升对己方的兴趣。说实话，在商场中做珠宝销售压力还是很大的，一堆品牌面对面，赤裸裸地拼，工作强度和工作压力都很大，特别在当前这种行业压力较大的时刻，从事珠宝一线销售的人才越来

越少。看到千叶面试官认真地想尽办法吸引求职者，我不由地欣赏起从事珠宝行业的所有女性，没有强烈的热爱她们是不会如此敬业的。由于她们的面试时间过长，我没有听到最终的结果，但通过个人的观察我认为她们成为同事的希望非常大。看着她们如此敬业，我默默地离开准备再去周生生的轻奢品牌处考察一遍。

任何市场都有其特殊性，通过对兰州的考察，我对这种不太发达城市的珠宝市场还是非常看好的。虽说市场转型已然开启，但在暂时信息不对等的情况下，相对低端的珠宝零售还是有赚钱机会的，商业本无高低之分，只要能赚钱就是最棒的艺术，愿古老金城的市场继续带给传统珠宝企业源源不断的希望。下一站即将考察西安，作为一座世界级别的历史名城，在行业迭代升级期间，西安市场的珠宝商家有哪些变成了炮灰，又有哪些成了弄潮儿？市场竞争除了残酷还是残酷，珠宝品牌除了面对同行竞争，还要面对商圈竞争带来的压力。当高端商圈以迅雷不及掩耳之势崛起，不知那些“备受打击”的商场有无破解之策？另外，大商场“崇洋媚外”，对国内珠宝品牌和国外珠宝品牌区别对待背后的原因、弱势商场对珠宝商户结算延期的潜在危机等等也是我在下一站关注的重点。

[延展阅读]

1. 兰州简介

兰州，甘肃省省会，中国西北地区重要的工业基地和综合交通枢纽，西部地区重要的中心城市之一，西陇海兰新经济带重要支点，西北地区重要的交通枢纽和物流中心，是新亚欧大陆桥中国段五大中心城市之一，西北地区第二大城市，是我国华东、华中地区联系西部地区的桥梁和纽带，西北的交通通信枢纽和科研教育中心，丝绸之路经济带的重要节点城市，也是中国人民解放军西部战区陆军机关驻地。

2. 兰州主要商场（商业街）和珠宝品牌

商场（商业街）	主要珠宝品牌
万达广场	SWAROVSKI、CC 卡美、I Do、DR、周生生、周大福、龙凤珠宝、中国黄金、周大生、明牌珠宝、千年珠宝、蒂爵珠宝、帝豪珠宝、潮宏基、吉盟珠宝、帝朝珠宝、吉祥 + 福
大润发	老凤祥、周大福、周大生、帝爵珠宝、皇家王子珠宝、金玉世家、明牌珠宝、福瑞莱、千禧之星、中国黄金、宝至尊、萃华金店
欧亚商厦	SWAROVSKI、I Do、COLORBAY、周生生、周大福、六福珠宝、金至尊、爱迪尔珠宝、蒂爵珠宝、老庙黄金、中国黄金、老凤祥、吉盟、皇家王子、周大生、银百福、格莱贝、露莎尼亚、泽雅珍珠、美即彩宝、亚欧黄金、亚欧翡翠
国芳集团	SWAROVSKI、PANDORA、DBE、I Do、莱绅通灵、六福珠宝、周大福、谢瑞麟、DR、千叶珠宝、老凤祥、CC 卡美珠宝、蒂爵珠宝、吉盟珠宝、宝格珠宝、泽雅珍珠、润石珊瑚

西安：古都高端商圈崛起　大牌鏖战正欢

2018 年 7 月 17 日
36 ℃　小雨转多云

我曾在 1993 年来过西安这座城市，当时的城市印象已然有些模糊了，只是觉得这里是一个有很多历史古迹的城市。这次再来西安进行我人生最重要的全国周游考察时，真的让我感受到了西安翻天覆地的变化，没想到西安的商场这么多，而且商场的档次也相当不低。我在西安逛了万达广场、世纪金花、民生百货、金鹰和开元等商场，同时还去了两个相当不错的商业综合体：赛格国际购物中心和西安 SKP 商场，这两个地方的体量远远超过一般的商场，完全就是一个大型的商业综合体。由于全国的珠宝店看得太多了，在西安多少有些审美疲劳，但还是去看了听说过无数次的西北金行，同时也认真研究了诗普琳珠宝、CC 卡美、和合玉器和老铺黄金。

西安 SKP 这个超级商场考察所引发的思考

在新一线城市很久没有遇到一个让我震撼的高端商场了，所以西安的 SKP 让我真正感受到了一个内地省会城市的商业繁华。印象中西安是一个相对落后的地方，由于太多年没有来了，所以脑中的记忆还停留在N年前。其实在参观西安的赛格国际购物中心时，我就有预感自己对西安的印象可能被刷新，而到了SKP商场则完全颠覆了我对西安的想象。西安SKP坐落在南门商圈，定位为高端奢华、流行时尚。在西安这个商场林立的大都市显得鹤立鸡群。是什么让SKP商场这种顶级商业中心落户西安呢？根据西安市政府的规划，到2020年底，西安主城区的人口目标为1000万，全域人口达到1500万。未来西安将成为一个千万人口级的大都市，看来西安SKP商场还是非常有战略眼光的。记得有位专业人士说过："谁在未来可以吸引到足够多的目标消费者，谁就可以在零售市场中占据优势地位。通过考察SKP商场我能感受到他们是奔着西安商场的老大位置去的，这里的业态组合非常得当，品牌也极其齐全，基本能满足绝大多数消费者的消费需求，就连我关心的珠宝业态在这里的布局也相对合理。大多数的国内外强势珠宝品牌都有入驻，珠宝的品类安排得十分高明，看来这个商场的招商水平确属国内一流水准。虽说我们不能随意唱衰国内商场，但遇到这样的高水平商场，估计他们的对手不变革可真就不行了，不过即使变革好像也没有什么好出路。我想西安的商场们应该都是很努力的，只是突然遇到这样的神级对手，再多的努力似乎

都没有什么用。

从周生生柜台玻璃净高看产品陈列

一直以来都觉得周生生的产品陈列效果非常好，尤其是他们硬金产品的陈列，我个人认为是国内最好的，超过了很多著名珠宝品牌的陈列效果。其实对比来对比去，无论是什么样的珠宝品牌，柜台都是大同小异。中国珠宝产品同质化的大背景下，柜台也存在严重的同质化问题，只有周生生的柜台看起来有些不一样。一直以来我都只是凭个人感觉，没有认真对比过，听同行朋友说，原来周生生的玻璃柜台内高达 26 厘米，超过绝大部分珠宝品牌柜台的 24 厘米。就是这看起来微不足道的 2 厘米，让周生生的产品陈列取得了更加时尚和更加养眼的效果。我想这 2 厘米的创新应是大量对比实验的结果，一般不是专业人士很难发现周生生柜台玻璃净高略高的差别，只是感觉他们的道具陈列效果较好，以为是道具水平高的原因，殊不知他们是通过巧妙的空间提升，来增加产品陈列的视觉效果。反省过去的工作，我们在做店面设计时，柜台部分一般首先是看设计师的效果图，然后看装修工厂的柜台打样，最后就直接到店里看完工后的整体装修效果。店面设计师大多是不懂产品陈列的，即使懂也是懂点非常粗浅的基本常识性经验，产品陈列在柜台设计环节基本上都被忽略掉了，只是根据柜台的尺寸来设计道具即可。这种相对脱节的安排被有序地执行着，看起来一切都是合情合理，但谁都没有认真研究这些因素组合起来的效果。这个过程中大家其实忽视了一个逻辑，我们如何安排好产品陈列和柜台，最后关系到整个珠宝店的最终形象。我们所有的策划都应以产品为出发点，尤其是做时尚珠宝品牌就应先挑定产品，然后根据产品的需要设计道具陈列，一定要通过大量的对比实验来找到最适合产品的道具陈列方案。在找到适合的产品道具陈列方案后再设计柜台，这样才有可能达到产品、道具陈列、柜台三者的完美统一。在柜台设计完成后一定要多打样，把柜台的细节做好，让负责道具陈列的人来检验柜台。确认柜台满分后，再根据柜台的风格设计整个店的风格，这样的以产品为核心的整体设计方案，大致上可以达到产品、道具陈列、柜台、店面风格的整体统一。我们在日常工作中，总是习惯先定店面的整体装修风格，然后定柜台的具体方案，最后直接上道具和产品了。这样看起来完全相反的顺序也没有什么错，因为品牌风格的设定确实应放在最先。在渠道为王的时代，我们都想着如何使自己的店铺在众多的店铺中显得出类拔萃，因此把店面形象摆在产品设计之前，依据店面风格确立产品风格，如果能在全国大部分的珠宝品牌中做

到门店风格基本一致就算不错了。大部分珠宝品牌对待产品其实都是实行一种简单粗暴的机制，什么畅销就卖什么，能把道具和产品匹配起来已经很难得，根本没有想过整体风格的统一。现在珠宝首饰行业进入了产品为王的时代，我个人认为我们的思路必须调整一下，要真正确立设计的核心地位，否则产品的差异化无从谈起。或许我分析的周生生的陈列方案只是一种推测，或许周生生就是按照这个逻辑来设计一切，但我想我的推测也许会给大家提供一种新的设计组合思路。

商场结算延期是否真的会逼死零售商

在西安与朋友讨论最多的话题就是大量的弱势商场珠宝品牌何时死的问题。根据二八法则，我们知道大多数的商场，尤其是老一些的体量较小商场和新商场对比，特别是和一个体量较大、综合优势较强的新商场对比是没有对抗优势的。其实现在全国范围内，很大一部分商场已经丧失了竞争力，总体相对弱势的商场在一二线城市中占比超过40%，严重存在问题的商场估计也将达到30%。这种商场好坏的评价标准之一，就是商场与珠宝商户的结算是否会存在延期现象。正常来说，商场对珠宝商户压款是可以理解的，因为商场无息占用商户的资金也是商场获利的一种途径，但是如果这个商场存在结算延期问题时，它就存在

一定的违约风险，也存在着一定的资金问题。一个经营好的商场，或是有竞争力的商场一般是不会存在资金问题的，资金问题通常是由于一个时期内经营效益下滑累积而来的，所以我们基本可以通过一个商场对商户的结算延期与否来判断商场的竞争力。现在有很多商场由于经营出现问题而对商户进行结算延期，珠宝商户的资金流量较大，被结算延期的资金潜在损失就较大。同时珠宝商户怕自行撤场后那些已被延期的款更收不回来，只能被动地捱下去，最终造成这个洞的破损越来越大。一般开一个店投入的股本金是有计划的，每年的商品周转次数和毛利率也是可预期的，如果结算延期就意味着需要投入更多的股本金来保证经营，更多的股本金不仅意味着整体投资回报率的降低，还意味着更大的资金损失风险。一般情况下增加 30% 以上股本金有可能会逼死一半的中小型珠宝投资者，如果增加 50% 以上的股本，则有可能会逼死大部分实力较弱的珠宝投资者。所以对商场的珠宝商户来说，有时候选择确实比努力更重要。

国外珠宝品牌与国内珠宝品牌在商场是否存在不公平竞争

在西安的很多商场考察时，尤其是在一些较有竞争力的优质商场考察时，多次看到国外珠宝

品牌的位置往往好于国内珠宝品牌。不仅如此，国外珠宝品牌在面积上也更有优势，另外，通过行业人士打听得知，国外品牌还有着无数的入场优势，如补贴装修费、任务保底、扣点低等。对于商场给予国外珠宝品牌的这些优待我其实是非常反感的，恨不得直接说商场是汉奸，但冷静下来之后觉得这并不是商场的问题，而是我们的消费者对国外珠宝品牌的盲目崇拜所导致的。商场为了经营的需要一定会想方设法引进可以吸收人气或是帮商场赚钱的品牌，而国外珠宝品牌由于消费者的偏爱且毛利高，能帮商场快速赚到钱，即使不赚钱也没关系，国际珠宝在装修上的投入使品牌档次显得较高，有利于商场提高档次和增加人流，商场何乐而不为呢？存在就是合理的，通过对比相当数量商场中的国际珠宝品牌和国内珠宝品牌的产品，我个人认为我们国内珠宝品牌最大的问题就是产品缺少核心竞争力。中国珠宝首饰行业快速发展这么多年了，真的拿不出几件在业界有影响力的产品。国内珠宝品牌的产品，不是来源于对国外珠宝品牌优秀产品的借鉴，就是陷入一种只能让人买却无法让人主动传播的窘境。在这个渠道为王的大环境下，当前国内珠宝品牌投放的广告大都处于宣传品牌和提高品牌知名的阶段，很少有品牌通过广告来推广产品，这样自然就不可能诞生出让消费者有记忆点的特色产品。商场对国外珠宝品牌和国内珠宝品牌或许存在着区别对待的成分，但总体上来说国内珠宝品牌的运作能力确实较低，不能给商场带来丰厚的利润或是人流，又或是形象的提升。当然从时间的延长线来说，任何国外珠宝品牌和国内珠宝品牌如果没有进步都将被商场所遗弃。

在古都西安，我们可以清晰地感受到市场竞争的“残酷”二字，不仅是超级高端商场与大量中低端商场的竞争、国内珠宝品牌与国际珠宝品牌的竞争，还有弱势商场与珠宝商家的矛盾问题等，行业升级忧患重重。我们珠宝行业要面对的压力实在是太多了，希望我们行业所有的竞争不是为了你死我活、消灭对手一枝独秀，而是在相互促进中走向共赢，最终让整个市场和消费者受益，这样才能有更长远的发展。在西安看到的SKP这个超级商场让我感觉十分惊喜，敢于有这么大手笔的企业都是不简单的，人的社会属性始终是第一位，不管线上电商如何发展，总有人喜欢在人多的地方吃喝玩乐，线下的体验消费永远不会轻易消亡，这正是我们众多传统珠宝品牌的好机会。下一站是成都，从西安到成都路途遥远，但是好在成都有很多我非常期待的珠宝品牌和模式，如匠铸和追银族。有人说成都是一个闲适的生活天堂，同时也是一个奢靡的娱乐地狱，这样的城

市珠宝行业异常繁荣，消费者对K金这样的产品接受度也相对较高，所以成都之行我将重点考察银饰和K金在终端市场的发展潜力，希望能为那些想建立新品牌的朋友提供参考。

[延展阅读]

1. 西安简介

西安，古称长安、镐京，是陕西省会、副省级市、关中平原城市群核心城市、丝绸之路起点城市、“一带一路”核心区、中国西部地区重要的中心城市，国家重要的科研、教育、工业基地。西安是中国四大古都之一，联合国科教文组织于1981年确定的“世界历史名城”，美媒评选的世界十大古都之一。

2. 西安主要商场（商业街）和珠宝品牌

商场（商业街）	主要珠宝品牌
民生商场	DBE、CC 卡美、爱迪尔珠宝、周大福、六福珠宝、周生生、诗普琳珠宝、明牌珠宝、千叶珠宝、戴梦得、周大生、老凤祥、中国珠宝
开元商城	SWAROVSKI、DBE、I Do、CC 卡美、爱迪尔珠宝、莱绅通灵、周生生、周大福、谢瑞麟、六福珠宝、金至尊、周大生、戴梦得、潮宏基、金伯利钻石、中国黄金、老凤祥、老庙黄金、钻石世家、翠芝兰
民生百货（钟楼商圈）	周大福、谢瑞麟、六福珠宝、CC 卡美、I Do、DADA 百变珠宝、爱迪尔珠宝、金伯利钻石、中国珠宝、老凤祥、千叶珠宝、明牌珠宝、诗普琳珠宝
小寨赛格	SWAROVSKI、DBE、LOVE&LOVE、I Do、CC 卡美、周生生、周大福、六福珠宝、金至尊、戴梦得、钻石世家、诗普琳珠宝、龙凤珠宝、谢瑞麟、爱恋珠宝、翠芝兰翡翠、老凤祥、潮宏基、中国黄金
万达 ONE	SWAROVSKI、BLOVE、I Do、CC 卡美、周大福、六福珠宝、周生生、千叶珠宝、周大生
SKP	Cartier、MONETA、Chopard、PIAGE、TIFFANY、Boucheron、Van Cleef & Arpels、SWAROVSKI、FRED、CHAUMET、VENTIGA、Cartier、 BVLGARI、MIKIMOTO、Qeelin、I Do、老铺黄金、和合玉器

287~361

中国珠宝零售终端研究

第五部分 寄寓篇

成都：天府之国珠宝市场遍地开花 287

重庆：山城民风造就别样珠宝营销战场 297

贵阳：文化缺失　地方品牌发展堪忧 305

遵义：三四线珠宝市场银饰未来可期 313

毕节：珠宝商正在为商铺业主打工 322

盘水：中国凉都不凉　渠道火拼正猛 330

昆明：凛冬下的超级珠宝区进化 337

普洱：茶城不老　地方珠宝消费力仍盛 346

文山：边陲小镇　一店多牌步履蹒跚 354

成都：天府之国珠宝市场遍地开花

2018 年 7 月 19 日
33 ℃　小雨

有人说四川是可以独立成国的地方，因为这里是天府之国，拥有可以立国的一切条件。我虽不认为四川可以独立成国，但我还真的认可这里是天府之国。作为四川省会的成都，我曾多次来过，这次的全面考察仍给我留下了很深的印象。成都最核心的珠宝商圈就在春熙路附近，在 IFS 国际金融中心我看到了成都最全的高端珠宝品牌集群，仅仅是只标英文的珠宝品牌就够我数半天的，比如：TIFFANY、CHAUMET、BVLGARI、SWAROVSKI、ENZO、Van Cleef & Arpels、MIKIMOTO、TASAKI、Qeelin、DR、APM Monaco、MONOLOGUE、PANDORA 等。当然其中的 DR 和 MONOLOGUE 并不是什么外国品牌，但由于他们的品牌形象和设计，成功混在了国际大牌之中。同时在春熙路上，还可以看到钻石世家最新大店、周大福的旗舰店、百年凤祥楼和相当多的著名珠宝品牌。在总府路上的原有珠宝一条街上，我还看到了永泰珠宝、爱心珠宝、周大生、爱恋珠宝、六喜珠宝、蒂爵珠宝和其他老派珠宝店。当然在成都的银泰城、伊势丹百货、环球购物中心、

王府井百货和其他的百货商场和商业综合体也有很多珠宝店，不夸张地说成都简直是珠宝业的天堂。就连在其他省会城市发展一般的定制珠宝，成都都能宽容地接纳他们专业的实体店，比如：天生恋人钻石定制、LoveDeeply 和数家我生平第一次见到的定制珠宝品牌，总之成都绝对是一个创立新品牌的好市场。

区域地标性珠宝店的有利与不利之处

每个城市都有自己最传统的商业圈，在最传统的商业圈中总会有一两处地标性的区域。随着中国珠宝首饰终端业已成为商业街上的“铺王”，所以每个城市都有一两个地标性的珠宝店。我在全国考察过程中，总是先想办法找到区域内的地标性珠宝店，然后再顺着商业街的延展一层一层地欣赏珠宝店的商业扩张，这样的考察方式是非常有意思的。成都的区域地标性珠宝店主要是春熙路上的蒂爵珠宝和百年凤祥楼，这两个店都是非常好找好记，并且是经营了很多年的地区老店。无论是蒂爵珠宝还是百年凤祥楼，我都能在他们身上感受到相当浓厚的历史韵味。蒂爵珠宝在全国范围内有三个城市做得比较好，宁波、兰州、成都，这三个城市我都去过，而只有成都春熙路头的这个店是我最喜欢的。虽然这个店的装修收尾工作折腾了很久，但我还是割舍不了对这个店

的喜欢。至于百年凤祥楼我多少有些无法确认它的百年身份，印象中我只知道老凤祥、宝庆银楼、萃华金店、老庙黄金这四个珠宝品牌是百年珠宝品牌，其中我最能确信的是老凤祥和宝庆银楼这两家。其实我们中国不要说珠宝首饰行业，就是全国各行各业加起来真正的百年品牌都不多，我只知道王麻子剪刀、全聚德、青岛啤酒、东来顺、吴裕泰茶庄、同仁堂、茅台酒、六必居和狗不理等，这些是可考证的有全国性百年历史的品牌。一个人活到百年都很不容易，一个企业活到百年就更不容易，所以只要是立志成为百年品牌的，我都充满了敬意。春熙路上的这个百年凤祥楼被誉为“锦城珠宝第一楼”，沧海桑田，风骨依然，也值得我们敬佩。总得来说，区域地标性珠宝店很容易让消费者有记忆点，一般这样的珠宝店都有绝佳的地理位置优势，并且店面通常相对较大、格局也相对较好，这些因素导致其回头客还是非常多的。除了这些有利因素之外，区域地标性珠宝在众目睽睽之下压力也很大，升级慢了消费者会认为你在老化，升级快了消费者会认为你在提升客群档次，扩大盈利空间。这两种因素导致区域地标性珠宝店面临着发展上的窘境，同时由于知名度较高税务局盯上的风险也不小，总得来说，铺王的位置在现阶段的珠宝终端中是弊大于利的。

旁观匠铸和追银族的白银帝国及解析 K 金以单品崛起的可能性

这几年没少在终端看到以银饰为主的国际品牌“攻城略地”，而国内的银饰品牌好像只有在三四线城市还一息尚存，少有核心竞争力较强的银饰品牌称雄称霸。中国曾是世界上少有的银本位国家，白银在中国的历史和文化中的地位是极高的，但这么大的市场和这么强的文化根基，竟然没有产生一个具有世界影响力的银饰品牌，每当想起这些我就愤愤不平。以前只知道 7℃银饰和梦祥银在国内渠道较多，但质量相对都不高，这次考察时也较少看到他们的身影。所以来成都很想深入考察一下匠铸和追银族，因为前者是在旅游区中做得最好的银饰品牌，后者是在区域市场内较为时尚的银饰品牌。他们在这两方面的成功都是我想了解的，而且这两个品牌居然是同一个老板。在成都著名旅游名街“宽窄巷”，我终于找到了匠铸打造的“少城记忆”，一个让我非常佩服的银饰主题文化展示中心，当然也是一个银饰销售中心。这里把我能想到的银饰文化展示策略基本都实现了，有很多大手笔是我在整个珠宝行业第一次看到，看来卖银他们是认真的。现在国内的银饰有两种销售模式，我个人觉得还不错：

一种是在各种旅游名街或是文化风景区，以文化

和旅游作背景，通过各种套路来销售银饰。这种模式在旅游名街多以店前打银为主，在文化风景区多以苗银、老银、手工银等套路卖银，多少都有点“忽悠” 的意味。另外一种就是在商场或商业街开店设柜，通过销售老银和时尚银饰来盈利，这种模式虽然看起来简单，经营起来却相对艰苦许多。不过有幸见到匠铸和追银族的老板，了解到了匠铸这种文化银饰的店在全国已经开了30多家，取得了相当不错的销售业绩。而我同样关心的追银族更是开了300多家店，这是一个了不起的成绩。做时尚银饰店其实很不容易，一方面有国际性品牌在上欺压，另一方面有网购和其他低端品牌在下阻挡，总之他们是一路乘风破浪，砥砺前行。我不知他们未来发展会如何，但行业有这样优秀的银饰品牌还是很令我欣慰的。除了银饰，在终端考察不得不关注的还有K金产品，我一直在思考一个问题——K金能否在终端以单品的形式崛起？此次在成都的很多商场见识了K金在珠宝终端的新势力，也颠覆了我对K金的固有认识。这两年K金首饰不知什么原因火起来了，出现了一大批以K金为主要盈利点的珠宝品牌，这其中包括18K金和14K金的珠宝品牌。我一直对朋友们发表支持18K金的言论，因此有朋友进一步问我对14K金和9K金首饰的看法。其实我对14K金只

有一些基本的了解，比如：14K 金质地较硬、韧性很高、弹性较强、可以镶嵌各种宝石、价格也适中等，听说这种首饰在日韩市场的占比较高。14K 黄金表示首饰中黄金含量为 58.5%，同俄罗斯紫金首饰的标号 585 是一样的，当然俄罗斯紫金首饰也有标号 375，同 9K 金的黄金含量一样。在成都我第一次全面地看了一下 14K 金首饰，说实话真的没有看懂，只是见识了一些用 14K 金首饰和银饰组合而成的品牌，这种操作非常有利于进商场的珠宝区和饰品区销售。不过在看过多个品牌和多个商场的 K 金首饰之后，我突然想到如果用 18K 金和 14K 金完全可以组合出一个独立的珠宝品牌，因为单独的 K 金品牌目前国内还较少，也许市场真的能够细分出一个专业的 K 金首饰品牌。另外，由 18K 金和 14K 金的首饰组成的产品线可以做得很长，足够支撑一个珠宝专柜甚至是整个店，这些因素基本可奠定一个新品牌的基础。

独立自创品牌与加盟连锁的两难选择

在成都有小兄弟问我现在是否可以自创品牌，我毫不犹豫回答他现在是创立珠宝新品牌的最好时机，我也一直都比较支持独立创新派。自创品牌这种梦想还是要有的，万一实现了呢？当然我的这种当下适合自创品牌的言论还是大有反对者，认为现在传统强势品牌的实力太过强大，挑战强大的他们似乎有些自不量力。说实话现在不创品牌而是去加盟别人的品牌现实利益更好，但做品牌真不是从眼前利益出发的。谁说全国强势品牌较多时就不适合再创造新品牌了？只要有新的商业模式都不妨试试创立新品牌，敢于试错总比错过好，尤其在这个行业迭代的大背景下，绝对是创立新品牌的最好时机，因为此时无论消费者还是业界都需要一起经历一场变革。确实，现在全国有千家店规模的品牌都有十家以上，比如：周大福、六福珠宝、老凤祥、周大生、中国黄金、中国珠宝、周六福、梦金园、赛菲尔珠宝、老庙黄金和7℃银饰等，再加上几十个门店数量达上百家的珠宝品牌，说实话再从头开始做新品牌多少会有些压力。不过我们千万不要忽视一个事实，那就是中国拥有庞大的市场规模。中国太大了，消费者也太多了，同时无论是一二线城市，还是三四线城市，甚至是五六线低端市场的基数都太大了，大到可以支撑更多的珠宝新品牌发展。其实DR这两年不就是成功冲出的一匹黑马吗？更何况还有无数个各具特色的小品牌正躲在角落里练“葵花宝典”呢？行业正在迭代，是消费者正在追着我们迭代，现在90后消费者都快30岁了，由60后和70后创立的那一批珠宝品牌已经很难满足90后甚至00后对珠宝的需求。我个人认为未来的10年内将有

一大批 90 后创立的珠宝品牌呈现江湖。珠宝的江湖没有不败的战神，只有不断兴起的黑马。诚然现在的珠宝终端商的实力较弱，加盟别人一定程度上可保证现实利益，但加盟或许只是权宜之计，不过这一切都不是暂时不能创新品牌的借口，创新永远都是勇者的专利。“无限风光在险峰”，我想人的一生不应该患得患失，而是应该勇攀高峰，不努力一次怎么能看到最美的风景呢？只要能活出人生最好的状态，结果又有什么重要呢？谨以此与各位朋友共勉！

想起曾看到的成都的旅游广告语：“一座来了就不想离开的城市。”本以为是这座城市太自恋的表现，仔细一想确实是如此。这座城市足够开放，也足够包容，有着让人向往的一切元素。对于生活的艺术，他们绝对有足够的资格发言，因此成都这块宝地理所应当获得很多珠宝品牌的厚爱，愿这锦官城之各大珠宝品牌继续惊艳绽放！下一站就是和成都画风截然不同的重庆，据说这两个城市的关系总是像欢喜冤家一样吵个不停，当遇到共同外敌时又会变成合体双胞胎，一致对外。不知重庆这座“火辣辣”的城市又将给我们带来怎样的新奇感受？也许著名的观音桥和解放碑商圈的珠宝大店和珠宝城正红红火火，也许已经一片惨淡。重庆当地民风泼辣，珠宝店的营销也深受影响，有可能我们还将看到一支完全不逊色于湖南珠宝的营销铁军。另外，重庆还有非常少见的LOVE LINK的门店，一直以来都对这个品牌心生好感，期待一饱眼福……

[延展阅读]

1. 成都简介

成都，简称蓉，别称蓉城、锦城，是四川省省会，西南地区唯一的副省级市，特大城市，国家重要的高新技术产业基地、商贸物流中心和综合交通枢纽，西部地区重要的中心城市。2017 年，全市下辖 20 个区（市）县和高新区、天府新区成都直管区，面积 1.46 万平方公里，常住人口 1600 余万人，GDP 超 1.3 万亿元，城镇化率达 70.6%。先后获世界最佳新兴商务城市、中国内陆投资环境标杆城市、国家小微企业双创示范基地城市、中国城市综合实力十强、中国十大创业城市等。

2. 成都主要商场（商业街）和珠宝品牌

商场（商业街）	主要珠宝品牌
乐天百货（武侯区）	SWAROVSKI、谢瑞麟、周大生、六福珠宝、钻石世家、吉盟珠宝、南珠宫
总府路（锦江区）	钻石小鸟、爱恋珠宝、蒂爵珠宝、飞天珠宝、蔚明珠宝、皇翠珠宝、六喜珠宝、周大亨珠宝、金伯利钻石、MLE、招金银楼、老庙黄金、恒大福、佐卡伊
王府井百货（锦江区）	PANDORA、SWAROVSKI、瑞恩钻饰名店、周大福、周大生、ENZO
万象城（成华区）	APM Monaco、PANDORA、SWAROVSKI、I Do、周生生、周大福
环球中心	PANDORA、SWAROVSKI、ALLOVE、ENZO、周大福、谢瑞麟、六福珠宝、潮宏基、吉盟珠宝、钻石世家、蒂爵珠宝、周大生

重庆：山城民风造就别样珠宝营销战场

2018 年 7 月 21 日
38 ℃ 晴

山城重庆据说是盛产美女的地方，珠宝的消费估计也要高过很多城市，我怀着期待的心情来这里看看是否可以发现什么新大陆。一路走来，大大小小的珠宝店大同小异，看得人疲惫不堪，但我仍然不死心，我一直认为有些新的东西躲在不经意的地方等着我去挖掘。考察就是这样，主流商圈、主流品牌，已经让我看到一成不变的地步，偶尔发现几个亮点都会让人觉得来之不易。到重庆时正好是盛夏，我在重庆逛观音桥、解放碑和附近商业街时那种热浪滚滚而来的感觉，一辈子都忘不了。重庆绝对是中国西南地区数一数二的大城市，要不是因为车子一路上忽上忽下地起伏，我想我很难明白为什么叫山城。重庆在珠宝圈流传着很多故事，比如克徕帝在这里的店每个月销售 400 万元珠宝，比如这里的 K 金卖得很疯狂，总之很多传闻让我对这个城市充满了期待。

周大福自动珠宝售卖机能否成为新零售利器

如果要在国内珠宝企业评选出最具创新能力的企业，我个人认为非周大福莫属，他们从来不以

老大自居，总是不断推陈出新引领整个珠宝产业发展。自动珠宝售卖机我以前在网上见到过，一直都没有机会近距离观看，说实话我一直认为这只是个概念而从未认真关注过，今天终于在重庆的观音桥大融城周大福得以亲眼看见，非常意外。记得有人说过四川和重庆是中国珠宝首饰行业最能接受新东西的地方，没想到周大福把这么潮的东西拿到了重庆这个城市来试点。不过由于自动珠宝售卖机的概念实在太新了，新到居然需要1～2个工作人员亲自来指导消费者体验。自动珠宝售卖机居然要有专人来指导，并且产品还不如一节柜台上的货多，远不如像传统的销售那样，既能节省时间成本，还能给消费者更真实的体验感。在我的印象中，适合自动售卖的产品应该是高度标准化的、高频和低值的，而珠宝产品则完全是相反的，不仅不适合高度标准化，而且从购买频次来说也不是高频产品，至于从价值来说更不是低值产品。试想这样的产品如何适用于自动售卖呢？我知道有相当一部分人害怕新生事物的冲击，害怕错过某些新概念和新技术，给自己造成巨大的伤害，但有时候前进的步伐太大反而会适得其反。周大福的自动珠宝售卖机或许不是这种原因带来的“成果”，或许只是想给消费者带来一种独特的体验，但我觉得这代价实在是太大了，也许用不了多长时间他们自己就会发现这个项目多

少有些鸡肋。其实周大福已足够超前了。珠宝作为个性化较强、低频和高价值的特殊产品，周大福的多品牌和多店型策略已经做得非常好，给消费者和同行带来了很多新鲜的东西。虽然不能说自动珠宝售卖机是一个错误的示范，只是担心作为行业老大哥，如此高调推出后万一无疾而终多少有些得不偿失。以前我自己也有过尝试推出自动珠宝售卖机的想法，但看到了周大福的示范后我自行打住了，如果未来中国有一天街上到处是自动售卖机，珠宝行业也许能成功地分一杯羹。

珠宝大店面临的尴尬及当地民风在珠宝营销上的可用之处

一路上看到了不少生意惨淡的珠宝大店和珠宝城，由于怕同行生气，我一直不敢直接写出他们名字，今天实在忍不住吐槽一下。重庆作为一个消费能力较好和审美能力较强的直辖市，在这里开珠宝大店和珠宝城都是不可取的。一直以来，大家都认为店大可以欺客，即便是本市消费者不行周边的消费者也会来捧场。以前这个逻辑或许可行现在却真的不行了。一方面是周边的次级消费者早已被当地多如牛毛的珠宝店拦截了；另一方面，随着消费者主权时代的来临，店大并不能欺客，没准还会被别有用心的人讹诈。在重庆看到的情形是，周边商场中人流量巨大，消费旺盛，

而偌大的珠宝大店和需要上楼的珠宝城却门可罗雀。我这么说并不是对这些商家有恶意，相反我是怀着极大的担心和同情，大家没必要熬到筋疲力尽。我们有这么强大的意志力为什么不转战其他战场呢？选择比努力重要，作为零售行业绝对不能逆势而为，我们一定要灵活多变，顺势而为方能成功。不要相信什么心灵鸡汤，不符合商业规律、不尊重商道的行为，最终都会受到市场规律的惩罚。一个珠宝大店或是珠宝城，一旦发现人流量无法支撑就必须立即调整，要么转移战场，要么缩小规模，绝不能因任何奢望而贻误战机。虽然说珠宝大店和珠宝城在重庆同样面临着客少之尴尬，但是重庆当地的民风和地域性格则显示出它的特别之处，在珠宝营销上有很大的优势。从成都来到重庆，感觉他们原来虽是同处一个省，实际上他们的文化差异让人感到天壤之别。据说成都是浪漫开放的巴蜀文化，重庆是重商的码头文化，真正来到重庆发现一点也不假。重庆人更适合投身商业，而成都人则更有可能成为文艺小资领域的先锋。重庆妹子火辣，大部分的珠宝导购员都极具活力，拼劲十足，哪怕你是一个只拍照不购物的游客，她们也一样热情大方地接待你。重庆当地的民风和地域性格真的很适合实施刺激性较强的营销活动，消费者的参与度与其他城市相比要高很多，这里对珠宝首饰行业来说是一个不错的练兵场。如此说来，克徕帝珠宝在重庆的成绩应该是很不错的，他们的员工具有强大的战斗意识，能把重庆消费者的购买兴趣激发得淋漓尽致。重庆虽然热，但重庆的消费者更喜欢挤一点的购物场所，也许是“挤挤更热闹”的效应，这里绝对是一个小店创造奇迹的地方。这让我想到了湖南人，在湖南长沙黄兴南路上的克徕帝员工也是极具热情，和重庆这里的员工风格极其类似。我脑海里突然萌发出一个念头，如果结合起湖南员工和重庆员工，那完全可以打造出一个最疯狂的营销铁军。珠宝营销重在执行，而一个区域的民风和城市性格也是其中必须考虑的因素，看来我以后有时间要多研究一下这个领域的精要。

通过 LOVE LINK 黄金银饰的组合看时尚银饰的窘境

第一次看到 LOVE LINK 是在深圳珠宝展，绚丽的颜色十分抢眼，时尚情侣珠宝的定位也有独到之处。从产品来看似乎是主推银饰，当时觉得非常惊喜，之后就很少听到关于这个品牌的消息了，只知道他们与 LOVE&LOVE 是同一家公司的。没想到在重庆我居然能再次看到他们的店了，可能是因为第一次见的缘故，我怀着非常兴奋的心情冲上去探店。然而，什么事情就怕“然而”，

在重庆的LOVE LINK完全没有深圳珠宝展期间展现出来的惊艳，大量的硬金和略显普通的陈列，让我觉得这个品牌在终端的实际表现实在让人感觉可惜，它完全可以做得更好。我非常尊重和喜欢它们的创新，可能是我理解不同的原因，我认为它们要是只做时尚银饰就好了，或是只加一些14K金产品，这样既时尚且定价也不高。同黄金结合，不管是3D硬金还是其他的黄金，都不会有很好的时尚感。想想似乎是我个人对它们的要求太高了，其实现在做时尚银饰的国内品牌还是相当不容易的，一直以来，我们也没见过几个仅靠银饰就成功的零售品牌。我前几天在成都见过追银族的创始人，多少了解了一些时尚银饰的困难与挑战。APM Monaco也好，PANDORA也罢，一些国外时尚银饰品牌确实在国内外赚了不少钱，但中国一直没有出现像他们这样优秀的企业，中国的银饰完全不可能卖上国际品牌的价钱，即便是想把银饰的溢价做起来都是极其困难的。国内的银饰品牌主要集中在中低端市场，中高端商业场地的高租金或是高扣点很难让中国的时尚银饰发展起来。不过话说回来，这或许也是LOVE LINK的一次尝试，希望这座城市不会让它失望，在这里可以获得真正起飞的基点。

山城重庆就像是一个耿直的汉子，脾气火爆，但绝对是真性情，我们珠宝门店如果能结合当地的民风进行门店运营和活动营销，效果一定会非常不错。营销无定式，只要是适合的就是最好的。盛产美女的地方一般对美的追求都比较高，美女们是不允许自己比别人“逊色”的，且美女身边一定也有一群美女朋友相互影响。在各种因素的叠加下，这座城市的珠宝市场发展得较好，这下我好像明白周大福自动售卖机、LOVE LINK黄金银饰组合在重庆试点的原因了。因为这里的消费者对新鲜事物的接受能力较强，他们更愿意去尝试，各大珠宝品牌也只有不断推陈出新才能持续吸引他们的关注，所以无论创意成不成功，只要能在这个城市引起关注就已经是种成功了。下一站是贵阳，一座虽然不是美女云集，但是民风和重庆有些相似的城市。贵阳当地有黔宝金店、民鑫珠宝这样的地方珠宝品牌，随着全国性品牌的入侵，这些地方珠宝品牌的核心竞争能力到底是什么？是文化底蕴，还是产品特色？现在全国很多传统老品牌都缺乏生命力。产品的竞争力不是很强，可能很多已被淘汰的产品仍然安稳地“躺”在柜台里，三五年不卖都没有人在意。想要激活地方传统品牌，也许我们可以从产品入手，为产品注入有地方特色的文化印记，期待下一站贵阳的新发现！

[延展阅读]

1. 重庆简介

重庆，简称渝或巴，是中华人民共和国中西部唯一的直辖市、国家中心城市、超大城市、国际大都市，长江上游地区的经济、金融、科创、航运和商贸物流中心，西部大开发重要的战略支点、“一带一路”和长江经济带重要联结点以及内陆开放高地；既以江城、雾都著称，又以山城扬名。

2. 重庆主要商场（商业街）和珠宝品牌

商场（商业街）	主要珠宝品牌
新世界百货	I Do、千禧龙凤、千叶珠宝、蒂爵珠宝、周大生、周大福、老凤祥、周生生、六福珠宝、金至尊、潮宏基、恩得利
中山路（北碚区）	爱恋珠宝、周大生、爱迪尔珠宝、香港中晖珠宝、中国珠宝、金伯利钻石、克徕帝
茂业天地（观音桥商圈）	周生生、潮宏基、蒂爵珠宝、MLE、钻石世家、六福珠宝、老凤祥、周大福
重庆时代广场（渝中区）	Cartier、TIFFANY、BVLGARI、PANDORA、DR、FT 珠宝、周生生

贵阳：文化缺失　地方品牌发展堪忧

2018 年 7 月 24 日
31 ℃　多云

在贵阳的考察主要是顺着黔宝金店所在的商圈分布进行的。由于贵阳正在如火如荼地搞城市建设，所以考察起来相对来说还是比较麻烦的。这几年随着贵州经济的高速发展，作为贵州省会的贵阳受益不少，房价涨得飞快，经济也活跃了起来。由于我和黔宝金店的老板较为熟悉，所以就在他们的帮助下考察了国贸广场、百盛商场、时代广场、智诚百货大楼、世纪金源购物中心、花果园购物中心、万达广场和中华中路附近的珠宝一条街。说实话有熟人带路效率还是比较高的，只是这一行我欠了太多行业朋友的人情，都不知以后如何去偿还，所以有时我还是喜欢自己逛街，这样至少在心理上舒服一点。通过朋友我基本了解到，这两年贵阳的珠宝店开得实在太多了，同时各商业街区由于城市建设的原因，很多珠宝店的生意受到了很大的影响。不过贵阳珠宝店的投资回报率整体还是不错的，还有进一步投资和发展的空间。

贵阳不成熟的商业或将迎来珠宝商战及珠宝区和化妆品区的意外结合

作为一个随六桂福珠宝转战过黑龙江、吉林、辽宁、山东、京津冀、山东、浙江、湖北、广东、福建和广西的老兵，我个人认为贵州简直就是一个极待开发的落后省份；作为一个考察过全国大多数省会城市的老兵，我更认为贵阳的商业相对来说还不太成熟。尽管本地的商家认为现在竞争压力大，生意不好做，那是因为他们普遍的经营水平太弱了。我一直以来的零售态度是：要不死磕，要不缴枪！所坚持的零售战略也比较简单粗暴：用最狠的打法打最弱的市场！看完贵阳市场后真想立即来这里开店。我想一定会有大量的发达省份珠宝商近期会闻声而来，这里的商家普遍运营水平并不高，完全可以用发达省会的凶狠打法来分上一杯羹。通过走完整个贵阳的商业街区，再加上看了不温不火的万达广场，我再次坚定地认为，随着贵阳商业的不断成熟，贵阳将迎来一场最残酷的珠宝商战。这不仅是因为这里的商业不成熟，珠宝商的运营水平低，更是因为这里没有相对强势的地方品牌，因此在可预见的时间内这里必将迎来一场混战，而行业混战往往是最残酷的商战。贵阳商圈虽相对落后，但我在这里也有意外的收获。在中华路的国贸商场看到了一个非常值得推广的业态组合模式，那就是珠宝区和化妆品交织在一起。不知道这是商场的随意安排还是刻意组合，总之我个人认为这对于珠宝业者来说绝对是相当有利的。全国绝大多数的商场都是把珠宝成片地安排在一个区间内，这样的安排或许是为了方便顾客选择，或许也是为了商场管理方便，但这对于珠宝这种低频产品来说，其实压力是巨大的。消费者的确愿意货比三家，但一下子面对一大票珠宝店，很容易爆发选择困难症，商家也会进入恶性竞争的死循环。化妆品区虽然是热区，但如果品牌与品牌之间近身肉搏也未必是好事，或许真的可以尝试与珠宝区混在一起。如果真的把珠宝区和化妆品区混在一起的话，那基本就可以做到冷区和热区相结合。同类品牌之间有其他行业品牌进行适度区隔，这让消费者在选择时不会有太大压力，同时商家也有一定的空间进行更好的推介。更重要的是，化妆品店会带来较大的自然人流，间接惠及珠宝店。当然这是我站在珠宝人立场上一厢情愿的想法，但不试试怎么知道结果好不好呢？

通过珠宝证书日期和种类看产品的竞争力

作为在珠宝零售终端干了十多年的老兵，我是非常喜欢研究产品的，尤其热衷于查看产品的库龄。通过看产品的库龄会很容易看出这个珠宝

店的产品竞争力，我也经常提醒那些对产品不是很了解的老板要注意自己店里的产品库龄。在贵阳我看了一些所谓的大店和好店的货，还特意看了钻石和翡翠产品的证书，结果却是触目惊心。很多钻石产品的证书都是很早之前的，在随机抽样中可以看到30%以上的钻石产品证书都是两年前的，这就意味着这些产品的库龄较长，甚至达到了我本人特别制定的“死货”标准。这里由于涉及商业机密，我就不一一列出我对黄金、硬金、钻石、彩宝、玉器和其他产品的死货标准，大家可以根据自己店里的各类产品平均周转天数来制定自己店内产品的死货标准。另外为了进一步评估一些店的进货水平，我们可以从翡翠玉器产品的证书上查看，如果发现这类产品的证书是三年以前的，或者证书是由省检或非著名检测机构所出就要小心了。据我所知现在全国有13家国家级检测机构和30多个省级检测机构，从法律上和实力上应都具备相应的检测权威性，但在各自所面临不一样的生存环境下，实际上的检测尺度把握也就不一定一样了，例如钻石在颜色上如果稍微放点水提个级，一般是没有办法处理的。总之珠宝各种分级虽然有国标，但由于最终的检测毕竟需要人工，所以在标准的执行过程中很难杜绝“人为失误”。我有次在某个店的翡翠产品证书里居然看到了8年前的货，同时这个店的翡翠产品证书出具方多达10多个，质量参差不齐，而店开业才2～3年，这意味着这个店的翡翠产品大部分都是别人的滞销货，如果数额较大就难免要怀疑进货人的“态度”了。一个合格的终端管理者，完全可以通过各种珠宝证书上的日期，以及通过这些证书所推算出的各类产品的库龄，大致就能判断出这个店的产品竞争力了。产品的库龄越短越说明这个店的产品周转快，产品周转越快我们越是可以断定这个店的产品竞争力强。

地方珠宝品牌文化的缺失将导致其最终消亡

这一路走来，看过了相当多的地方珠宝品牌，基本都失去了自身的特色，成了再普遍不过的传统渠道门店，有时也就只有通过他们的名字还能找回一点时代的印记。在渠道为王的大时代背景下，各地方珠宝品牌根本就无暇去关注品牌文化，只是以店的数量和大小来论输赢。在贵阳看到民鑫珠宝招牌上写着“贵州珠宝第一店”几个字，我怀着非常热切的期待进店想一看究竟，结果还是一如既往的失望，无论是民鑫珠宝还是黔宝金店，都无法让我找到任何贵州珠宝的特色。当然他们已非常努力，都是贵州省的优秀地方品牌，也许是我的要求高了些，但我真的希望中国能有一批极具地方特色的珠宝品牌，他们可以代表各

地方的珠宝文化，给子孙留下一点特色民族文化或区域文化印记。有时候到国内外一些特色城市旅游，或多或少都能看见一些当地的少数民族或是土著居民的文化表演，一些旅游区还有纪念性质的代表饰品。当然在贵州的旅游区我也看到了被玩坏了的苗银，苗银是一个非常有历史文化特色的产品，这些地方珠宝品牌完全可以把这些产品的文化内涵挖掘出来，成就一个极具民族特色的银饰珠宝品牌。我个人认为要是认真起来想的话，全国各省都可开发出有地方特色的珠宝品牌和产品系列，否则用不了多久现有的地方珠宝品牌都会销声匿迹，因为他们在全国强势珠宝品牌的不断打压下，确实没有什么生存的必要和可能。套用一句话，“只有民族的，才是世界的”，地方珠宝只有具有民族特色，才能走向全国乃至世界。

多姿多彩的贵州，神秘富饶，民俗特色浓郁，兴许我们同行真应该在当地发展出属于它的珠宝文化，才不枉费这里的美丽与灵气。在未来更加激烈的市场争夺战中，谁家的文化底蕴更足，谁存活下去的机会就更大，祝愿这里的珠宝品牌都能找到属于它的文化“盔甲”，然后所向披靡，凯歌高奏。下一站我即将前往红色旅游胜地遵义，我将借此机会继续深入考察贵州这个市场。现在全国三四线城市核心地段商铺租金高得离谱，在遵义打拼的珠宝商们是否也遭受着同样的困扰？如果是，那么这个市场又将有什么特殊表现？另外，我一直对银饰在三四线城市的发展潜力十分看好，遵义之行，我也将继续关注这个市场，或许它既不是我们想象的那么轻松容易，也不是完全触不可及。

[延展阅读]

1. 贵阳简介

贵阳，贵州省省会，简称筑、金筑，有“林城”之美誉，因境内贵山之南而得名。是贵州省的政治、经济、文化、科教、交通中心和西南地区重要的交通、通信枢纽、工业基地及商贸旅游服务中心。西南地区中心城市之一、全国生态休闲度假旅游城市、全国综合性铁路枢纽。

2. 贵阳主要商场（商业街）和珠宝品牌

商场（商业街）	主要珠宝品牌
中华中路（云岩区）	爱迪尔珠宝、爱恋珠宝、同缘珠宝、嘉华珠宝、民鑫珠宝、六福珠宝、梦斯曼珠宝、黔宝金店、老庙黄金、鸳鸯金楼
四季金源购物中心	谢瑞麟、六福珠宝、周大福、周生生、I Do、黔宝金店
国贸广场	PANDORA、SWAROVSKI、APM Monaco、六福珠宝、周生生、周大福荟馆
百盛	六福珠宝、周大福、谢瑞麟、潮宏基

遵义：三四线珠宝市场银饰未来可期

2018 年 7 月 26 日
32 ℃　多云

一直向往去革命圣地遵义看看，因为那里历史上曾经召开过一个极其重要的历史性会议——遵义会议，同时也很想知道那个位于贵州省北部，黔川渝三省市结合部的地级市到底是什么样子，这次我终于可以实现自己的夙愿了。遵义是一个常住人口 624.83 万人，而户籍人口却有 801.83 万人的城市，这里应算是一个发展不错的三线城市，总之这里给我的印象还是不错的。遵义的珠宝一条街主要在中华南路上，这附近估计应有 30 家以上的珠宝店，基本上也是隔个门市就是一家，但是整体上来说还是小店多一些，大店相对不多。除了珠宝一条街外，遵义还有一个比较不错的商场，那就是国贸购物中心，这里面主要是香港珠宝品牌和内地时尚珠宝品牌的天下。也许是心情比较好的原因，我个人感觉这里的珠宝市场还是很有潜力的。珠宝店虽然不少，但整体的经营水平一般，同时大型的珠宝店较少，作为本地老品牌百年珠宝也发展得顺风顺水。当然最重要的是这里还有很多铺估计可以租到手。听说这里的经

济发展不错，所以想开店的话这里最适合一拖二的方式来快速进攻，相信只要有湖南长沙黄兴南路上中国黄金的那种狠劲，到这里还是大有机会的。

三四线城市商铺天价租金到底谁之过

在逛完遵义的主要珠宝店后，我曾问本地的同行，为什么不到核心地段开店，他的回答是这里的租金实在是太贵了。一个地级市的百平级珠宝店年租金过百万元，说实话对比全国同类市场这不算太贵，只是让长时间在当地发展的同行接受不了而已。这几年全国的三四线城市的房租的确涨得很快，一方面是有房源的温州人炒起来的，另一方面也是我们珠宝投资商自己炒起来的。曾几何时，我们珠宝业才刚开始发展，很多商铺落入到做服装和鞋子的商人手中，其中有相当大的一部分老板就是温州人，他们不断地购买大量的街铺。这几年他们走运，正在不断地收拾着那些想开珠宝店的投资者们，其实买房赚租金无可厚非，不断提价也是他们的本事，我们真的不能去骂他们，谁让我们早期没有眼光都不敢买商铺呢？什么互联网大潮来临实体店已死，什么商铺以后将不值钱，我们这些做实体的都被那些做互联网的忽悠惨了，尤其是口才好的马云天天吓我们，结果我们胆小都没能入手一线商铺。另外我们珠

宝同行不团结也是一个大问题，这些年有无数个我知道的商铺就是不断被竞争对手抬高租金，这完全是赤裸裸的行业内耗。当然我们也高价抢过别人的铺，总之就是珠宝行业太疯狂了，看了太多的珠宝店都是这样的结局。很多行外的店铺这几年都被珠宝行业抢过来，这或许是行业发展的必然，只不过在这里看到有些珠宝店老板选铺不够严谨让人觉得可惜，尤其是只有一空店面的珠宝店，纯粹是为了刷存在感。其实在地级市开店至少要有两空门面，只有这样才能保证成为体面的门店。或许是这里的房租太高了，或许是这里珠宝投资者的心脏还没有变得强大，总之商铺的租金上涨我们不能怪任何人，要怪就怪我们的经营获利能力较低。当然我个人判断店铺租金未来两年很有可能会回落，如果不急可等等再开店。

遵义婚纱影楼珠宝结合模式现场亲历

由于各种各样的原因，一直没有真正看到一家婚纱影楼和珠宝结合的成功模式，导致我想做的婚纱影楼珠宝没有参考对象。踏破铁鞋无觅处，得来全不费功夫，就在我近乎绝望之际，在遵义的维纳斯看到了婚纱摄影和珠宝的结合。当然这里的珠宝铺货确实少了些，只有几节柜台，看起来也不是十分专业，但他们还在乐此不疲地向顾客推销珠宝。珠宝和婚纱影楼的客户重叠度很高，

尤其是婚纱影楼的客人百分百是珠宝店的客人，因此我认为他们二者是最佳的组合。我个人认为婚纱影楼和珠宝都是低频的生意，对结婚人群来说却是实实在在的刚需，如果可以共享客户那么将完全有可能取得双赢。只是受制于做婚纱影楼的那些人，都有些艺术家的情杯，很多人更是看不上珠宝这个投资高的项目，有开珠宝店的钱他们都不知开几个婚纱影楼了。同时开珠宝店的人觉得婚纱影楼的技术含量高，自己不懂摄影完全无法开婚纱影楼。所以婚纱影楼和珠宝的交集只限于异业合作，根本就不可能出现异业合体的情况。这几年大的婚纱影楼受小工作室分流的影响压力很大，我们曾经试想在大的婚纱影楼里进行异业合作，摆上几节珠宝柜台，但估计这种单向导流的结果并不会太好，无法发挥出“1+1 大于 2”的效果。我个人是看好婚纱影楼和珠宝合体经营的，不过不是那种简单的异业合作，而是必须由一个老板来跨业经营，只有深度合体重新打造出一个新模式，才能真正把这两者结合好。婚庆珠宝的经营者有很多，婚纱影楼的经营者也有很多，婚纱影楼需要二楼以上的低租金场地，珠宝需要一楼的热铺，如果两者可以在一地结合成一个新的跨界企业，或许能开拓出另一片新天地。

传统银饰专卖店在三四线城市市场空间

木乃伊银饰是我在贵州省多次看到的银饰品牌，估计是贵州省本地的银饰连锁品牌。木乃伊银饰的店有大有小，通过朋友得知他们的加盟店要在8平方米以上，加盟保证金1万元，这门槛算是不高的。其实我考察全国时接触到了很多银饰品牌，其中以7℃银饰、梦祥银和追银族见得较多，其他如MGS曼古银、海盗船、老银匠也时有所见。整体给我的感觉是中国传统银饰连锁品牌王者还没能真正出现。很久没有认真看银饰了，现在的网购把银饰的生意已抢得很惨了，难道现在三四线城市还有传统银饰的市场空间吗？带着这样的疑问我认真看了一下木乃伊银饰的产品线，基本上都是些大路货和价格不高的款式，和网购的价格差不多，而且更直观，且可以直接试戴，所以看起来生意还挺好的。想想也是，众所周知的TIFFANY不就是卖银饰的吗？还有这几年超厉害的丹麦品牌PANDORA，以及Chrome Hearts、KING BABY、Thomas sabo、APM Monaco等一堆国外银饰品牌不都进入中国卖银饰了吗？诚然这些竞争力较强的时尚银饰品牌都基本在一二线城市，那么中国的三四线城市的银饰市场谁主沉浮？我个人觉得中国的传统银饰完全可以在三四线城市发展起来，品牌形象可以更符合中国人的审美，

款式可以借鉴各大牌产品，当然这里不是让大家直接抄款，因为这样虽然很赚钱，但毕竟侵犯了别人的知识产权。不过如果能打造不侵权但又与大牌类似的款式，中低端的价格，估计没准可以打造出一个中国三四线城市的银饰连锁巨头。现在已知的这些银饰品牌想成长为巨头很难了，因为他们的渠道打折管理太乱了，折扣给得太低，很难再拉起来，但也不是完全没有机会。我怀着热切的心期待着中国的银饰品牌称霸中国，希望那一天不再遥远。不过我最后再次提醒一下同行：银饰专卖店在三四线城市发展空间巨大，千万不要被打折促销给摧毁！

珠宝商超店在贵州省的兴起和机遇

在浙江省我看到过大量的珠宝商超店，尤其是在大润发、世纪华联和物美超市等大型超市里，都配套着一定的商业街铺，在超市这种人流聚集的地方开珠宝店，特别是中低端的珠宝店生意还真心不错。一直以为开珠宝商超店是浙江、江苏和广东等发达省份的专利，结果在贵州遵义的华联超市也看到了珠宝商超店，他们分别是老庙和黔宝金店。以前曾认识一批开珠宝商超店的朋友，他们的经营效益都是不错的，尤其是有些珠宝商搞到独家经营的超市，其中的珠宝商超店更是由于垄断而生意兴隆。贵州的商超发展水平整体较

低，远不及沿海省份的大型超市。体量巨大，商铺众多，非常适合中低端珠宝品牌“捡”中低端珠宝消费者。听当地的朋友说这几年国家加大对贵州省的投资力度，未来的贵州经济一定会快速发展，其实从贵阳的发展情况就可以印证这种说法。估计未来几年贵州省的商超会有巨大的进步，因为这毕竟是老百姓最基础的消费场所，因此我们坚信未来贵州将会兴起珠宝商超店。我以前所在的公司曾在浙江省着重发展过珠宝商超店，我个人也参观过近百家的珠宝商超店，有好有坏，也不是个个都赚钱，但总体而言比开临街的商铺型珠宝店投资风险小多了，同时又远比商场中的珠宝店压力小，确实适合经营实力较弱的珠宝商进行投资。看着遵义那么低水平的珠宝商超店都能盈利，如果是浙江的珠宝商超店投资大军赶来，估计这里的珠宝商超店定会遍地狼烟。

作为西南腹地的旅游名城，也是长江三峡生态旅游的理想之境，遵义这样的城市如果有各种不同主题、不同类型的珠宝品牌争相绽放，尤其是小众、不走寻常路的银饰品牌扎根发芽，一定更能衬托起这个城市的旅游价值与文化特征，当然这只是我个人的畅想。下一站即将考察毕节，近年来贵州这个省份越来越多地出现在大众的视线里，大家忽然发现它好像是一个“宝藏级省份”，

各种惊喜让人目接不暇，所以对于毕节的考察我还是充满了期待。毕节珠宝一条街上大店林立，装修豪华气派，不知生意如何？据说当地中国黄金大店的超级豪华的黄金手镯墙也是不可错过的一道风景。现在三四线城市珠宝市场涌现出了一些“无门之门”，还有各种低端的引流方式，或点赞或批判，留给下一站去实现吧。

[延展阅读]

1. 遵义简介

遵义，简称“遵”，位于贵州省北部，黔川渝三省市结合部中心城市，是国家全域旅游示范区。南临贵阳市，北倚重庆市，西接四川省。处于成渝—黔中经济区走廊的核心区和主廊道，黔渝合作的桥头堡、主阵地和先行区。是西南地区承接南北、连接东西、通江达海的重要交通枢纽。遵义是首批国家历史文化名城，曾获得全国文明城市、国家森林城市、国家卫生城市、双拥模范城市、中国优秀旅游城市、国家园林城市等多项殊荣。同时也是中国三大名酒“茅五剑”之一的茅台酒的故乡。

2. 遵义主要商场（商业街）和珠宝品牌

商场（商业街）	主要珠宝品牌
星力城	DR、六福珠宝、诺歌珠宝、南洋珠宝
中山路	爱恋珠宝、金缘珠宝、周大福、中国黄金
中华路	周六福、老凤祥、中国珠宝、明牌珠宝、百楼珠宝、周九生珠宝、百年珠宝、鸳鸯金楼、金伯利钻石
国贸广场	潮宏基、谢瑞麟、六福珠宝、上海老庙黄金、YAFU（雅福）

毕节：珠宝商正在为商铺业主打工

2018 年 7 月 26 日
27 ℃　阵雨

来毕节是源于一个同学说在这里有长江的老同学和他们投资的项目，本来想顺路来看看他，结果行程安排了他人却没有来。在被爽约后，我只能自己来考察毕节了，一个生命中从未听到过的名字和从未来过的城市。毕节是贵州的一个地级市，位于贵州西北部，常住人口为 664.18 万人，听同学说加上流动人口这里有上千万人。虽然我很想相信，但走在街上仍然有所怀疑，感觉这里怎么也不像是有上千万人的城市。这里的商业街或是珠宝一条街就在胜利路上，好长的一条街，好多的珠宝店。毕节珠宝店均以大店为主，竞争激烈，门店风格大同小异。随着人们消费水平的提升，曾经落后省份的三四线城市大妈们开始有钱消费品牌了，总想去一些名气大的品牌买珠宝。受限于珠宝零售业营销水平的低下，珠宝同行们在无法通过营销建立品牌高度的同时，想出了一个更实际的办法，那就是大店和巨额装修，用奢侈感来给品牌增添以自信心。看着毕节这些高档装修的大店，我都替他们觉得心疼，这得要多少

时间才能把装修费用和房租赚回来。

县级珠宝门店的无门店铺迭代升级

离职后由于交情的原因，接了一个老哥的顾问案，他给我提出了一个难题，那就是如何对付周六福的“无门”。这两年珠宝行业的店铺推出了一种新形象，那就是不要门的店铺，我个人简称为：无门之门。终端竞争我最服的就是周六福，他们的加盟商确实是创意无限，有些创意实在太有实践指导意义，比如他们的店铺灯光比周大福高了 20%，比如他们的终端营销新娘装，有太多的亮点，看似低俗，但在四五线城市的效果一定是不错的。如果有机会让我自己开店，我第一个想开的就可能就是周六福，因为这个珠宝品牌最接地气，加盟商也最有自由。一路看过很多的无门店铺，主要是以服装业门店为主，而珠宝行业的无门店铺真的不多。店铺不要门了，对于珠宝店这种装饰华丽的店来说，感觉就像裸体一样，随便什么人都可以进来，但这样真的会提高人流量，总之好处清晰可见。不过我仍然是这种“无门”的反对派，原因有两方面：第一，这样真的不安全，坏人抢了就跑，同时顾客和员工在店里都无安全感，完全没有一个安静的购物环境；第二，这样的店不节能，这需要强大的空调才能维持差不多可以接受的店内温度。我曾亲自体验过，一个店

里空调，空气扇，以及风机全用上了也还是太热，根本无法静下心来购物。珠宝店本身就是用电大户，就算你不在意电费，但估计一个月下来的电费最少要增长30%。最后一个就是卫生问题，无门之店，店铺外的蚊虫、异味和老鼠如何防范，想想我都觉得无法忍受。就说湖南的臭豆腐，湖南福泽人珠宝福鑫店门前就有一个臭豆腐摊，每次去那个店闻到那个味，想“死”的心都有了。不过这种无门店铺在万达广场或是类似的大型购物中心里面开就完全没有问题，而且还非常有利于门前活动和引流。无门之门可以说使珠宝行业竞争达到了一个至高境界，感谢周六福等无门派店铺的创新，以后我也可以在万达似的场所里加入无门派了。

门店营销之音乐元素及夏季营销利器之广告扇

在一个不好意思说店名的珠宝店里，突然听到了我们70后熟悉的歌，让我油然而生出一种亲切感，强压兴奋以闲逛的方式又多停留了几分钟。所有艺术形式中，我个人认为音乐是最有感染力的。如果门店擅于利用音乐，至少可以提升20%的人流量，同时销售更可提升30%，当然这是我“不负责任”的估计，不过从那些懂音乐人的泡妞效率上和成功率上来看我真的可以借此推论。这次全国考察让我的心安静下来，发现了以前忽视了的世间无数美好。其实服装业的店铺经营水平较高也能从他们对音乐的重视这点体现出来，ZARA店铺有专门的音乐歌单，H&M店铺有专门的音乐歌单，并且每月更新，UR、UNIQLO、GAP、GXG的店铺也都有专门的音乐歌单。不仅如此，我还曾在星巴克、MUJI无印良品、宜家、名创优品、OPPO的店铺发现他们也有专门的音乐歌单，而整个珠宝行业我就没有什么有价值的发现，只有I Do的陈弈迅和莫文蔚演唱的推广歌曲还不错，就是太少了有点不过瘾。还有的就是爱恋珠宝好像有专业的音乐歌单，只是他们的歌虽然好听，但由于我的年纪大了，不想听太吵的，不过我仍然佩服爱恋珠宝的张清群，可以选出这么精彩的音乐作为店铺歌单，向这位大神级的大哥致敬。门店营销中音乐元素是一年四季都可以利用的，但是夏季终端营销活动中还有一种利器，那就是广告扇。在贵州考察时正是夏季，中午还是挺热的，刚好同行给了我一把广告扇让我倍感清凉。说实话我一直看不上这个小东西，以前总觉得它档次低，广告扇说白了完全就是一次性用品，没有什么长期的使用价值。以前作为经营方多是从品牌形象和成本上考虑的，这次作为一个假冒的消费者，很大程度上是从消费者的体验上去考虑。首先，这广告扇从实用性的角度来看还是很不错的，尤

其是热的时候有这么一把小扇子送清凉着实很爽。只是由于这些广告扇都是太简陋了，一点都不符合人体工学，体验感还是有一点差的，也就是在人能忍受的底限边缘。如果稍微做好一些，能带到家里重复使用，哪怕只是再多用一次，其单次成本不就下降了吗？虽然没有看到更好的广告扇，但我个人认为这或许就是一个可以突破的点。其次广告扇的排版也太不走心了，现在的广告扇排版实在是文字堆叠，完全不具备美感，商家只是把想表达的购物优惠全都表达完，消费者一般是看着恶心干脆选择视而不见。其实只有排得好看、有艺术感，消费者才有兴趣细看，不然又有什么意义呢？最后是广告扇上的内容，既然是广告就要"一扇入心"，不然就只能算作垃圾扇。如果广告扇上的文案能达到江小白的水平就好了，多少会引人细看和共鸣。营销无小事，一个精致的广告扇，一个细致的排版，一段煽情的文字，都是这种珠宝终端营销成功的关键。如果能举一反三，我感觉以后我的终端营销水平会进入到另外一种境界，卓越的人生好像就要从广告扇开始了。

中国黄金的手镯墙展示出王者之风

在毕节的中国黄金毕节总店再次见到震撼的一幕，那就是由数百个手镯组成的手镯墙。虽然鄙人已曾看过几次手镯墙，但这次的数量最多，多到我严重怀疑那些货的真假。一个店里黄金手镯铺上几十个我都觉得不少了，随便一出手就是几百上千的，我真的服了，估计消费者也都服了。在毕节这种三四线城市，店大货多就是王道，消费者根本没有什么过高的要求，消费者认的就是实力，反正每一家的货都差不多。那么问题来了，这么大面积的手镯墙如果都是真货，那么谁也铺不起，随便几十公斤的黄金都会是压死终端珠宝商的巨额资金。如果是假的那就有风险了，竞争对手或许会“借题发挥”告诉消费者他家的手镯墙全是假黄金。当然小城市同行间的关系或许没有那么差，但还是有一定信任风险的。在南昌的中国黄金我也看到这种手镯墙，估计不是中国黄金标配，只是一些加盟商的创意。不过话说回来，假如这些手镯墙只用一部分真货，一部分是金包银的陈列品，那成本不就下来了，同时展示效果不就基本可以达到了吗？似乎我在这里又发现了一个新的商机。不说这些了，不管真金还是假金，这个黄金手镯墙的展示效果绝对是无敌的，黄金陈列中我见过无数种炫酷的手法，黄金手镯墙无疑是其中的“王中王”。金灿灿的黄金其实最符合中国人的审美，尤其是中低端有钱人的审美，而黄金手镯墙无疑可以给中国人最强烈的眼球刺激，从这个角度来说，黄金手镯墙最能代表中国

黄金。

来毕节虽然没有见到老同学，却意外收获了很多，尤其是看到了中国黄金的超级豪华黄金手镯墙，我们终端混战其实就是需要这样既务实又极具创造力的创新，想要打好阵地战就要有周密的策划，同时还要有制胜大招，毕竟“老大”是不好当的，所以不得不佩服终端实战中这样优秀的人才。下一站是六盘水，听说那里一条珠宝街居然有50家珠宝店！是什么给了一个三线城市这样的勇气？我只能带着强烈的好奇心去考察。六盘水还有一个奇特的地方是，主干商业街地下居然又开通了一条长达1300米的地下商业街，这下地上的商家该紧张了吧！面对赤裸裸的分流该如何是好，可有奇招应对？终端零售值得探讨的问题还有很多，下一站继续。

[延展阅读]

1. 毕节简介

毕节市，贵州省下辖地级市，位于贵州西北部，贵州金三角之一，乌蒙山腹地，川、滇、黔之锁钥，扼滇楚之咽喉，控巴蜀之门户，长江珠江之屏障，西邻云南，北接四川，是乌江、北盘江、赤水河发源地，是一个多民族聚居、历史文化灿烂、资源富集、神奇秀美、三省通衢、红星闪耀的地方。

2. 毕节主要商场（商业街）和珠宝品牌

商场（商业街）	主要珠宝品牌
人民路（大方县）	百年六珠宝、大福珠宝、万福珠宝、周大生、喜格珠宝、周六福、金禧麟珠宝、周大金
胜利路 & 联通大道（七星关区）	六福珠宝、周大生珠宝、中国黄金、周六福、爱迪尔珠宝、老凤祥、黔宝金店

六盘水：中国凉都不凉　渠道火拼正猛

2018 年 7 月 27 日
25 ℃　多云转阴

六盘水，别称“中国凉都”，是贵州省的一个地级市，常住人口 292.41 万人，是一个不错的贵州三线城市。整个城市的主要商业街为钟山大道，这条路如果是步行的话感觉非常长，长到把这里新老两个商业区连在了一起，同时还有一条 1300 米长的地下商业街，因此这条长街成了六盘水最壮观的商业街。商业街长本来无可厚非，只是新增的大量商铺就给六盘水珠宝商家出了一个难题，你不抢着开店立马另外有人抢着开店，所以这条街就出现了几十家珠宝店。当然这条街也有国贸广场、百盛商场、西部大象购物中心和恒远意通百货等商场，但仅街上的珠宝店就足以令人震惊。不仅如此，由于贵州人民消费观念较乐观，大多数人没有存钱的习惯，所以六盘水吸引来了万达广场的投资，万达广场虽不在核心商圈，但体量也不小，未来也许会进一步分流当地的商业。目前万达广场的珠宝品牌只有周大福、中国黄金、I Do、老凤祥、金伯利钻石、克徕帝和珂兰钻石这几家，在和老商圈的珠宝竞争中，竞争力基本可以忽略不计，但愿这个商场

招商的巨大工程能顺利完成，不然这几家珠宝同行恐怕会掉进了火坑。

地级市的珠宝渠道加密战的“精彩”战法

当我一到六盘水听到这条街上有 50 多家店时，我的第一反应是不可能吧！一条街怎么可能有 50 多家珠宝店？但当同行把相关的店数报出来后我也就信服了。六盘水的珠宝零售业竞争实在是太激烈，一条珠宝街积聚门店 50 多家，周大生、中国黄金等品牌更是各有五家门店。难道这里开店不花钱，还是大家“滥竽充数”开的都是小店？我带着不敢相信的心理开始了巡店之旅。六盘水的珠宝店是货真价实的大店，实在是太拼了，本来以为这里店多也就算了，没想到看到的是单一品牌的渠道加密战，还真开得全是真刀真枪的大店，简直就是珠宝终端的火拼战。我说六盘水珠宝在火拼你可能不信，但这却是血淋淋的事实。在很多三四线城市，我看过一带二或一带三的打法，还真的没有看到一带四的打法，而且还都是大店，我只能说贵州这里的珠宝终端商打法太凶狠了。其实一个行业最精彩的大多是在整个行业的后半段，大家都在前半段补完了血，实力强大之后脾气都大了起来，再遇到竞争对手自然谁也不服谁。不知他们这种让我感觉丧失理性的血拼可以挺多久，但我此生有幸看到珠宝行业在城市

最火的商业街，以最贵的租金和最豪华的装修不计代价的多店血拼，实在是太刺激了。

地下商业街的低端商业分流和银饰经营

六盘水最神奇的地方就是传统商业街的地下还有一个商业街，1300 米长，总建筑面积约 103 300 平方米。反正我一逛地下就懵圈，所以就把一切当真吧。这么霸气的商圈，逛起来是非常累的，要不是这里有几个卖银的店，我才不会下来呢！带着好奇我问同行，这里不是凉都吗？夏天又不热，搞什么地下商业街？结果同行告诉我这里冬天很冷，有地下街冬天舒服些。我一开始还以为是政府搞的形象工程呢，没想到政府是如此贴心。其实做珠宝行业零售最怕的就是地下商业街，无论是冷还是热，地下商业街都毫不客气地分走了大量的人流。贵州夏季气候凉爽，也许现在分流的情况不太明显，但估计全年下来地面人流降低 20% 还是有可能的。当然作为珠宝行业需要的是高端人流，如果地卜商业街的银饰真的火起来，对传统珠宝店的银饰还是有一定影响的。现在所有珠宝店都面临着业绩下滑的问题，苍蝇脚也是肉，没有银饰利润虽然不会致命，但这一点一点的利润流失最终将导致大问题。不仅如此，失去银饰顾客意味着失去了低端客群，少了低端客群就少了总体人流量，这才是最可怕的问题，

到时员工和老板都会更加心慌。六盘水地下商业街的银饰经营水平还处于比较低的阶段，如果再提高些档次、增加些品牌就更有竞争力了。这次全国考察发现中低端的银饰真的迫切需要升级了，以后要是能升级成功，将真有可能在全国崛起数家新兴的银饰品牌。

零售的高价高工资和低价低工资选择

在六盘水与同行交流时被问到一个问题，那就是现在的珠宝店是采用高价高工资，还是采用低价低工资比较好，我一时很难作答，因为这不仅仅是工资提成的问题，这也是一个经营模式和薪酬策略的问题。现在采用低价低工资的珠宝品牌居多，尤其是在三四线城市，大多数珠宝品牌的工资水平都不高，造成员工素质和斗志都不高。用低价竞争的策略是源于物美价廉指导思想下的一种普遍性经营策略，这样的好处是同质化的产品价格低会好卖一些，由于价格低推销起来的难度确实会低一些。不过这种策略的后续问题也十分明显，那就是“便宜货”顾客并不买帐，而员工的斗志和自信力也不会太高，让顾客感受不到产品之外的专业服务。诚然现在仍是“渠道为王”的混战时代，但这种趋势正在向“产品为王”和“品牌为王”的时代转变，一个只是依靠价格低廉生存的品牌是无法赢得持久的竞争。其实即使产品

的价格低，也要考虑员工的收入问题，在用工荒即将全面席卷珠宝零售业时，如果员工的收入低，那是招不到员工也留不住员工的。我个人比较喜欢高价高工资模式，尤其是硬金和钻饰这类产品，需要导购人员投入更多的时间和处理更多的问题才能销售出去，这些工作都是需要一定成本的。同时能买这类高利润产品的顾客对价格的敏感度并不高，只是我们自己一厢情愿地认为顾客喜欢便宜。我们一定要试一下用高工资的形式，招好人，招能人，然后把货尽可能地高价卖出去，这样将是一种双赢的结果，同时还是一种可以长久持续的操作。诚然这样做很难，但珠宝零售领域就有很多员工工资高的案例，我知道的就有一些品牌不是很响的珠宝店，员工的工资却高过同行，并且他们的利润产品卖得还真的不便宜。现在三四线城市的非素金产品占比都越来越高了，这意味着消费者能接受更高溢价的产品，也意味着产品的价格不再是最核心的因素，导购人员的素质水平才是最重要的。未来谁能真正做到高价高工资谁就一定会成为行业的优势品牌；如果谁还走低价低工资的老路，这样的品牌经营一定会越来越困难，因为真的极少见到低价低工资可以发展起来的品牌。品牌可以低价，但员工不可以低工资，最好的模式就是高价高工资，次之的模式就是低

价高工资，最差的模式才是低价低工资。

六盘水似乎让我见识到了珠宝行业渠道战的终极版，虽号称为“中国凉都”，珠宝市场的“渠道加密战”却正是硝烟弥漫，一点都不清凉，这场鏖战最终谁输谁赢现在很难定论，拼到了这个阶段，输赢已不再重要，重要的是谁更有面子。我想不管是各店的销售员还是投资者的压力应该都是巨大的，因为火力真的太猛了，枪林弹雨之下没有谁能不受伤。但愿这里的珠宝品牌都能稳住，胜利也许就在前方！下一站终于可以走出贵州，走进云南昆明。昆明也有神级的商场和珠宝区，如世纪金源购物中心和它的珠宝区，当然也有昆百大“高处不胜寒”的珠宝区，我个人对超级珠宝区的考察意犹未尽。除此之外，正义路步行街上湖南克徕帝与云南客莱谛的当街博弈、周大福及其他品牌的 IP 系列、周生生华南区新一代轻奢店等等都是我需要关注的，想必是各有各的精彩。

[延展阅读]

1. 六盘水简介

六盘水，别称“中国凉都”，地处滇、黔两省结合部，长江、珠江上游分水岭，南、北盘江流域两岸，矿产资源十分丰富。交通四通八达，是西南重要的铁路枢纽城市和物流集散中心之一。该市炎热夏季月平均气温仅 19.7 ℃，气候宜人，是消夏避暑的天堂，有四季美不同的特色旅游风光。2005 年经中国气象有关专家评审，成为全国首个以气候资源打造的都市品牌。

2. 六盘水主要商场（商业街）和珠宝品牌

商场（商业街）	主要珠宝品牌
人民路（六枝特区）	金富豪、金大福、瑞福麟
钟山大道（中山区）	六福珠宝、百爵珠宝、中国珠宝、中金·首饰、民鑫珠宝、壹品珠宝、爱恋珠宝、龙凤珠宝、明牌珠宝、周大生、金叶珠宝、周六福、百年珠宝
国贸广场	六福珠宝、周大福、周大生、金伯利钻石
万达广场	I Do、老凤祥、周大福、中国黄金、克徕帝、金伯利钻石、珂兰钻石

昆明：凛冬下的超级珠宝区进化

2018 年 7 月 28 日
24 ℃ 阵雨

印象中云南一直是一个经济欠发达的省份，以前听说这里的玉器做得不错，所以曾多次来云南。这次看完昆明市场后，紧接着就要去看看普洱，我在那里入手了两套房子准备老了以后去做茶，因此我把昆明的考察时间安排得很紧张。做珠宝十多年了，发现这个行业已然成熟，现在正处于迭代期，迭代后中国珠宝首饰行业应属于年轻的一代。我是一个 70 后，一个比较尴尬的年龄段，不上不下，也许我们的任务就是见证未来行业的十年迭代。逛完正义路步行街，逛完昆百大、金鹰广场、新世界百货、百盛、王府井百货，看完世纪金源购物中心珠宝区，我发现这个我本以为落后的边陲省会也从未平静。有人说昆明市中心的珠宝门店多达 300 家，一路逛过来，感觉这个数字还是相对靠谱的。想想 300 多家店在这 6 百多万人口的省会城市好像也不多，平均下来不也就是 2 万人一个珠宝店吗？不过对比其他一些考察过的城市，这里拼刺刀拼得够凶的，而且刺刀足够锋利！估计越是经济欠发达的城市竞争手段

越残酷，越是经济欠发达的城市越让我这个 70 后的珠宝人感到兴奋，因为这就是我们珠宝行业的江湖。

云南客莱谛和湖南克徕帝的当街搏弈

在昆明正义路步行街上，有着两个同音但不同名的珠宝品牌在对峙，各自还开了不止一家门店，一个为云南本地之王客莱谛，在整个云南省有着上百家连锁店；另一个为发家地在湖南的克徕帝，在全国有着二百多家连锁店。两强相遇，最痛苦的应是消费者，到底该买哪一家？真的很难分清楚。其实在业界都把他们分成云南客莱谛和湖南克徕帝，但估计云南省的消费者是很难加以区分。昆明正义路步行街是他们的主战场，谁都不能在这里认输，这不仅关系到荣誉，更关系到赤裸裸的利益。好在两个冤家品牌除读音相同以外，其店面形象、产品和营运模式基本都不一样，这就很好区分这两个品牌了。云南客莱谛由于是本地品牌所以有强大的渠道优势，以多店全面防御湖南克徕帝的两个店。好在湖南克徕帝虽然当街店少，但由于整体运营水平较高也不落下风。这或许是中国最有趣的地方了，两个读音相同的珠宝品牌当街旗鼓相当地争夺着市场。其实这两个品牌的名称都不太好记，听起来像个洋名字，实则为百分百的国产品牌，而且听说老板都是湖

南人，多少让人感到有些违和感。如果有机会我真想建议他们各自调整一下品牌命名，如云南客莱谛改成一个有本土特色的名字，而湖南克徕帝干脆就叫是 CRD，完全不用中文名，这样他们就一起放过了云南的本土消费者，尤其是昆明市区的消费者。当然这只是我的一句戏言，这两个品牌在当地都各有特色，真心希望他们在竞争之中互相学习，互相促进。

周大福的故宫系列和全国主要珠宝 IP 产品

这几年兴起了无数的 IP 产品，似乎一个品牌没有 IP 产品就像土鳖似的，容易被四方友军鄙视。只是我在全国周游了一圈，感觉 IP 产品做得好的真不太多，但周大福的故宫系列真心不错。也许是行业老大自带光环，反正周大福用故宫系列推出的古法金还是很有卖点的，以故宫文化背书定位高远，以古法金黄金产品主打顺应市场，总之从定位到操作都是可圈可点，估计销售业绩也不错。除了周大福的故宫系列，从全国来看梦工场的公益星设计、周生生的海贼王、潮宏基的大嘴猴和缘与美的玫瑰印记整体形象也是不错的，在终端给我留下了很深的印象。要说做 IP 产品，必须有可以导入流量的 IP 对珠宝商才有用。不仅如此，最好这个 IP 的粉丝还要和珠宝商的目标客群相匹配，而且设计出来的 IP 产品还要好看，不然

都不能算是成功的 IP 产品。有些珠宝品牌强硬推广 IP 产品，一部分是为了赶时髦，一部分是想借助 IP 产品提升品牌形象。我个人想对这些品牌说，IP 产品绝对只是锦上添花的东西，用得好还能收回成本，用不好简直就是东施效颦，不仅成本收不回来还会让行家贻笑大方。我曾经与别人交流过对 IP 产品的看法，有人说珠宝界的 IP 产品做烂了，我却通过周大福的故宫系列，看到行业刚刚进入 IP 产品时代的雏形。IP 产品绝对是提升整个珠宝产品核心竞争力的最好手段，IP 产品的抄袭绝对会让推动者付出巨大的代价。听说现在好的 IP 都超级贵，其中有影响力的 IP 大部分都在迪士尼这样的垄断者手中，所以那些走正规 IP 授权道路的珠宝商实际上都是在给 IP 的持有方打工，拿到的是一个烫手山芋，真不知我们该如何才能找到日收斗金的共赢 IP 呢！

昆百大珠宝的“高处不胜寒”和世纪金源购物中心珠宝区的成功

曾几何时，昆百大绝对是云南珠宝零售市场的王者，即使昆百大的珠宝区在五楼，也曾是客如云集。这次再来昆百大五楼看到的却是另一番景象，不仅客人少得可怜，而且柜台大量的滞销玉器产品更是触目惊心。我可能有些杞人忧天，现在全国玉器销售都不太好，看到大量的玉器一动不动地“躺”在柜台，再加上多年未换、陈旧不堪的道具，我就知道这些同行们的日子大不如前了。高处不胜寒，也许昆百大的珠宝不该在五楼，早就应该搬到一楼去，这样或许会好一些。其实我看到那么多的旧货也明白，就算他们搬到一楼又能改善多少呢？本身他们的客群早已被分流走了大部分，再加上场地成本的不断上升，他们如何能支撑一楼的坪效呢？五楼那么多的存货，在一些重大节假日他们的生意或许还是可以的，只是这样的好日子还会延续多久呢？我在想这种超级大的珠宝区如果不能寻找到一条新路，估计用不了几年就将走向真正的没落。真心希望昆百大全面加快这个超级珠宝区的升级迭代，否则它只会成为一个时代的记忆。去了昆百大以后，我还去了昆明的世纪金源购物中心。昆百大的珠宝区我个人都觉得太大了，结果看了世纪金源购物中心珠宝区才发现昆百大只是个小咖。昆明的世纪金源购物中心是一个体量极大的商业综合体，面积大概有几十万平方米，光珠宝区就达到了万平级。当然这些数据都只是我个人估计的，不一定准确，但总之就是一个字——“大”。大到开始让我怀疑我自己定义的珠宝店“大而不行”的理论，几十个品牌聚在一起华山论剑，简直就是一个中国最大的珠宝零售江湖。走了一圈累到怀疑人生，也看不出谁是真正的东方不败，总之大

同小异，同道肉搏相残，没有什么真正的王者。听说这里可覆盖周边30万消费者，扩而广之更可影响百万级的消费人群，我终于明白正是这么强大的百万人口基数，才让这个珠宝零售界的怪物、巨人、航母屹立不倒！人生总要经历万千的戏弄，我一路坚持大店、大珠宝区、珠宝城江河日下的观点，然而到了行程的尾段，在昆明被证实不一定对！不管这些珠宝门店生意好不好，只要他们的店还开着，我就得承认这个超级卖场是成功的。不过这种百店一面的珠宝超级卖场的未来我还是不看好，因为巨兽需要海量的肉才可以活下来，而未来随着消费升级一定不会还有还量的肉。届时这么大的一个珠宝区，不知还能剩下几家欢喜。本来想劝这里的朋友早日退场，但他们现在在这里还可赚点钱，我还能给他们指什么路呢？想想我只能闭嘴，唯有在心里暗暗祝福这里的商家了。

通过周生生王府井轻奢店看装修风格演进

听昆明的当地朋友说，昆明有周生生华南区最大的旗舰店，我听到后自然是高兴极了，一定要一睹为快。然而到了周生生在昆明王府井的这家二层楼的轻奢店后，我却迷茫了，只怪自己对装修风格和装修材料的知识储备实在太少了。何为轻奢风？轻奢现在流行用什么材料？我看了半天也没有看懂，还好在同行者的提醒下转看了产品，

结果除了颜值高之外没有看出什么门路。说实话这些年我见证打造的都是三四线品牌的店，研究的是如何在县城和县级市场，把人流和场地用到极致，产品也是什么好卖就卖什么，管他什么风格、材质和定价呢！而今天在全国走市场才发现，有些东西是我真的看不懂的，看来我要学的其实还有很多，学无止境这句真理，任何时候都适用。有幸在珠宝行业从业十多年，回想起这么多年，周生生的门店风格变化还算是不太快的，但现在他们的轻奢风我都有些看不懂了。其他的珠宝品牌这十年间的升级应该也有好几代了，听说最多有五六代的，不知他们的装修风格是如何演进的？从整体看周生生这个店的装修，真心觉得它高档、时尚和雅致，但满脑子投资回报率的我看着那些数量少得可怜的产品，心里暗暗羡慕起这些“豪门”，为什么周生生可以不计成本开设这种店，难道仅仅只是因为有钱任性？想想我们这些本土珠宝品牌的品牌之路，有时真的不敢如此“轻轻”地奢侈一把。不过有这些富豪的带路，我们还是狠狠地“学习”他们吧！反正从材料上看他们好像也是“借鉴”化妆品和名表的，想着想着我好像理直气壮了许多。走时随手摸了一下他们的装修材料，突然间记起一位装修界高手说过的话，这样的材料估计又是几千元一平方的进口货。总

之，周生生的装修风格越来越简单，但好像也越来越贵了，贵的不止是材料，还有对应少量产品的奢侈感。

享有“春城”美誉的昆明四季如春，真希望这里的珠宝市场也能如此，没有寒冬的侵袭，但理想很丰满，现实很骨感，没有人能在市场的残酷中逆流而上。在珠宝这个大江湖，我们一路披荆斩棘，在腥风血雨中成长实属不易，唯有继续借力打力，凭借实力与对手较量，尤其是处在各种商场中的珠宝品牌更是没有什么选择。下一站我将赶往普洱，着重关注非发达地区城市的珠宝消费情况和开店策略。像普洱这样的城市珠宝店数量不在少数，很多门店注定是“炮灰”，我们没有必要为了开店而开店。另外我也将继续重温普洱当地的茶城老金珠珠宝店，其实每个地方都有这样的传统珠宝店，也许他们看起来“默默无闻”，但绝对不是可以被轻易打败的对手。

［延展阅读］

1. 昆明简介

昆明，云南省辖下地级市，地处云贵高原中部，北与凉山彝族自治州相连，西南与玉溪市、东南与红河哈尼族彝族自治州毗邻，西与楚雄彝族自治州接壤，东与曲靖市交界，是滇中城市群的核心圈、亚洲5小时航空圈的中心，国家一级物流园区布局城市之一。昆明享“春城”之美誉，云南省省会，中国面向东南亚、南亚开放的门户城市，国家历史文化名城。

2. 昆明主要商场（商业街）和珠宝品牌

商场（商业街）	主要珠宝品牌
金鹰购物广场	PANDORA、中国黄金、周大福、潮宏基、I Do、周生生、谢瑞麟
王府井百货	PANDORA、TASAKI、LARWINER、MGS曼谷银、周大福、潮宏基、谢瑞麟、周大生
西山万达	谢瑞麟、六福珠宝、周大福、周生生、I Do、佐卡伊、中国黄金、周大生、昆百大珠宝、瓦纳婚戒定制、中金银楼、珂兰钻石、百爵珠宝
世纪金源购物中心	周大福、六福珠宝、周生生、周六福、金大福、金氏喜业、钻石世家、吉姆皮亚、吉祥珠宝、三乐珠宝、爱恋珠宝、老庙黄金、赛菲尔珠宝、昆百大珠宝、中国黄金、老凤祥、金大福、纯金珠宝、百爵珠宝、克徕帝、周大生、梦金园、金嘉利、客莱谛、周金生、爱迪尔珠宝
昆明百货大楼	六福珠宝、周大福、周大生、周金生、中国珠宝、百爵珠宝、老庙黄金、潮宏基、泰源珠宝、昆百大珠宝

普洱：茶城不老　地方珠宝消费力仍盛

2018 年 7 月 31 日
26 ℃　中雨

这是我人生中第二次来普洱，上次来是几个月前的事了。当时受到一位同学的邀请，并且本身也想到中国的茶都来看看茶，还“一时冲动”在普洱买了两套公寓。这次借考察之机再次来到普洱，主要是想办一下交房的相关手续，同时顺便看一下普洱的珠宝零售终端。由于上次我已来普洱考察过，所以对普洱的珠宝市场还是有一定的了解。那时候我对这种落后一些的地级市场很好奇，想看看能不能向下开拓去抢更弱竞争对手的钱。而这次故地重游我的想法却全变了，一方面是因为走完全国大部分省市后，我对珠宝终端市场有了更深的了解。另一方面，我在昆明听到一些同行对这类市场的诸多负面介绍，因此对它深感兴趣。无论是全国的见闻，还是昆明的小道消息，都让我有了进一步对普洱详细考察的想法，甚至详细到每一个店。到了普洱我还真做到了一店一店地考察。心态对考察很重要，我在普洱的心态帮助我发现了不少有趣的东西。

周大福珠宝的标签特别之处

最近一段时间我开始热衷于研究道具，总是不断找一些陈列好的珠宝品牌去看道具。普洱只有一家周大福算得上真正的高端品牌，所以我只能去周大福碰碰运气了。当天由于下着雨，我为了避雨也不得不认认真真地坐下来仔细研究，享受着周大福一对三的最周到服务。其实国内的周大福我去过的实在太多了，一般他们店里的员工较多，我很少坐下来认真看，也很少体验一对三的零售博弈乐趣。三打一其实是最有效的组团推销模式，一人不停地推介，一人不断地拿货和帮销，一人堵在你身后让你无法逃离和逼单。几个回合下来你不买都不好意思走。其实周大福的服务确实很不错，一方面是因为大品牌，员工很自信；另一方面，他们的培训还是相当到位的。不过这样也好，以前总是随意地看看周大福的陈列和货品，并没有认真地摸过他们的产品，错过了很多东西。当天我主要看他们的钻饰，结果无意间解决了我心中的一个疑问，原来周大福是连同戒托一起拿出来放在看货盘上给客人看的。周大福的钻饰戒托中间是空的，标签通过隐形线藏在托底下。这样设计的好处，一来可以让消费者不用受价格因素的影响或是不给竞争对手详细了解产品信息的机会，二来这样的设计还可以使陈列

更加整齐有条理，不像其他珠宝品牌把标签放在产品旁边，显得极乱。一直以来，我都建议一些地方珠宝品牌要把标签藏起来，但不曾想过如此细致的方法，今天终于如愿看到了最真切的东西。有时候别人称赞我说是行业专家，我还真感觉自己好像懂很多似的，今天我才发现自己对零售的了解何其肤浅。13 年的从业经验又如何，学无止境才是真理！零售的变化需要永不停歇地学习，而且还需要虚怀若谷的态度。

非发达地区城市的珠宝消费分析和开店策略

我曾无数次告诉别人，考察一个地方，只要把当地所有竞争对手的货盘一遍，然后乘以二就是当地市场容量，乘以三就是当地市场的最大消费潜力。我说这种话的逻辑源于我们开零售店一年的货品周转率为 2 ～ 3 圈，所以我把这个理论延展到了市场分析。不仅如此，我还把单店珠宝销售占比推而广之为当地市场的珠宝销售占比，我曾经一直坚信这个行业经验，但到了普洱我真的动摇了。一个城市的市场容量绝对不能这么算，尤其是现在这么算一定会毁了自己。一个城市所有店的总销售确实是当地的市场容量，遗憾的是，这只是理想状态下的计算方式，因为任何城市都会有部分的消费者到其他城市消费，也会有下层市场到本城市消费，而这两部分消费基本没有办

法统计，因此一个城市当年的所有店总销售额只能是当地当年的实际消费总额。不仅如此，现在的珠宝消费还有可能被手机和手表，甚至是美容消费相互替代，确实找不出有效的市场最大消费潜力计算方式。另外，现在的珠宝终端投资者的铺货完全不是依据市场需要来的，而是依据竞争对手来规划产品的。随着竞争的不断升级和竞争对手越来越多，现在的当地所有珠宝店的铺货量已经和当地的市场容量无关，而是和当地竞争对手的胆量成正比。一个城市的珠宝投资者越疯狂，当地的租金和店的铺货量就越疯狂，有些地方疯到了超乎我的想象。普洱应算是非发达地区，非发达地区的珠宝消费分析和开店策略与发达地区完全不同，因为发达地区的珠宝消费更加理性，几轮残酷的商战过后，各个珠宝店的投资者都会相对理性一些，因此发达地区的开店策略也相对理性。而不发达地区的珠宝消费则完全是刺激出来的，一番“素转非”让消费者糊里糊涂地戴上了珠宝，不管适不适合，反正店里的员工恨不得开一场派对庆祝，但据我所知消费者清醒过来后定会给这个店差评。我们从业者应理性对待消费者，尤其是珠宝消费，不该有忽悠的成分，因为伤害消费者最终伤害的还是珠宝店和品牌自己。另外，开店应是一个理性的行为，而不是看到竞

争对手弱，或是当地市场珠宝店少就大刀阔斧地闯进来。普洱的珠宝店实在太多了，很多后来者以为会捡到宝，实际上随着原有的投资者快速的门店扩大和升级，或是再多代理几个品牌开几个新店，基本摊薄了每个店的收益。很多城市几乎是一年之间开了一大批新店，由于原有的老店有老顾客，房租也相对低些，同时又更加了解当地市场，导致很多新店一开业就发现自己陷入泥潭之中。一个珠宝店的重装期大概是 3 ～ 5 年，这将变成新老店要一起苦熬 3 ～ 5 年。

通过茶城老金珠看地方珠宝品牌的影响力

茶城老金珠珠宝店是我的一个老朋友开的店，我们是在深圳认识的。常听说他在云南发展得很不错，一直很期待来普洱看他们的珠宝店。上次我来普洱时就看过了他们的店，这次我又带着不同的视角想重温一下他们的店。茶城老金珠珠宝店可以说是第一代珠宝人开的历史老店。过去的岁月中，大批的莆田人走街串巷后在全国县以上城市开了数万家的店，他们绝对是中国珠宝首饰终端领域的决定性力量，开店所需要的一切都是自力更生和互相学习的成果，尤其是这些没有加盟任何连锁品牌的老店，更是真正意义上的单枪匹马闯江湖。如果是别人的店，我一定会认为这种店没有什么发展前途，赶快加盟一个品牌或是改行算了，但由于是朋友的关系我静下心来仔细分析了一下。我们每一个人都容易带着有色眼镜去看别人，作为行业老兵更容易带着自己的评店标准去看店，其实这都会有失公正。茶城老金珠珠宝店曾有一大批购买力强大的消费者，可能他们的年纪都不小了，但购买力尚可。老店虽然有时意味着落伍，但是同样也意味着千金买不来的信誉。不仅如此，他们还由于形象的低端牢牢地吸引着低端消费者。现在的新品牌店装修越来越高档，升级的速度远远超过了消费者购买力增长的速度，这就给了这样相对低端的珠宝店更多的机会。总而言之，这样的珠宝店利润不高，但聚少成多，集腋成裘，最终的投资回报率还是不错的。近些年消费者确实进步了，但绝大多数的消费者进步空间还是有限的，并且绝大多数的消费者依然还是低端消费者，所以看似低端的老店仍有相当长的一段发展机遇期。

虽说普洱只有200多万的人口却拥有这么多珠宝店，我相信我们很多同行也是看中这里独特的市场优势，少数民族居多、自然资源丰富，还有独特的“普洱茶文化”。综合来看，普洱的珠宝市场机会并不差，只是“养店”需要有足够的耐心和时间。茶城老金珠珠宝就是一个很好的例子，他们已经成为这个城市的一部分，见证了当

地消费者不同的人生阶段，消费者自然不会轻易抛弃他们。下一站是文山，一个位于中国西南边陲的少数民族自治州。文山珠宝市场容量有限，但是该有的品牌和亮点也不会少，我比较关心的是当地的“一店多牌”模式还能持续多久，以及大量的低端黄金回收店在文山的生存情况，这是一个很有普遍性的现象。据说一些大牌十分敬业，在文山这样的小城市也不忘初心，值得敬佩，比如周大福和爱迪尔珠宝，尤其是爱迪尔珠宝的 IP 产品，不知品牌方所钟爱的各种 IP 产品能否成为终端竞争的利器？

[延展阅读]

1. 普洱简介

普洱市，别称思茅，是云南省地级市，位于云南省西南部，辖 1 区 9 县，2016 年末全市人口 261.7 万人，总面积 45 385 平方公里。普洱市曾是“茶马古道”上的重要的驿站，是著名的普洱茶的重要产地之一，也是中国最大的产茶区之一。普洱自然资源丰富，有“怀金孕宝”之誉。

2. 普洱主要商场（商业街）和珠宝品牌

商场（商业街）	主要珠宝品牌
振兴大道 & 月光路	周大福、中国珠宝、金龙珠宝、百爵珠宝、玉达珠宝、品尚福珠宝、玉绣珠宝行、周大生、云地矿珠宝、滇兴首饰、富友珠宝、银缘首饰、茶城老金珠珠宝、大东珠宝、金伯利钻石、中国黄金、赛菲尔珠宝

文山：边陲小镇　一店多牌步履蹒跚

2018 年 8 月 1 日
27 ℃　多云

对于房车考察来说中国实在是太大了，大到必须认真考虑中途补给站的问题。而云南的文山就是普洱到南宁必选的中途补给站。当然文山这种城市也是我考察计划中的代表性城市。文山的整体商业街并不大，简单来说就是一条不长的老街，我花了半天的时间基本上全部逛完。文山作为整体非常整洁的一个中小型城市，珠宝也理所应当地成为本土的零售之王，占据着所有黄金商铺和商场的黄金位置。文山或许就是中国大量三四线城市的缩影，该有的品牌都有，珠宝店多过任何行业的店，大家都拼到了精疲力尽的境地，但谁都不想离场也不可能轻易离场。荣誉、利益、责任和事业把所有第一代珠宝人都牢牢地绑在了战车之上。转行，年纪上不允许；迭代，精力上达不到；传承，孩子们接不上；关闭，心理上受不了，真的替这一代珠宝人担心。当然可能是下雨的原因，我的心情像个怨妇似的，其实看着这些热情洋溢的珠宝导购员，我又觉得这何尝不是一个最好的时期。

在文山看港产珠宝品牌周大福的“一军突进”

文山市（县级市）隶属于文山壮族苗族自治州，自治州相当于地级市。作为一个不发达的县级市，文山应相当于国内的四线城市。在全国的四线城市考察过程中，让我备受感动的是周大福在四线城市的担当，很多港产品牌一般不会把渠道深探到这种级别的城市，但周大福不一样。在这种级别的城市开港产品牌的珠宝店是非常有压力的，因为港产珠宝品牌的经营成本远比其他品牌高，而这种城市的中高端消费者相对较少，所以作为港产珠宝品牌能到这种级别城市开店，经济利益远远不是他们考虑的唯一因素，更多是源于情怀或是一种前期的投入。现在在全国大多数的四线城市，能看到的港产珠宝品牌基本上也就是周大福，其他在一二线城市驻守的周生生和六福珠宝很少下到三线城市开店，尤其是周生生。所以说，周大福在文山是“ ·军突进”，虽然没有其他的港产珠宝品牌和它抢地盘，但经营的艰难仍让我对周大福作为王者的这种努力表示由衷地赞赏。

“一店多牌”的步履蹒跚及IP产品能否成为珠宝品牌的竞争利器

在三四城市有一种非常普遍的现象，那就是“一店多牌”，这是很多店的成功法宝。在文山

我又看到极其“大气”的一店多牌模式。在中国珠宝首饰终端领域，不仅有到处开店的莆田人，也有一大批本地的传统珠宝投资者，我们所说的“一店多牌”的模式，大部分就是由莆田生力军一路放大的。在相当多的地级市和县级市，也许是保护当地市场的原因，也许是单一品牌实在撑不起面积较大的店，很多当地较早的珠宝投资者或是后来猛攻大店的莆田人，都不断地尝试着各种各样的小型珠宝城。我虽然很理解他们的选择，却不太看好这种模式，因为没有核心竞争力的模式终究是权宜之计。各种五花八门的品牌组合，尤其是相互重叠的品牌组合，我实在看不出有什么优势可言。随着消费者的不断成熟，“大”或“多”已解决不了未来的终端竞争问题，唯有走快、精、小的模式才是有可能的发展之道。不过一边看着这种“一店多牌”的大店，一边看着打扮相对不那么时尚的当地消费者，说实话我自已内心也开始矛盾起来了。中国实在太大了，消费者也实在太多了，这给了“一店多牌”企业一定的生存空间。中国是大国，中国人喜欢大，所以大店一直以来都是实力的展现，能得到从众心理严重的消费者拥趸。不过做大店其实是很没有保障的，初始投资大、运营成本高、差异化竞争难，只靠规模碾压优势是无法持久的。虽然对文山的“一店多牌”

模式没有好感，但我在这种店里发现了惊喜——爱迪尔珠宝同时推出数个 IP 产品，一扫我路上看到的尽是大路货的不爽，同时也担心这个力推 IP 产品的店能否靠这些产品盈利。这两年随着消费升级，国内很多品牌开始血拼 IP 产品，似乎 IP 产品可以拯救一切似的。然而随着我全国的考察观察发现，IP 产品其实不过是烧钱的花瓶，别说用 IP 产品赚钱了，能保本不赔就不错了。回想过去这么多年，无论是世界黄金协会、国际铂金协会、K-GOLD，还是其他无数的大公司、大品牌，有多少机构、企业靠推广这些“好看”的产品赚到钱了？中国珠宝首饰行业目前尚缺乏知识产权保护的能力，在没有充分的知识产权保护的大背景下，推广 IP 产品只能短时间提升品牌形象，而无法成为真正的利润产品，因此我个人认为 IP 产品短期内很难成为珠宝品牌的竞争利器。说实话 IP 产品确实相对来说更有看点，像文山这样的中低端市场或许真的有一定的竞争力。但仍处于“价格为王”的四线城市，在竞争对手也有大量类似的产品时，靠高成本维持的 IP 产品，在无法有效维权的情况下，想赚钱估计不容易。不管这些产品是这家店自己找的货源，还是爱迪尔珠宝总部提供的，我都真心地希望他们的未来之路平坦光辉。保护知识产权是行业发展的大趋势，总要有人带头去探

索，祝那些坚持 IP 产品的企业和品牌能等到胜利的那天。不过这些店仍有一段可供改变的时间，毕竟对手的竞争优势也不是很强。总得来说，看似前景不妙的“一店多牌”或许仍可步履蹒跚地走很远的一段路。

笑看黄金首饰回收店的前世与今生

黄金首饰回收店在文山这种城市非常多，这种现象在全国具有一定的普遍性，此类门店有着相当长的历史传统。其实中国珠宝首饰终端零售店很大程度上就是由这种黄金首饰回收店发展而来的。刚入珠宝行业时我还觉得这种存在很奇怪，大量的珠宝店完全可以提供更好更专业的服务，然而中国这种规模非常小的黄金首饰回收店依旧多如牛毛，这是因为他们有着自己顽强生存的法则。国内多数的黄金首饰回收店起源于中国福建莆田的打金匠，他们以回收黄金和帮顾客加工黄金首饰为核心业务，满足消费者最基本的黄金首饰需求。说实话，我们不能说这种黄金首饰回收店 100% 存在“偷金”现象，但这种行业的潜规则决定了他们不可能 100% 地阳光运营，总之多少会存在着一定的不规范问题。存在就是合理的，任何行业都有灰色地带。这种黄金首饰回收店的主要客群就是那些不敢进正规珠宝店的人，其中主要有两类人：一种是黄金首饰的来源无法解释的人（销赃或是票据丢失），另外一种就是上了年纪容易上当受骗的人。明明正规的珠宝店大多都有黄金首饰回收业务，他们偏偏找这种不见阳光的小店。说实话，到正规的珠宝店换购对普通消费者来说确实有些吃亏，但这属于正规商家的盈利行为，谁曾想这个空子却给了黄金首饰回收店以极大的生存空间。另外，现在的珠宝店装修的有些过于豪华了，很多不自信的消费者怕消费太少受歧视，或是感觉这种珠宝店一定会宰客，所以喜欢去那些看起来更亲民的黄金首饰回收店消费。我曾给一些大型的黄金旧料回收提炼企业提建议，如果他们可以开发出自动黄金回收机，做到公平地回收黄金，将极大地解决这种黄金首饰回收乱象，只是目前没有企业愿意投资这种利民项目。不过随着时间的不断推移，我相信这种黄金首饰回收店一定会被更加公平、阳光和高效的黄金自动回收机所替代，愿这一天能早日来临。

在文山这样“世外桃源”般的小城，同行们仍旧在这里努力坚持着，这实在让人佩服，虽然珠宝行业的迭代升级似乎还未延伸到这里，但我想也快了，“一店多牌”的模式正在逐渐“老化”就已经是个很好的证明。下一站是南宁，这在我心中是一个值得期待的城市，无论是小众市场还是中低端市场都能有很好的发展，有些甚至能成

为行业某些方面的骄傲，比如听说金山首饰单店年销售额过亿元，比如说周六福以多店形式强势占领当地市场。除此之外，南宁的珠宝市场还有一个显著的特征就是喜欢“夜战”，有可能白天店里没有一个顾客，但是晚上却人气爆棚，最终拿下不错的销售额。当然这和当地的炎热天气及生活习惯有关，但我想一定也有值得我们学习的地方。

[延展阅读]

1. 文山简介

文山壮族苗族自治州是云南省下辖的民族自治州，位于中国西南边陲的云南省东南部，东与广西百色市接壤，南与越南社会主义共和国接界，西与红河哈尼族彝族自治州毗邻，北与曲靖市相连。文山州地处云贵高原东南部。年平均气温19摄氏度，年降雨量779毫米，全年无霜期356天，日照时数2228.9小时，多为亚热带气候，冬无严寒，夏无酷暑。

2. 文山主要商场（商业街）和珠宝品牌

商场（商业街）	主要珠宝品牌
东风路	周大福、中国珠宝、吉祥珠宝、通达珠宝、汪家珠宝、百爵珠宝、钱记珠宝、周大生、客莱谛、心和缘珠宝、梦祥银黄金玉器、茶城老金珠珠宝、六六福、老凤祥、文山金楼、金伯利钻石、爱迪尔珠宝

363~422

中国珠宝零售终端研究

第六部分 尾声篇

南宁：绿城珠宝光鲜背后暗波涌动 363
广州：羊城玉石消亡　轻奢珠宝崛起 372
海口：椰城传统渠道灾难正在上演 379
深圳：中国珠宝之都的特殊零售市场新解 386
乌鲁木齐：亚心城拨云见日　DBE 强势登场 394
拉萨：日光之城群狼小店得天独厚 402
香港：购物天堂见证港式品牌创新不断 409
澳门：赌城珠宝市场奢华中玄机暗藏 417

南宁：绿城珠宝光鲜背后暗波涌动

2018 年 8 月 2 日
31 ℃　阵雨

我从未来过南宁这座城市，心里很是期待。加上考察进入到即将结束的阶段，或多或少有些想看却还没有看够的遗憾，不知道能不能在南宁实现阶段性圆满。南宁主要的商圈是南宁百货附近、航洋城，还有万象城及南宁安吉万达广场等，可以说南宁的商圈也比较多，但基本上还是上述这些商业终端为主。其中在南宁百货大楼附近，最值得关注的还是周六福、金山首饰、百爵珠宝等当地渠道较多的传统中低端店铺，这些店在晚上的生意还是相当不错的，尤其是周六福和金山首饰更是生意兴隆。相信不用说同行也能猜得出来，这个地段人气好，很大一部分是因为这里是传统的商业中心。此外，来南宁还得去一个必去的地方——中山路美食街，南宁人对待美食的热情在这里体现得淋漓尽致，晚上 8 点左右开始有客流，人多时整条街都被围得水泄不通，各种美食应有尽有，价格也十分亲民。在南宁安吉万达广场最让人意外的是中国黄金和周大生的珠宝店，他们的店其实就是万达广场内街中间的岛。我们

一直认为边店的效果会更好，但是在南宁万达这里却是内街中间的岛效果更好。商业中心的中岛不同于商场中珠宝区的岛，商业中心的岛虽然较难做店面形象，但由于两边自然客流均可消费，人流量无形中比边店多了一倍，因此中岛的生意相当不错。南宁这么多商场中让我印象最深刻的还是万象城，这里有周大福、周生生、六福珠宝、金至尊、I Do、JASS、潮宏基、南珠宫、三千年珠宝、谢瑞麟、钻石世家、爱是唯一等珠宝品牌，基本上都是处在最显眼的商业位置，就珠宝区的气势来说，南宁万象城比深圳的万象城好得不止一倍。

南宁夜间人流爆棚惊现珠宝夜战模式

南方人和北方人由于气候差异的原因，在夏天的逛街时间完全不同，作为绝对南方的广西南宁，晚上 8 点以后才是真正的逛街时间。南方很多城市白天街上的人流极少，一方面是天气实在太热了，高达 36 ℃，有时候甚至达到 40 ℃，走在街上能让你真正感受到什么叫热浪；另一方面，白天工作节奏快，也没有时间去商场闲逛。我们传统的珠宝商与其都把活动安排在白天，其实倒不如在晚间集中发力。在南宁发现很多异业的商家在做活动，尤其是餐饮业，晚上的竞争是相对激烈的，其次就是我们珠宝行业了，主要是一些针对中低端消费者的品牌，晚上是他们抢业绩的高峰期，我们称之为“珠宝夜战”。“珠宝夜战”首先体现在珠宝店的招牌上，商家们为了吸引顾客把招牌变得“花枝招展”，简直可以媲美各种夜店的招牌，特别是周六福和中国黄金这种对形象要求不高的珠宝品牌。同行的人问我这种超炫的店招吸引人气的同时，是否会降低品牌档次，我回答道“这重要吗？”简单来讲，我们想要在夜战中取胜，首先招牌一定要显眼，不然会非常吃亏。大家想想，晚上通常营业至九十点钟，如果从晚上六点钟开始算，则有 3 ～ 4 个小时的高效营业时间，这几个小时的时间你家店输得起吗？所以我们只能寄希望于店招吸引人气；其次夜战要有场外活动，尽管城管晚上执法的力度很大，也必须想方设法搞活动，让顾客为你驻足，从而提升进店消费的几率；最后，夜战要注意员工人力分配和精力分配。在南宁的步行街考察时发现很多店的导购面露疲态，站姿也不规范，真替她们门店的精神面貌感到担忧。珠宝店灯光强烈，容易让人疲劳，所以管理者要尽可能地安排好晚上营业人员的数量和上班时间。

多店齐开模式抢占低端市场的周六福及单店年销售过亿的金山首饰店

以前多次听说周六福商标拿不下来、渠道放

得较随意、在广西和广东市场店开得如何多等信息，而这次全国性的考察我才真正了解周六福，深感以前道听途说得出的结论是多么肤浅。在我看来，周六福是成功的，起码作为一个中低端珠宝品牌绝对是成功的，我们不应仅凭形象档次和管理规范程度来定义一个连锁品牌的成功。通过这次全国考察我认为：做为珠宝连锁品牌，能活着、能赚钱，能持续地活着和赚钱就是最大的成功。大部分格调高的高端珠宝品牌只是自我感觉良好，未来的发展未必会比周六福好多少。南宁的周六福门店实在是太密集了，仅步行街就要好几家店，一打听才知他们居然是不同老板开的，我终于明白周六福为什么发展这么快——因为他们没有渠道保护政策，这恰是渠道发展速度较快的根本原因。常规上我们做连锁都有渠道保护政策，看似为加盟商着想，实则导致大量的竞争对手在身边开店，对加盟商并没有多少利处。作为低端珠宝连锁品牌，渠道数量绝对是制胜的关键，高渠道密度节省了大量的广告费用，同时也逼迫加盟商高速发展。周六福用低端的形象、低端的产品和没有渠道保护的加盟政策，建立起一个 2600 多家渠道的连锁帝国，无论是从哪个角度来说你都不得不佩服。没有管理就是最好的管理、没有保护就是最好的保护，周六福相对较松的加盟政策是

他们成功的法宝。试想如果有一天周六福老板不愿无为而治了怎么办？到时候这段珠宝界传奇还能继续下去吗？这个问题暂且留给时间去解答，我在南宁首先看到了一个属于当地珠宝行业的传奇——金山首饰店单店年销售过亿。一路考察听说过很多奇事，类似于单店年销售过亿这样的事，无论是过去还是现在，我都觉得这种店非常厉害，他们一定有别人望尘莫及的独到之处。以前单店年销售过亿主要是黄金销售占比较高，相比现在而言销售过亿会容易些。现在单店销售过亿通常是源于店大、老顾客多和黄金产品线长，而看了金山首饰店后我觉得他们成功的主要原因是——亲民。众所周知，现在黄金的销售占比已经下来了，虽然有硬金的兴起和古法黄金的新入（这两类黄金饰品的利润还是很可观的），但很多门店也把它们归到了非素类产品，因此没有这两类产品的黄金素金销售占比确实下降了。金山首饰把黄金的产品线做得足够长，黄金类能有的产品这里都有了，同时这里的员工服务态度非常好，态度上的亲民是维护住低端消费者的法宝。我们有很多店随着不断的装修升级和所谓的产品及服务升级，有意无意地抛弃了低端客群，因为把店装修得更高端、陈列得更高档会给低端客群造成一种距离感。虽然现在消费者越来越追求颜值主义，90后

消费者也已经崛起，但如果想做中低端市场，亲民的店铺形象、亲民的产品和亲民的服务缺一不可。我们一直以来都认为亲民的价格是最重要的，我们要用一流的形象、一流的产品和一流的服务来征服消费者，但低端的消费者一看到富丽堂皇的形象就吓跑了，你再说你是超低的价格，消费者能信吗？甚至认为你在骗他。我们在珠宝零售环节，所有的东西不求最好，但求最匹配，世界上很多事也是如此。金山首饰无论是形象、产品、服务和价格都是针对低端消费者设计的，并且做到完美搭配，所以他们的销售额较高也是有道理的。现在很多老板随着财富的增长，审美水平也得到提升，然而他们的品牌升级行为反而背离了原有的消费者，最后变得事与愿违。

“佛系”珠宝能否一枝独秀细分珠宝市场

首次在南宁的万象城看到三千年珠宝，感觉像是找到了知音一样。全国一路考察下来我最敬佩的“佛系”珠宝就是老铺黄金，虽然他们把自己定位成中国古法黄金，甚至把其兄弟品牌金色宝藏定位成“佛系”珠宝，但由于产品线的原因我暂且把老铺黄金定义成“佛系”珠宝。我最早看到的“佛系”珠宝品牌中，产品较多且经营水平较高的就是老铺黄金，而这次有幸在南宁又看到了三千年珠宝。无论是汉传佛教还是藏传佛教我都知之甚少，但不知是因为年纪还是其他原因，反正我最近对“佛系”的黄金和银饰情有独钟。国内无论是黄金还是白银，针对男性的产品少之又少，只有一些“佛系”的产品，或是GORO'S、Chrome Hearts这样的硬汉标配能真正吸引男人，大多数首饰都很难虏获男人们的心。佛系珠宝被三千年珠宝用金银打造得非常有质感，如果老铺不局限于黄金，而是能用银饰来扩充下品类、降低店内单品价格也是挺好的，很多产品我会毫不犹豫就买了。奈何他们现在只有黄金产品，一来对我而言实在是太贵了，二来戴出去确实低调不了，只好忍痛放弃。而三千年珠宝则另辟蹊径，打造出一系列白银佛系物件，很合我胃口，要不是因为营业员太犟我一定会入手一些产品。通过认真对比三千年的产品，结合我一路的考察，我认为佛系珠宝未来将会成为一个有趣的细分市场，特别是针对高端男性消费者。国内最喜欢国学和佛学的人主要是文化人、茶人和儒商，这些人大多消费能力不弱，只是以前玩玉，现在完全可以转向佛系的黄金白银，当然产品工艺最好还是古法。

有些时候不亲眼所见确实难以想象，南宁的珠宝市场包罗万象，或是表面光鲜亮丽，或是背后暗流涌动，都是其市场活力十足的体现，大大

小小的珠宝品牌也在这样的市场得以浸润、滋养。市场没有唯一的王者，只有暂时的强者，唯有不断进步才能走到最后，相信凭借周六福、金山首饰店这样的进取心，他们一定能在这里创造出更大的奇迹。下一站就是广州了，关于广州还留有很多上次全国考察的记忆，其实很可能已经物是人非，但我还是想关注下广州的珠宝网购如钻石小鸟是否还有雄起的可能性？无论如何，它们曾经都为行业做出了如探险家一般的贡献。广州还有知名的大型珠宝玉器批发城华林国际，随着玉石市场的遇冷，不知这个玉器批发城是否还能维持体面，或是已经无力回天？当然去广州不可错过的还有诞生于广东本土的潮宏基以及包括潮宏基在内的一些轻奢品牌，借此机会可以好好探究一番珠宝的轻奢市场，未来这一个方向必定是我们行业的一大热点。

[延展阅读]

1. 南宁简介

南宁，简称“邕”，别称绿城、邕城，是广西壮族自治区首府，北部湾城市群核心城市、中国面向东盟十国国际大通道、内陆开放型经济高带、西南出海综合交通枢纽城市，中国东盟博览会暨中国东盟商务与投资峰会的永久举办地，国家“一带一路”海上丝绸之路有机衔接的重要门户城市，也是南部战区陆军机关驻地。

2. 南宁主要商场（商业街）和珠宝品牌

商场（商业街）	主要珠宝品牌
百胜（朝阳街）	PANDORA、周大福、谢瑞麟、六福珠宝、周生生、百爵珠宝、钻石世家
XG 西关新天地	百爵珠宝、周大福
南宁百货	谢瑞麟、周大福、金至尊、中国黄金、瑞大福、六福珠宝、百爵珠宝、老凤祥、中国黄金、千禧珠宝、老庙黄金、中国珠宝
万象城	Cartier、PIAGET、SWAROVSKI、Thomas Sabo、I Do、JASS、潮宏基、周大福、周生生、金至尊、六福珠宝、南珠宫、三千年珠宝、谢瑞麟、爱是唯一
航洋国际	JASS、DR、周大福、谢瑞麟、钻石世家、金至尊、六福珠宝
安吉万达广场	Folli Follie、I Do、周六福、六桂福珠宝、中国黄金、周大生、金海湾银楼、唯尔珠宝、白年六福

广州：羊城玉石消亡　轻奢珠宝崛起

2018 年 8 月 5 日
34 ℃　多云

上次我进行全国大穿越考察时第一站就是广州，这次我却把广州排到了房车考察的最后一站，这种从起点到终点的转变，恍惚间像跨越了一个时代。那次从广州出发可谓意气风发，这次从广州归来却是感慨万千，感觉中国珠宝前路茫茫，或许是一路舟车劳顿实在太累了，或许是由于广州珠宝市场真的风光不再。不过经过对几个大型商场和繁华商业街的考察，如天河城百货天环、万菱汇、广百黄金珠宝大厦、西城都荟、万达广场，以及北京路和上下九的步行街等，我的收获还是挺多的，尤其是看了天河路广百的六福珠宝，他们推出的“我耀粉出位”的 SHOW（秀）实在是太亮眼，潮气十足，潮到让我怀疑这是不是六福珠宝出品。看完六福珠宝的这个展，我的心情大好，我觉得我可以尝试换种心态看待珠宝行业。其实现在很多珠宝品牌都在慢慢进步，消费者乐在各种珠宝秀场中不就是一个证明吗？一个产业的发展是有特定规律的，它会不断走向成熟，不断升级或是重生，而我们不能总用过去的眼光看问题。

突然间发现我好像老了，不是中国珠宝行业老了，而是这个行业在不断的裂变中走向新生带给我们太多未知的东西。

通过潮宏基的彩宝看彩宝的零售

数年前彩宝大热时看到过很多上等货，可是随着彩宝在全国完成零售终端的铺货后，彩宝就突然间歇菜了，好像从未火过一样。一直以来我都以 ENZO 的品牌业绩来判断彩宝市场的好坏，直到有次朋友拿了一件加价五倍的货让我判断值不值，我就明白彩宝这东西太虚了。后来随着万足金和其他产品的兴起，我就不太关注彩宝，总觉得这东西价格虚高得厉害。这次全国市场考察期间看过很多彩宝，并且在几个省会城市见识到某些品牌似乎把彩宝做得不错，改变了我对彩宝有失偏颇的印象，原来部分彩宝产品还是很有市场前景的。然而现实又让我很是担心，在广州看到潮宏基的彩宝的促销活动，作为一个全国性的著名珠宝上市公司，他们居然五折促销彩宝！这会给消费者传递一个什么样的信号？难道彩宝的价格就不能标得实在一点吗？就不能像钻石那样相对靠谱一些？我一直认为珠宝类产品活动价不能低于 7 折，甚至 8 折才是一个有品牌底限的选择，任何 7 折以下的折扣都是自寻死路的操作，但潮宏基的彩宝偏偏就要放低身段。无奈之下我只好

又认真看起产品来，直到看到这些彩宝的总价后，我才确信彩宝早已走下神坛。其实折后价甚至是原价都不算贵，很多货基本只有2000元左右，扣除掉其他费用，彩宝的裸石价格还真的不贵。这说明低端彩宝市场有其生存之道，虽然打个5折有些过低，但通过大折扣或许还真能吸引到时髦人的尝试，看来存在即合理这种话还是很受用的。

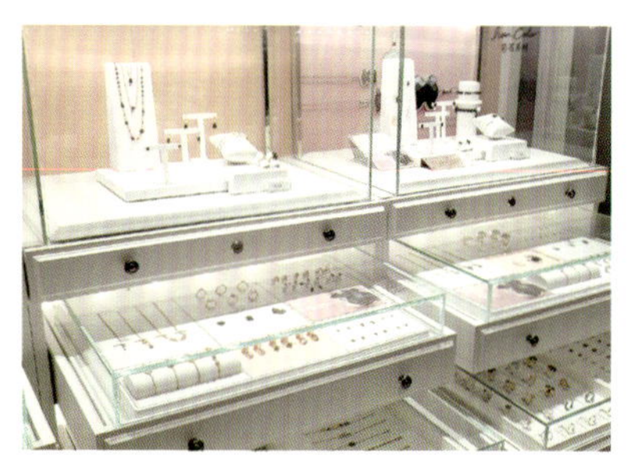

关于轻奢珠宝的困惑及渐行渐远的珠宝玉器批发城华林国际

我一路上看了不少轻奢品牌，却也一路困惑着，到底什么才算轻奢珠宝品牌呢？轻奢珠宝品牌到底要轻到什么程度？是周大福的SOINLOVE，还是周生生的MINTYGREEN，又或者是潮宏基、PANDORA，APM Monaco和TOUS这样的？我也分不清楚。我们就以在广州的TOUS为例，这个品牌基本以K金和银饰为主，其中银饰大约占了四分之三，核心的银饰产品价格在1000元以下，核心K金产品价格在2000元以下，这个价格非常适合新兴的时尚消费者入手，对他们而言购买的压力不大。现在的消费升级到了一个什么样的程度呢？基本上是消费者可接受总价低而利润高的产品。消费者并不怎么关心产品的利润空间，这或许是一个好事，但轻奢珠宝品牌的价格到底要轻到什么程度？是2000元以下，还是1000元以下，又或者

是存在不同级别的轻奢——1000元级的、2000元级的和3000元级的？时尚轻奢是一个多数年轻人都会喜欢的方向，无论是国外品牌还是国内品牌都开始布局这块市场，预计三年内，最多五年，我相信国内珠宝市场中一定会出现轻奢强者，到时我们可以真正地了解轻奢的真实面目，看看这些轻奢珠宝品牌到底鹿死谁家。和轻奢珠宝的发展势头相比，玉石类产品则没有那么幸运。这次全国考察中也看到了很多玉石商家的经营窘境，看着他们滞销货的标价，粗略估计下全国的翡翠和各种软玉按零售价加起来得有上万亿的规模，目前传言中国内珠宝首饰有四万亿库存，玉石应该是占了极大的比例。不过真到了中国的南方玉都，到了我熟悉的广州华林国际玉器城，看到繁华不再，物是人非，内心中还是有一种无以言表的悲凉。曾几何时，我还在这里买过货，那时小巷里都挤满了买家，而今这里只留下一地鸡毛，仅剩少部分坚守的商家默默地熬着，并且开始做起了网购业务，组建自己的微商团。我无法预知未来玉器是否还会兴起，但我可以确信的是，这里无论如何都无法再现往日的繁华。我虽然是一个乐观派，但在这里我却乐观不起来，不知玉器市场是被我们这一代珠宝人玩坏了，还是整个市场发展规律的必然？如果是后者，那是不是代表着中国珠宝行业凛冬将至，在我们透支完最后的市场存量后，行业势必会迎来整体的衰退？逛完

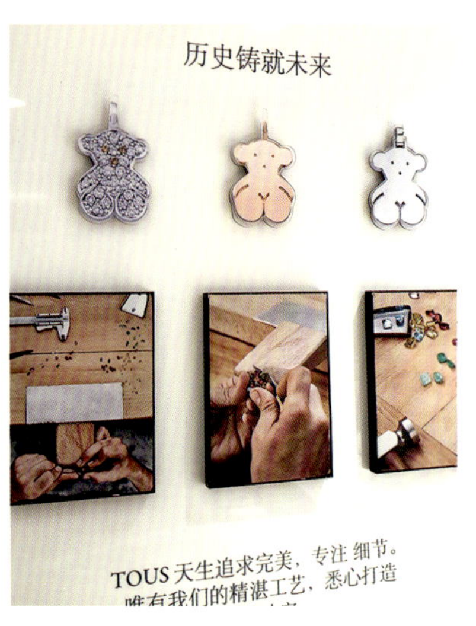

这逐渐失去活力的华林国际玉器城，我想除了同情他们以外，我还是回去仔细推演中国珠宝市场衰退的时间表吧！

重访钻石小鸟看珠宝网购能否雄起

说起钻石小鸟那可曾是神一样的存在，作为中国珠宝网购的龙头，我曾偷偷去学习过多次，尤其是他们的钻石场景搭建和婚博会，都非常值得我们传统珠宝企业学习。记得当时钻石小鸟品质感最高的店是在广州，离深圳比较近，我还特意去仔细考察过，这次借此机会故地重游，别有一番滋味在心头。这些年来，我一直不太认同珠宝的网购，总觉得这种不赚钱靠投资输血的项目不靠谱，也许是炒股受了伤再也不相信什么资本神话，尤其是珠宝行业的资本神话，但钻石小鸟对我来说是个例外。钻石小鸟的广州旗舰体验中心，位于天河区天河路230号万菱汇国际中心35层，早已不是记忆中的样子，整个店已然重新装修过了，人员的态度不如以前热情，产品和陈列也没有什么新奇可言。但是不管怎么说，对于这个中国第一代网购珠宝品牌，我还是非常敬佩的，他们也在不断地努力和调整着自己的商业模式，坚守着网购珠宝最后的尊严。同样的时间，同样的资本，如果到县城开几个好店，估计能赚到更多的钱，然而他们却用大量的时间和精力，为行

业验证网购珠宝的可行性。有些时候我会浏览 Blue Nile 的网站，相比之下，我认为国内的网购珠宝商家们更努力，也更愿意创新，但他们好像并没有获得应得的回报。我不知若干年后钻石小鸟能不能上市，但我真觉得我们所有珠宝人都应感谢和记得他们的网购探索。

一路上我以为我已经看到了太多的物是人非，没想到在广州经历的却是全方位的“今时不同往日”，潮宏基彩宝竟然可以“5 折”低价抛售，曾经风光无限的珠宝玉器批发城“一蹶不振”，大量翡翠跳崖式降价依旧无人问津，钻石小鸟的网购则不再自信，估计想要有新的突破十分困难。尤其是随着玉器终端市场的冷淡，广州的玉石批发也逐渐消亡，很难再有起色。市场下游的风向直接影响上游的存亡，任何的疯狂炒作最终都像泡沫一样不堪一击，我们真应该记住这来自市场血淋淋的教训。下一站我将前往的是海口，考察海南岛的珠宝传统渠道。想想为了尽可能全面地涵盖终端百态我也是够拼的。随着整个产业升级的加剧，海口的珠宝市场又将发生怎样的变化？那些曾经大赚的商场和珠宝商家现在还能继续“笑傲江湖”吗？另外，新旧商场之间的竞争，商场发展好坏对珠宝品牌的影响、老一辈消费者与新生代消费者的消费习惯变迁等等都将是我考察的重点，或许在海口能发现新的市场风向。

[延展阅读]

1. 广州简介

广州，简称穗，别称羊城、花城，是广东省省会、副省级市、国家中心城市、超大城市、国际大都市、国际商贸中心、国际综合交通枢纽、国家综合性门户城市，首批沿海开放城市，是南部战区司令部驻地。广州地处广东省中南部，珠江三角洲北缘，濒临南海，邻近香港、澳门，是中国通往世界的南大门，是粤港澳大湾区、泛珠江三角洲经济区的核心城市以及一带一路的枢纽城市。

2. 广州主要商场（商业街）和珠宝品牌

商场（商业街）	主要珠宝品牌
天河城百货（天河区）	六福珠宝、千禧之星、金至尊、谢瑞麟、英皇珠宝、钻石世家、周生生、周大福、中国金店、欧诗漫、中国黄金、盛世珠宝、佐卡伊
正佳广场（天河区）	ENZO、谢瑞麟、钻石世家、周生生、六福珠宝
太古汇（天河区）	PANDORA、Cartier、BVLGARI、PIAGET、Qeelin
万达广场（白云区）	周大福、谢瑞麟、金至尊、周生生、六福珠宝、潮宏基、诗普琳珠宝、佐卡伊、周大生、中国黄金、老凤祥、福大福、LOVELINK、Miss Gold
上下九步行街	周大福、六福珠宝、中国黄金、周六福、金六福、中宝国金、金大祥珠宝

海口：椰城传统渠道灾难正在上演

2018 年 8 月 11 日
29 ℃　大雨

海口是海南省的省会，曾因合作和培训缘由去过几次，印象中整个海南省相对而言还是很有市场的。以前每次来必去的考察之地就是明珠广场和日月广场，其中明珠广场的大珠宝区是极具代表性的中低端品牌集散地，20 多个珠宝品牌几乎占据了整个商场的一楼。可以想象重大节假日这里是多么繁荣。遗憾的是这样的场景我一次都没遇上，相反看到更多的是门可罗雀的凄凉。至于经常去看日月广场的原因是，那里客流量小，像很多城市的地标商场一样场大无人，逛起来非常舒服，只不过这个商场的 12 星座设计对我而言简直是折磨，总找不到珠宝区在哪里，还需问路求助。这次来海口是出于正式的考察目的，所以要多逛几个商圈。海口整体不算太大，逛起来还是相对悠闲的，悠闲的时候人会更容易发现周围的美好。比如在友谊阳光城，我仔细欣赏了钻石世家的全新面貌，他们的黄金产品已基本下架，现在的钻石世家以钻石和 K 金为主，店面风格的升级也愈发时尚，让我这个珠宝业的老兵有耳目

一新的感觉。同时我还认真地看了潮宏基的K金，不愧是“中国时尚彩金珠宝领潮者”，K金的款式和道具非常值得研究。这两年所有品牌的K金品类增长速度都很惊人，一方面是因为此类产品相对时尚，另一方面，单价低也是其受欢迎的一个重要原因，经济不好时，价位低的轻奢品会比较受青睐，哪怕这种产品的溢价较高。

不强势的商业中心或许是珠宝品牌的灾难

对于日月广场我的感触还是很深的，我前后来了三次，每次给我的感觉都不一样，让我想到我们国内珠宝行业所有渠道的现状，他们各有差异，又有一定的相同点。商业街的专卖店是最不容易的，房东提高租金增加了门店成本，消费者分流过大增加了营销成本，再也不像以前那样好赚钱。原有的商场渠道中，商场面临大型商业中心带来的顾客分流压力，限于体量原因无法增加餐饮、电影、大型超市，导致人流量正在不断下降，同时再加上原有的统一收款和扣点高等问题，商场中的珠宝经营也变得很困难。商超渠道中，由于电商的不断蚕食，大量的送货服务挤走线下客流，因此商超渠道的珠宝商家将面临客流量减少的窘境。至于大型商业中心渠道，虽然整体客流量还不错，但逛—玩—吃的人占大多数，真正购物的人流转化率并不高。以上原因导致我们行

业在传统渠道中逐渐走向下坡路，除此之外，传统渠道同时还面临其他的经营灾难，我们以商业中心为例。首先是小型商业中心，由于体量不够，经营业态组合不好，珠宝品牌很难在这样的商业中心获得稳定客流；其次，中型规模的商场缺乏地理优势，或是定位有所偏差，珠宝品牌聚集过多，导致恶性竞争；最后，大型的商业中心由于招商不足，周边没有足够的人流量支撑，再加上体量过大导致逛街人流分散，都未能形成非常有效的购物行为。不强势的商业中心或者说中小型商业中心现在的劣势明显，对于珠宝这种必须依靠大量购买力强的消费者生存的品类来说，未来或许会演变成可怕的投资灾难。轻者勉强煎熬地活着，重者将出现巨额亏损且毫无转机。说到日月广场中的珠宝区，规模在不断缩小，且留守商家也有不断减少铺货量的嫌疑，看来正好印证了我对传统渠道的担忧。

广场式珠宝大卖场适销人群分析及万达场内的珠宝店门口促销研究

明珠广场作为一个老牌的商场，一楼基本成了专业的珠宝城，像这样的商场目前在国内有很多，比如：武汉的武商、南京的中央商场、石家庄的北国商城等，很多省会城市都有一家或大或小以珠宝为核心的商场，珠宝柜台挤占了商场的

黄金位置。这种商场是黄金时代的产物，也是目前商场渠道中我个人最不看好的一种经营渠道。根据商场的定位，明珠广场式的珠宝区的客群基本是整个省的中低客群，以海口为中心，涵盖周边和各区的中低客群，这种客群基本以大妈为主，也是各城市广场舞的主力部队。大妈仍在，但她们的购买力正在凋零。不仅如此，由于中低端客群的消费行为都聚集在节假日，因此那些没有稳定城市消费人群的传统珠宝商场，在平日里是相当难过的。明珠广场一楼大概有 20 多个珠宝品牌，以非著名品牌珠宝为主，组成了一个极其强大的中低端珠宝品牌方阵，我们可以设想一下，重大节假日大量的中低端消费者一拥而上，人声鼎沸的购物场面，那是何其壮观，同时曲终人散时又是何其悲凉。在海口我一如既往前去考察万达的珠宝区，遇到一个不太负责任的司机停错了门，害我找了很久，走了很多冤枉路。不过还好，一到万达就看到了克徕帝，或许说是 CRD，不知到底怎么称呼才好，云南有一个客莱谛，两者容易让人混淆，我经常需要跟别人强调是湖南的克徕帝。我之所以喜欢提到他们，是因为他们有锐意创新的精神，每次都能看到他们的改变。其实改变不难，难的是一直在改变的路上，这次我发现他们在万达广场居然像在商业街一样进行店外宣传，当然海口万达的管理可能更人性化一些，反正我很少

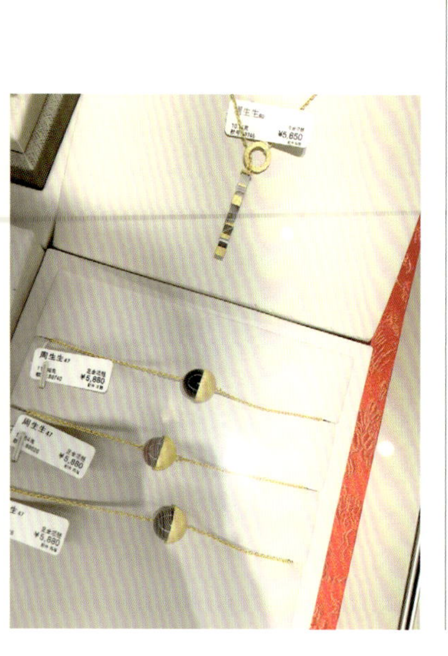

在万达见到场外宣传活动。现在做零售很少能进行场外宣传，店门外的宣传受到了极其严格的限制。随着经济增长的乏力，零售业遭受了巨大的压力，又因各城市城管的从严执法，场外促销也受到了极大的约束，高价租铺的商家们苦不堪言。所以在海口万达看到克徕帝的店外促销，我真的挺欣赏他们的进取精神，同时更加坚定地认为万达式的商业中心是不错的零售终端选择。

不显示价签的商品陈列或将成为新趋势

随着考察的不断深入，我似乎找到了更多的感觉，突然对价签有了兴趣。以前一直认为价签是微不足道的，但看到这么多店之后，发现直接显示价签和不直接显示价签的效果是不一样。首先，从美观上来说，把价签“藏起来”显得陈列非常整齐，产品亮点会突显出来，更加吸引人；其次，没有价签或是用数码粒代替，对高价格货品来说绝对是一个好的选择，同时也加大了竞争对手市调比价的难度。随着竞争的不断加剧，竞争对手之间的比价越来越有针对性，价格竞争到最后导致的是双方利润的大幅下滑，而这种隐藏价签的方式可以很好地避免竞争对手的恶意比价；最后，隐藏价签可以更好地了解消费者的真实喜好。很多时候我们以为明码实价很好，但标价如果失误，虚高的价格反而让顾客望而却步，这种不直接显

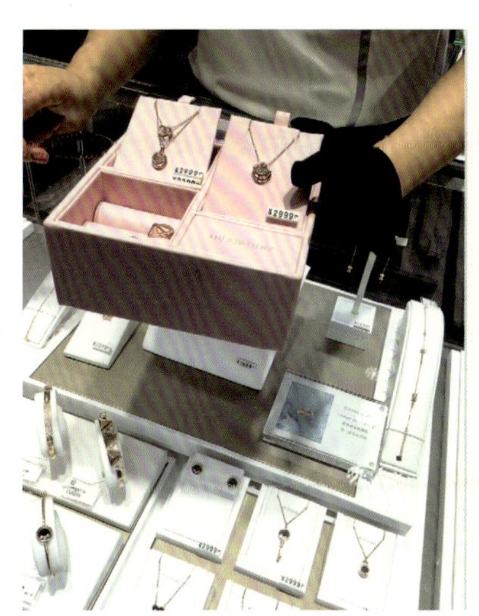

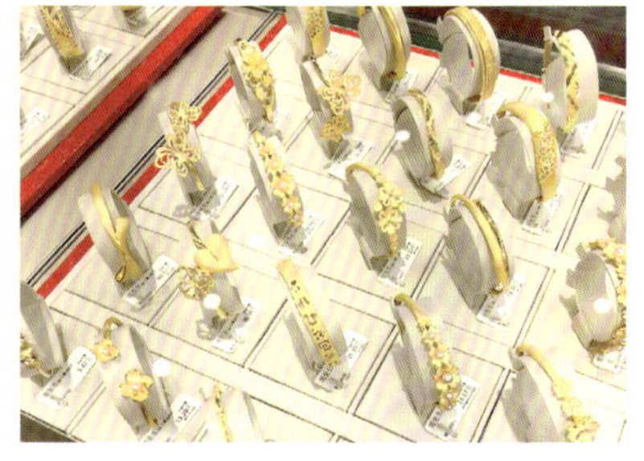

示标签的方式，可以先通过顾客是否试戴来判断其真实喜好程度，如果顾客频繁试戴而不购买，商家可以通过调整价格的方式及时纠正定价失误。

椰城海口已经一跃变成了国家“一带一路”战略支点城市，相信未来整体的市场发展不会逊色，但是当下传统渠道下的珠宝区则正经历着一场煎熬，尤其是那些老旧商场已经很难吸引消费者来吃喝玩乐，一时珠宝商家们也很难有什么好的应对方式。考察完了海口，我想我该好好考察一下深圳了。深圳作为中国珠宝之都，好像是一个“天之骄子”，集天时、地利、人和为一体，享受着整个珠宝产业的所有优势，同时这个市场是个十分特别的市场，它没有真正意义上的“珠宝一条街”，很多人觉得应该是水贝的珠宝批发市场造成的影响，其实并不然。水贝大牌“定制”的繁荣只是小范围的繁荣，只是一种不太“正大光明”的繁荣，背后的原因和这个市场的消费群体特殊性有关。在深圳可以看到周大福各种各样的店型和多品牌运作，不知道周大福是不是抱着一统珠宝江湖的想法去布局的？除此之外，深圳还能给我带来什么新鲜的元素和灵感？带着诸多疑问开始“深圳之行”。

[延展阅读]

1. 海口简介

海口，别称“椰城”，海南省省会，国家“一带一路”战略支点城市，北部湾城市群中心城市，地处海南岛北部，东邻文昌，西接澄迈，南毗定安，北濒琼州海峡，是海南省政治、经济、科技、文化中心和最大的交通枢纽。海口地处热带，热带资源呈现多样性，是一座富有海滨自然旖旎风光的南方滨海城市。

2. 海口主要商场（商业街）和珠宝品牌

商场（商业街）	主要珠宝品牌
玉沙 • 京华城国际购物中心	鑫生珠宝、六福珠宝、金专黄金、宝麒珠宝、晶石灵、百世缘、玺琳珠宝
友谊阳光城	周大福、六福珠宝、金专珠宝、中国黄金、老凤祥、钻石世家、肖氏银匠、亿威隆钟表、银行家银饰、玉格阁珠宝、周大生、中国珠宝、钻石世家、周六福、北京玉尺堂、京润珍珠、京韵珠宝
日月广场	I Do、周大福、六福珠宝、周生生、罗曼蒂、中国黄金、美瑞德、鑫生珠宝、美裕珍珠、DR、玉尺堂
明珠广场	周大福、六福珠宝、如意珠宝、鑫生珠宝、梦金园、瑞丰珠宝、周大生、金叶珠宝、锦韵珠宝、唐大幅珠宝、鑫翠嘉珠宝、兴怡珠宝、金誉珠宝、佳佳珠宝、品尚珠宝、港翡珠宝、金利福、金六福、李大生
万达（秀英区）	周大福、周生生、克徕帝、潮宏基、周大生、BLOVE、唐大福、中国黄金

深圳：中国珠宝之都的特殊零售市场新解

2018 年 8 月 12 日
30 ℃　阵雨

记得有句俗语叫作“灯下黑”，作为中国珠宝之都深圳的老珠宝人，我这两年真的很少去认真地看一下深圳的珠宝零售业态。一方面是因为这几年非常忙，没有时间在深圳的商场尽情逛街；另一方面觉得反正自己就在深圳，有大把时间，不急于去深圳各商场看珠宝零售终端。其实这是一个极端错误的思想，连眼前的变化都没有及时关注，却坐在深圳罗湖研究全国珠宝市场，想起来都觉得这个笑话有点冷。作为一个行业人，我从 2005 年入行一晃也有 13 年了，感觉自己就像一个战斗了许久的老兵，多少有些疲倦有些累，但仍觉得与行业有缘，仍要在珠宝的江湖里纵酒狂歌，南征北战无畏疲倦。这次回到深圳，在已经差不多走完全国的情况下，急切想认真了解一下深圳的珠宝终端现状。一路逛过东门茂业、金光华广场、万象城、万象天地、九方购物中心、华强北茂业和壹方城等我自认为在深圳相对较好的商场，我突然间有一种老了的感觉。深圳不再

是我想象中的样子，发展速度实在是太快了，快过了广州、快过了北京，基本可以和上海有一拼了。深圳的珠宝终端市场变化令人唏嘘，好多熟悉的品牌不见了，好多原有的商业街区发生了翻天覆地的变化。华强北的珠宝免税商场变成了OPPO的形象店，数个新开的大商场都没有像样的珠宝区，并且最让我意外的是深圳居然没有很多大城市都有的珠宝一条街。我记得就连上海都有一个城隍庙和南京路呢！而深圳或许是由于水贝珠宝批发市场的强势，硬是消灭了大量的珠宝零售店。印象之中水贝珠宝批发企业是不零售的，而水贝也没有多少零售店，怎么深圳就没有形成珠宝一条街呢？或许是我在深圳逛得不彻底，或许是深圳真的没有像样的珠宝一条街。不过我认为这是一件好事，深圳率先在全国升级浪潮中完成了珠宝零售业的升级。

周大福的不同类型店铺能否一统江湖

深圳的周大福珠宝店铺很多，店型也是最多的，比如：周大福时尚店、周大福豪雅店、周大福名贵店、周大福体验店、周大福荟馆JEWELRIA和周大福的轻奢店SOINLOVE基本都可以看到，听说周大福集团旗下还有一个全新轻奢珠宝品牌MONOLOGUE也在深圳运营，总之周大福的多品牌和多店型战略已彻底震晕了我，在别人还在“小打

小闹”的时候，周大福已经开始打造一个庞大的珠宝家族。都说做品牌不能三心二意，看了周大福的多元化、立体化、全领域发展，我差点以为自己曾经的书白读了，这种群狼战术光是看懂就需要大把的时间，更别说研究出对策了，那几乎是不可能，看来周大福确实有一统江湖的想法。作为行业老大，周大福进行全方位的尝试是无可厚非的，从另一个角度来说，也是在为行业做贡献，只是我觉得周大福的总裁可能是超人，不然想指挥好这么一个庞大的品牌方阵是极其困难。有时候我也疑惑，为什么周大福不快速地强化主品牌形象，然后去国外征战世界，走国际化道路呢？这样或许还可以给我们中国的本土珠宝品牌留一条活路，而不是全方位利用自己的资本优势、品牌优势、渠道优势、人才优势，全力在中国大陆抢同行们嘴里最后一点口粮。想着想着我突然好像明白了，中国的珠宝品牌，无论是内地的珠宝品牌，还是香港的珠宝品牌，都很难得到国外消费者的认可，他们无法真正建立像Cartier、TIFFANY、SWAROVSKI、PANDORA这样可以走向世界的品牌。不过我丝毫没有苛求周大福的意思，毕竟周大福也是我们中国人的骄傲，我只是怀着矛盾的心态看待周大福在中国的一枝独秀。

深圳作为中国珠宝之都的珠宝零售困扰及水贝大牌“定制”的繁荣

深圳作为中国珠宝之都，一直聚集着中国珠宝首饰行业所有的焦点，因此我认为深圳的珠宝零售业态应是最完整的，也应是最有竞争力的，然而事实却大相径庭。按照我们的经验来看，深圳应有珠宝零售一条街，有大量的珠宝专卖店，商场中有各种各样的珠宝品牌，同时高中低端珠宝品牌合理分布。但是我们忽略了深圳还有完全不同于其他一线城市的属性，那就是深圳是个年轻化的一线城市，同时还是一个新兴的一线城市，这两点才是真正困扰珠宝零售的最大主因，而不是我们认为的深圳作为行业集散地才造成零售与众不同的原因。深圳的年轻人比例是全国所有一二线城市中最高的，因此深圳更需要国外品牌、时尚品牌，而不是大量的传统品牌。深圳作为一个新兴的一线城市，整个城市的老年人过少，整体人群结构是断层的，这样就造成中低端的珠宝消费市场较小，很多中低端珠宝品牌很难生存，也就不会有珠宝一条街或是珠宝超级大店。客群结构决定了珠宝品牌结构，深圳的珠宝零售市场绝对是一个特殊的行业案例。由于一直好奇深圳本土消费者是不是跑到水贝的珠宝展厅去消费了，所以我也在深圳走访了很多大小展厅，

结果在深圳发现了两伙销售大军。一直以来深圳的珠宝批发企业并不太愿意零售，因为不合法也太麻烦。只是随着微商的兴起，深圳有着庞大的珠宝微商大军，他们的业务能力实在是太强了，什么大牌的款都能轻松拿到，无论是Cartier的LOVE和Juste Un Clou系列、TIFFANY的KEYS系列、Van Cleef & Arpels的Alhambra系列还是BVLGARI的ZERO系列，只有你想不到没有他做不到，就连I Do的Champs Elysees Kiss系列他们都能"定制"出来。另外一伙销售大军是网购，主要是淘宝，低端珠宝网购市场其实被这些人承包了。听说还有人网上直播销售莫桑钻，而且业绩还非常好。当然网购也多少离不开水贝大牌"定制"，深圳早已是珠宝大牌"定制"款之都。说实话，深圳的大牌"定制"款是最有业界良心的，一样的真金真钻，做工更是无可挑剔。其实作为行业人我们都明白，不管什么品牌的货，回到原材料状态价格基本都是一样的，品牌的溢价在回收商那里差不多都消失了。因此我个人认为深圳水贝的"定制"款绝对是极品，只是直接把别人品牌的LOGO打上去这一点是有些不道义。我真心希望在深圳再也看不到大牌"定制"款，希望有一天中国的珠宝品牌产品被外国人模仿，只是不知道我能不能活到那一天。大牌"定制"的繁荣

是一种独特的社会现象，但实在不应该成为深圳中国珠宝之都的标签。愿大牌“定制”不再繁荣，愿深圳原创精品横行世界！

Roseonly 卖珠宝是否如卖花般风光无限

曾经有人跟我说DR是复制Roseonly的概念和商业模式的，因此我对Roseonly很好奇，所以这次全国考察没少看他们。在深圳再次看到Roseonly的永生花和玫瑰珠宝时，我终于改变了以前认为他们不务正业的看法。Roseonly卖花的水平我是心悦诚服的，虽然我没有买过他们的花，但他们的套路对于年轻人谈恋爱来说还是很有吸引力的。只不过最早在杭州看到他们卖珠宝，我觉得他们的步子迈得太大了，如果卖花的都能卖好珠宝，那他们也太瞧不起珠宝业者了。回到深圳我一改先入为主的观念，认真研究起他们的珠宝。看着看着我突然发现他们真的太聪明了！他们的产品思维完全不是我们珠宝人的思维。请允许我歪解一下他们的产品策略，他们的款式基本是“表白”的神器，有故事可讲，消费者压力又不大，真是妙到极点的高手之作。当然这纯属我个人没有任何恶意的乱解，也许和他们的本意差了十万八千里，一切都只是纯属巧合，不过如果确实是这种思维，那他们这番操作真的太厉害了，一定可以在珠宝领域取得卖花的业绩。我们传统

珠宝人很难有这种捷径思维，把整个品牌的产品线完全按照泡妞的思路去策划、去实施，并且跨界整合，不得不感叹这实在是太完美了！

如果没有一种空杯心态，可能根本看不到深圳珠宝市场潜在的特殊性，这个市场几乎是专为年轻人打造。年轻人所追求的更酷、更潮、更精明的消费方式在这里基本上都能体现，当然我们希望深圳的珠宝市场不断涌现出更多有创意、有内涵、有竞争力的产品和模式并走向全国乃至全世界。前段时间的房车考察中还有新疆的乌鲁木齐和西藏的拉萨还没有完成，这次约上朋友一同前往考察。下一站首先去乌鲁木齐考察，这是一个多民族聚居的城市，当地大型百货商场林立，不知道各大珠宝品牌有无特殊的发展策略，是入乡随俗还是我行我素？另据说乌市碧罗名品珠宝馆的多品牌集合模式还不错，一直以来我们都很少见到成功的多品牌集合店，不知这次能否有幸见识到？另外，乌市当地的富士特及和合玉器也是我非常想了解的，以前他们可是“盛气凌人”的模样，不知在新的市场情况下还能继续“傲娇”吗？

[延展阅读]

1. 深圳简介

深圳，别称鹏城，广东省辖市，地处广东省南部，珠江三角洲东岸，与香港一水之隔，东临大亚湾和大鹏湾，西濒珠江口和伶仃洋，南隔深圳河与香港相连，北部与东莞、惠州接壤。深圳是中国改革开放建立的第一个经济特区，是中国改革开放的窗口，已发展为有一定影响力的国际化城市，创造了举世瞩目的“深圳速度”，同时享有“设计之都”“钢琴之城”“创客之城”等美誉。

2. 深圳主要商场（商业街）和珠宝品牌

商场（商业街）	主要珠宝品牌
茂业百货（华强北店）	SWAROVSKI、JASS、六福珠宝、金大福、MGS 曼谷银、钻石世家、老凤祥
华润万象城（罗湖区）	TIFFANY、Cartier、PANDORA、BVLGARI、SWAROVSKI、APM Monaco、MGS 曼谷银、BLOVE、钻石世家、老铺黄金、周生生、周大福、谢瑞麟、吉盟珠宝
壹方城	SWAROVSKI、PANDORA、DR、ENZO、周大福、周生生、六福珠宝、潮宏基
京基百纳（宝安区）	六福珠宝、金至尊、周六福、金大福、中国黄金、7℃银饰
万象汇	金至尊、六福珠宝、周大福、爱迪尔珠宝、潮宏基、老凤祥、JASS

乌鲁木齐：亚心城拨云见日　DBE 强势登场

2018 年 8 月 17 日
34 ℃　晴

好久没有来新疆了，上次踏足新疆好像已经是七八年前的事情了，这里的风景还是那样的美丽迷人。我在乌鲁木齐看到“发展绝不能以牺牲安全为代价”的标语，想想我们珠宝行业也不知道有多少老板在“裸奔”，有多少珠宝企业是安全的，有多少珠宝品牌能长盛不衰。我想，回到深圳时应该向所有同行们分享这句话。现在的珠宝零售终端门店遍布，老板们只顾抢占地盘，却不关心门店质量，如果有一天出现集体溃败情况，不知老板们是否会悔不当初。

逛“友好”系和其他商业中心的所见所闻

在乌鲁木齐看到最多的是友好集团旗下的各种百货商场，我首先选择了友好百盛购物中心和友好集团天山百货作为考察目标，可是一个 10 点半开门，另一个 11 点开门，让我始料未及吃了个闭门羹。这也不怪他们，要怪就怪我一个内地人到新疆来缺乏“时差”意识，只是他们 11 点才开始营业，这一上午对内地人来说好像凭空消失了一样，很难适应。乌鲁木齐所有友好系的商场都是非常相似的，属于升级后的商场模式，保留了传统的珠宝区，各种珠宝品牌在这里聚集。其中最具代表性的是友好集团天山百货，涵盖了周大福、周生生、六福珠宝、谢瑞麟、老凤祥、I Do、SWAROVSKI、DBE、千禧之星、赛菲尔珠宝、润金店、FENIX 菲尼莎和沛洛珍珠等珠宝品牌，无论是国际珠宝品牌、香港珠宝品牌还是内地珠宝品牌，几乎都能在这里找到身影，但这样的珠宝区在全国省会级城市正在不断减少和萎缩。综合对比下乌市的各个商场，发现万达的购物环境是最好的。不同于传统百货，万达广场由于体量大，每个店铺的空间大，商场内的道路也宽敞，不会给顾客带来太多的压迫感。不仅如此，万达还允许花艺式的软装，这对珠宝门店的整体形象提升相当有利。不过最让我印象深刻的是 I Do 员工的道具整理，她们用 30 厘米的“得力”塑料透明尺对道具卡位置，卡好位置的道具整体显得非常整齐利落，这或许是一件小事，但也许就是这样的精神，让 I Do 的形象在全国所有珠宝品牌中出类拔萃。另外，要说陈列的美感，帝爵珠宝的公益星系列的立式陈列道具则是这方面的最佳代表，美中带着一种高贵感，体现了行业陈列设计的一流水准。

DBE的多渠道策略及碧罗珠宝的多品牌组合模式

在乌鲁木齐给我留下最深印象的就是DBE，多渠道策略相当成功。记得我人生第一次看到DBE还是在湖南株洲的平和堂，当时觉得他们品牌整体做得还不错。听说是一个湖南人在经营，老板娘非常有远见，后来就没怎么关注了。一路上也看到过不少DBE终端店，感觉这个英国品牌在我们国内的发展不容易，但确实没有太多的关注，结果在乌鲁木齐被他们震撼到了！乌鲁木齐大部分好的商场都有DBE的店，或大或小基本都有，这种高密度开店是我从来没有想到的。以整体门店的状态初步判断，他们在乌鲁木齐的生意还不错。尤其是在美美百货和美美二期购物中心，其中美美二期购物中心更是由于新装，整体店面形象和员工状态都非常好，是新一代的DBE门店。听同行说他们还在新疆发展了一些加盟店，真没有想到在遥远的新疆还有这样的品牌发展态势。很多珠宝同行向来都只想在一些发达省份进行突破，有些品牌甚至放不下面子不愿离开发家之地，其实做品牌完全有可能墙内开花墙外香，能在哪里发展起来就应在哪里全力以赴，而不是非要在强敌林立之地无谓地浪费时间和精力。这点真应该学习DBE。另外，在乌鲁木齐吸引我的

还有碧罗珠宝的多品牌组合模式。目前从全国来看真没有什么多品牌组合战术成功的范例，不过这次有幸在新疆看到了碧罗珠宝的多品牌组合，它的全称为“碧罗名品珠宝集合馆”。主要由FOREVERMARK、ALLOVE、CLARA、Rose D'Amour、PSAD和囍福等品牌组合而成。其中DE BEERS集团的FOREVERMARK、星光达的ALLOVE、缘与美的Rose D'Amour、宝怡的南非美钻PSAD和百泰的囍福我还是比较熟悉的，而CLARA到底是哪里的品牌我就不太了解了。通过他们的品牌组合，我个人认为他们是把自己认可的黄金、钻石的品牌集合起来，并统一打造成高端形象，可以说这是一种不错的组合范例。看过他们时代广场和美美二期购物中心百货的店后，发现他们还是非常努力的，在不断地进步，仍然有可观的杀伤力。我在时代广场还看到他们与中国农业银行联合举办了“相约七夕客户答谢暨珠宝品鉴会”，历来此类活动一般都被在银行渠道卖黄金的这部分商家承包，珠宝商家把银行渠道的客户引到店里做销售的案例还真是不多，看来到时候真要学习一下新的客户共享营销方式了。

再次去欣赏富士特及和合玉器的和田玉生意

前一段时间有个朋友让我帮他看一下和田玉的市场前景如何，我观察了一段时间后得出的结

论是这个市场真的不太乐观，但仍想到乌市再次近距离观察中国最牛的两个和田玉零售品牌的生意。记得七八年前，我第一次在新疆富士特珠宝玉器城总店考察，当时真被吓到了，随便一个籽料的把玩件都要70多万元，顿时感觉自己像一个穷人。据说当年富士特在这个店里铺了上亿的货，虽说一开始我并不信，但粗略算一下高货总价，似乎也差不多。即使到今天我仍记得当年服务员对我不屑一顾的表情，那时我一路都在安慰自己说，和田玉不就是一块破石头吗，还几十万！你们就炒吧，总有一天你们会玩不下去。这次在乌鲁木齐再次造访富士特，说实话还真有些同情他们，整个店都是旧的，而服务员的工作态度比以前好了上万倍，随便看，随便摸，随便拍，反倒让我有些不好意思了。在陪同的朋友买了个手串后上二楼参观，发现这里都开始靠旅游者生存了，整个二楼充满了景点气息，我还被导购们误认为是导游，这让我哭笑不得。接着去了和合玉器门店考察，这个店的生意也很不理想，其实一个店生意好不好作为一个同行一眼就能看出来。第一看装修，如果几年都没有重装，就不要指望这家店的生意会有多好。第二看道具，如果连换道具的心都没有，你想想他们的生意会是红红火火的吗？第三看货品，如果一个店陈货过多，超过30%

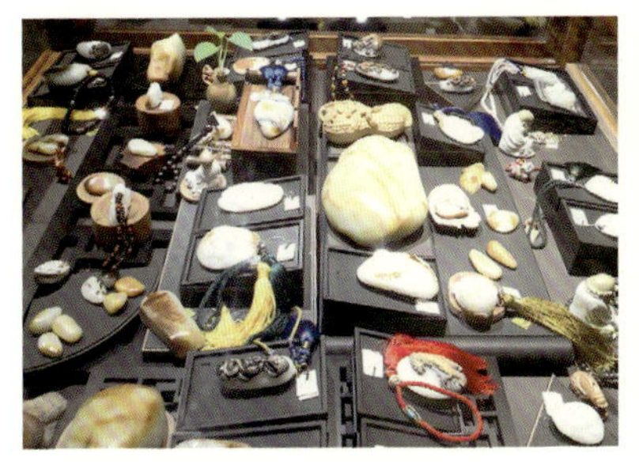

的珠宝类产品两年多了都还乖乖躺在柜台中，这家店的生意一定很差。第四看员工，员工是骗不了同行的，她们的表情大多写在脸上，只要多问几句她们就能露出破绽。玉出和田，和田玉不能不说是一个好东西，但确实是被玩坏了，估计相当长一段时间内和田玉的生意都将是一言难尽。

乌鲁木齐是亚洲大陆的地理中心，所以很多人越来越喜欢称它为“亚心城”，它同时还是举世闻名的“古丝绸之路”必经之地，虽然没有了以前的繁华，但商业氛围犹在。还好各大珠宝品牌随着商场的升级也展现出了些许活力，不然我们珠宝行业在“亚心城”岂不是颜面无存？只可惜表现得最好的竟然是国外品牌 DBE 珠宝，看来广大的国内珠宝品牌们还需要加把劲了，向优秀者学习并不是什么丢人的事，学会赚到才是本事！下一站就是被称为“日光之城”的拉萨了。很高兴即将前往西藏，据说“不入西藏终生误，一入西藏悟终生”，学佛的我说不定能在这块神奇的土地上有新的感悟。听闻拉萨这座小城有 100 多家的珠宝店，不知道他们是如何生存下来的，难道当地的人们对珠宝首饰的需求相对较高，还是说游客热衷于在拉萨购买首饰当作纪念品，支撑起了此地的珠宝市场呢？又或者是我们珠宝商们普遍对这样的市场比较乐观？另外我还非常关心

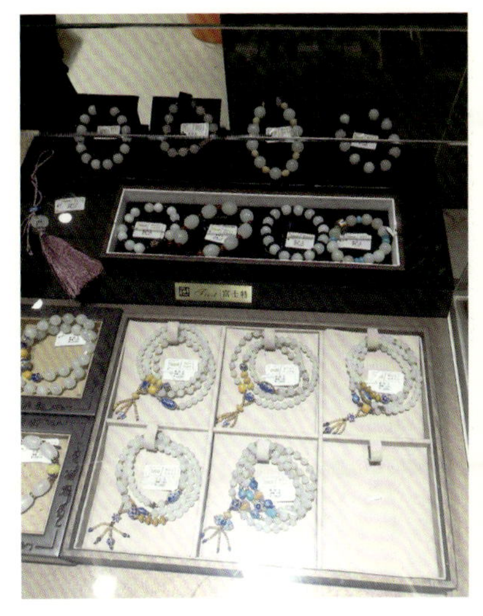

的是在这样的宗教圣地，民族珠宝的发展情况如何，如果能看到一些优秀的民族珠宝品牌就更好了，说不定有缘的话我会入手一些当作纪念品。

[延展阅读]

1. 乌鲁木齐简介

乌鲁木齐，通称“乌市”，旧称迪化，是新疆维吾尔自治区首府，全疆政治、经济、文化、科教和交通中心。全市面积为14 216.3平方公里，辖7区1县，2017年末户籍人口为222万。乌鲁木齐地处中国西北，新疆中部，天山北麓，亚欧大陆腹地，毗邻中亚各国，有“亚心之都”的称呼。

2. 乌鲁木齐主要商场（商业街）和珠宝品牌

商场（商业街）	主要珠宝品牌
友好时尚购物城	周大福、老凤祥、瑞恩钻饰铭店、DBE、千禧之星、周大生、润金店
万达广场（德汇）	Cardiff Jewelry、DBE、I Do、克徕帝、七度珠宝、六福珠宝、老庙黄金、老凤祥
友好集团天山百货	SWAROVSKI、DBE、I Do、周大福、周生生、六福珠宝、谢瑞麟、老凤祥、千禧之星、赛菲尔珠宝、润金店、FENIX 菲尼莎、沛洛珍珠
友好百盛购物中心	PANDORA、DBE、潮宏基、千禧之星、周生生、周大福、老凤祥、六福珠宝、周大生、爱迪尔珠宝

拉萨：日光之城群狼小店得天独厚

2018 年 8 月 21 日
23 ℃ 小雨

如果说每个中国人一生中都有一个梦想要去的地方，我想那一定是西藏，如果只能去西藏的一个地方，那一定是拉萨。我是幸运的，在自己四十四岁的时候，可以来实现自己多年的梦想，借全国考察之机亲自去西藏看看。都说到西藏会有高原反应，我个人还是有些小庆幸，因为此前去了格里木的昆仑山，海拔 4200 米的高原我竟安然无恙，所以海拔 3658 米的拉萨应难不倒我。其实这次本想开车上来的，原计划是从甘肃兰州到新疆乌鲁木齐，然后由乌鲁木齐开车到拉萨，路书（旅行计划）都写了好几页，但由于路途艰险且急着返深，再加上同行者在西宁和青海湖就出现了高原反应，只好改成我坐飞机来考察。坐飞机不像自驾游，没有途中逐渐适应这个过程，很容易有高原反应，但也没有办法，我只能冒着“生命危险”来拉萨了。从 8 月 20 日到 23 日，短短两三天的时间，我吸光了几只超大的氧气瓶才断断续续完成了在这个“日光之城”的考察。犹记得刚从拉萨机场降落时，那时还没有出现高原反

应，我坐在朋友的车上看窗外的拉萨，只觉得它就是一个县城。整个西藏常住人口 324 万人，拉萨只有 55.94 万人，从人口规模来说真的就是一个小城市，然而据说这里有 100 家左右的珠宝店，初闻时我很震惊，似乎小看了拉萨。其实拉萨的珠宝店主要集中在拉萨百货及附近，以及大昭寺附近的两个区域，逛起来非常方便。也许是看多了珠宝店的缘故，我更喜欢拉萨拉百附近的猫屎咖啡，288 元一杯，在这么高的海拔城市喝这么贵的咖啡，也算是一次难得的体验了。

拉萨百货附近品牌店的民族珠宝

在拉萨考察首先想到的是“拉百”，拉百是当地人的叫法，全名叫拉萨百货大楼，用藏语和繁体中文写的拉萨百货大楼很有时代感，像是一个落后十年的县级市的缩影。不过真正走进去后才发现，这里的珠宝品牌还是蛮多的，不仅有周大福、六福珠宝、老凤祥、周大生、I Do、戴梦得、周六福和爱迪尔珠宝等常见的珠宝品牌，还有一些如丹峰泰缘、尼威亚、怡彩珠宝、瑞玉祥、藏宏宝、和长天美和红珊瑚等别处少见的拉萨地方珠宝品牌，主要是以卖藏银、绿松石和珊瑚为主。通过观察拉百的珠宝品牌，了解到他们主要是面向以游客为主的消费者，民族首饰占了相当大的比例，最有意思的是这里的 I Do 居然卖黄金，而

且还有能体现藏传佛教避邪降魔等元素的黄金饰品。全球婚戒典范卖起了黄金，说出去或许有些讽刺，但他们的销售人员还自豪地说他们在拉萨的两个 I Do 店是全国仅有的卖黄金的店。说实话，我一看就知这两家是 I Do 的加盟店，由于天高皇帝远总部监管不力才能如此“潇洒”。想想我真应该买个 I Do 的避邪降魔金饰当作纪念，肯定会很有意思。

全国海拔最高省会城市的中国黄金超级大店

说到看大店，我自认为自己已经看过很多了，尤其是近几年像中国黄金这种品牌，常常开一些让我惊讶的大店。我个人是反对开大店的，总觉得风险太高。在国内珠宝企业中，除了周大福、周生生、潮宏基、千叶珠宝、莱绅通灵和 I Do 这几个品牌有相对完整的产品体系，其他大部分珠宝品牌的产品体系并不是那么完整，就算是产品体系相对完整的珠宝品牌，其产品线也是无法支撑超过 500 平方米的大店。所以对于开 300 平方米大店的，乃至 500 平方米大店的，我都是十二万分敬佩的。另外，这类规模的店投资十分巨大，管理非常困难，在“店大吓不住人”的新零售时代，看着满柜台同质化严重的货品，除了拼价格再无其他新意的营销，我真的为他们感到担心。拉萨有四个中国黄金的店，而其中最大的一家竟

有2000平方米。不是300平方米，不是500平方米，而是2000平方米！虽然我吃了这个店老板请的一顿饭，但我仍然觉得他们的店实在太大了，大到我都看不懂了，尤其是二楼，就算有滚梯可能也不会上去多少顾客。到了高原我有些缺氧，看到这么大的中国黄金大店，我觉得我的血压也高了。不过我还是特别佩服莆商的奋斗精神，在海拔这么高的城市居然潜心经营了20年，他们不成功是没有道理的，真心祝他们能长久地享受此处经济带来的红利。

藏民神圣之地大昭寺的群狼小店

拉萨有一个闻名遐迩的寺庙，叫大昭寺，又名“祖拉康”“觉康”（藏语意为佛殿），位于拉萨老城区中心，是一座藏传佛教寺院，为藏王松赞干布建造，拉萨因此有“圣地”之誉。大昭寺已有1300多年的历史，在藏传佛教中拥有至高无上的地位。环大昭寺内中心的释迦牟尼佛殿一圈称为“囊廓”，环大昭寺外墙一圈称为“八廓”，大昭寺外辐射出的街道叫“八廓街”即八角街。以大昭寺为中心，将布达拉宫、药王山、小昭寺包括进来的一大圈称为“林廓”。这从内到外的三个环型，便是藏民们行转经仪式的路线。就在大昭寺这个藏民和旅客聚集地的附近，分布着由几十个小店组成的群狼小店。为什么说他们是群

狼小店，因为他们大多是莆商开的小型珠宝店，而且很多店估计都是同一个老板，我在全国从未见过这么高密度的珠宝小店。莆商是中国珠宝零售商中最有狼性的群体，他们的战斗力极强，在任何一个地方，只要竞争对手可以生存，他们就一定能活下去。别看这么小的店，他们店内的铺货量并不少。据同行介绍，他们开一个店转让费都有近百万元，虽然房租不高，但整体的投资也需要二三百万元，不过经营好的话一年可以赚到上百万元。在这样的店里，各种合成宝石的黄金饰品是最受欢迎的，同时一些克重大的项连和手链也很受宠，藏民独特的消费习惯支撑起了一个独特的市场。

此番拉萨考察对我来说意义非凡，虽然缺氧的滋味实在不好受，但我个人此行的收获还是颇为丰富，感恩有这样的一次考察经历，真心祝愿这个美丽的地方越来越好。其实不管是中国黄金的超级大店，还是大昭寺附近的群狼小店，只要能占据一席之地，服务好当地藏民及各类游客，这个市场中的每一个珠宝人都是值得尊重的。考察完了拉萨接下来就要返深去考察澳门和香港了，终于可以不用再忍受高原缺氧了，但一生中有机会来一次西藏还是让人觉得人生无悔的。下一站首先是去香港。香港珠宝市场的繁荣不言而喻，对我们内地珠宝人来说是很值得学习的，简直可以说是内地珠宝业的启蒙老师。海港城和弥敦道是必看的代表性商圈，渠道密度高、生意火爆、品牌齐全。在这里能看到数量巨大的高端珠宝品牌巅峰对决，尤其是国际珠宝品牌强势与香港本土品牌不断创新的精彩竞争是香港珠宝市场的一大亮点。总之去香港市场考察从来没有让我失望过，期待由西到东的市场落差能碰撞出新的火花。

[延展阅读]

1. 拉萨简介

拉萨，简称“拉”，是中国西藏自治区的首府，具有高原和民族特色的国际旅游城市 ，是西藏的政治、经济、文化和科教中心，也是藏传佛教圣地。位于西藏高原的中部，喜马拉雅山脉北侧，海拔 3650 米，地处雅鲁藏布江支流拉萨河中游河谷平原，拉萨河流经此，在南郊注入雅鲁藏布江。

2. 拉萨主要商场（商业街）和珠宝品牌

商场（商业街）	主要珠宝品牌
百益・百货	潮宏基、周大生、香港卓尔珠宝
拉萨百货大楼	周大福、六福珠宝、老凤祥、周大生、I Do、戴梦得、周六福、爱迪尔珠宝、丹峰泰缘、尼威亚、怡彩珠宝、瑞玉祥、藏宏宝、红珊瑚、恒润鑫珠宝店
吉崩岗街道	爱心珠宝、德吉珠宝、雅佳珠宝、周记珠宝、中国珠宝、雪峰珠宝城、日顺珠宝城、雅美珠宝、金苹果珠宝、福祥珠宝城、宝隆祥珠宝城、金福人家珠宝、周大生、金伯利钻石
八廊街道	藏圣珠宝、藏玉珠宝行、宏鑫珠宝行、丽宝珠宝行、腾飞珠宝行、丽鑫珠宝商行、鑫兴珠宝商行、格桑花珠宝、藏梦缘、永光银器、雪山圣玉店

香港：购物天堂见证港式品牌创新不断

2018 年 9 月 17 日
31 ℃　多云

已记不清来香港考察过多少次了，可以说香港的主要珠宝店我都去过不止一次，路线熟练得都能背下来了，但由于这次全国考察不能偷懒，所以又在香港台风来临之际勉强来一次。凭借着对香港珠宝店铺的熟悉，我很快就逛完了弥敦道、海港城、时代广场、太古广场等地方，给我整体的印象就是香港经济有轻微下滑的迹象，珠宝店整体生意一般。曾几何时，香港得益于原来的税率低（免税港政策）吸引了大批内地游客来消费，那时香港珠宝店发展还算可以，现在再想重现往日的繁荣已经不太现实了。说实话，随着中国经济的高速发展以及各种复杂的原因，香港在国民心中的地位已不复当初。当一个地域风向标意义不再，原有的消费群定会大量消失。以前由于内地民众出国不方便，只能追风港澳台，现在内地民众可以直接去日韩消费，因此香港的引领地位快速下滑到了谷底。这种趋势一旦形成就将很难逆转。

商场珠宝和商业街店或将面临着较大经营压力

到香港逛街我每次必去的就是海港城和弥敦道，一是海港城可以算是所有优秀香港商场的代表，在这里可以看到最集中的商场珠宝发展态势。而弥敦道绝对是中国当代最繁华热闹的珠宝一条街，这里的珠宝店密度之高，生意之好，一直都是内地珠宝行业学习的榜样，哪怕最近几年生意有一定的下滑，但往日的雄风犹在。通过在弥敦道、海港城、时代广场、太古广场等地方的详细考察，个人感觉现在香港的商场珠宝和商业街店跟内地一样，都面临着巨大的经营压力。在考察过程中，我通过珠宝店的装修情况、道具的更新情况和珠宝店的铺货量及产品库龄就可以大概判断出这个店生意的好坏，比如一个生意不错的珠宝店是绝对舍得装修的。当你看到一个店过了装修期还没有装修，甚至连需要维修的地方都没能及时维修时，你基本可以判定这个店的生意不好。一般一个店在3～5年左右一定要进行重新装修，尤其是现在竞争加剧后装修更需在3年内完成。当然也有其他因素决定一个店面的装修周期，但这种行业经验大多数时候是比较准确的。道具的更新情况有时很容易反映出一个店的盈利能力，一路走来，我所看到的道具很旧或是破损严重的珠宝店没有几家生意是好的，好的店铺其道具更新都是很及时的。最后是看产品的新旧程度，其实任何人稍微细致一些就可以很容易发现哪些产品是陈货，哪些是新货，如果一个店陈货超过30%，你就不要指望这个珠宝店的生意会有多好了。另外，商场的珠宝店和商业街中的珠宝店生意的好坏还受大环境的影响，尤其是街上购物人群减少一定会影响到这些珠宝品牌的。这几年增加了很多以银饰为主的时尚轻奢品牌，这些品牌还带有一些小清新的K金产品，总体来说投资都不算大，产品的价格也不贵。这或许是消费者审美提升的结果，但多少有些降低消费者入手压力的嫌疑。在弥敦道上我还看到了内地的强势珠宝品牌“老凤祥”，没想到他们真的来香港开店了。不过我个人认为老凤祥在香港开店的时机并不太好，在经济下行的大背景下，可以说他们在香港的整体销售并不是非常乐观。像老凤祥这种中国内地渠道巨头都大规模进驻香港了，我想未来香港的珠宝品牌之间竞争会越来越大。

国际珠宝品牌在香港的亮点依旧很多

近两年看到过的国际珠宝品牌实在太多了，基本是逢店必看，尤其是TIFFANY更是几乎一店不差地看过，但突然间在香港的TIFFANY店发现了以前没有注意到的细节。TIFFANY店里所有的产品都不显示价格，产品价签藏在道具中，这样的

形式极有利于消费者关注产品本身，不像内地大量的渠道品牌只能拼价格。我个人很喜欢看 TIFFANY 的钻石，尤其是以黄钻为主的彩钻，特别漂亮。另外我还喜欢看 KEY 系列的货，这个系列的货全国各珠宝品牌“借鉴”的特别多，但终究还是这里的货是最多的，款式也特别全。这恰好印证了那句话：一直被模仿，从未被超越。TIFFANY 还有一个细节深深吸引了我，那就是他们销售柜的中岛带有结算功能，有 POS 机、验钞机等，能在中岛直接结算，这种安排非常聪明，可以极大地提高成交率。在香港皇后大道附近的 DE BEERS 店中，我发现他们门店橱窗非常漂亮，尤其是 32 万元的 2 克拉钻戒陈列起来真的太完美了。说实话我在其他的珠宝店也看过 2 克拉的钻戒，不知为什么就是觉得这里的陈列，无论是产品本身，还是道具和灯光都是配合得最好的。不仅如此，我还发现这里的柜台比其他珠宝店的柜台普遍要高很多，这种高度能把消费者从低头看货中解放出来，顺便感受到些许品牌的高端感，很遗憾国内的其他珠宝品牌都没有大面积推广。香港的 SWAROVSKI 店内货柜及货品摆放比内地门店更加紧密，这让我想到了很多。香港的租金或许还是超级贵的，导致连 SWAROVSKI 这样的一线品牌都要通过增加铺货量来保证生存，看来能到香港开店的内地珠

宝品牌真是勇气可嘉。另外SWAROVSKI在香港不用江疏影的平面广告，而是用国际性的明星，说实话我真心佩服国际珠宝品牌的实力和品牌运作手法。有些时候无意间的发现更有意义，在香港海港城看到CHAUMET的橱窗居然用到了特别的电子屏，高端大气上档次。以后这种特别的电子屏有可能会成为一种流行性的装饰，只是估计这种东西价格一定不低。

香港本土珠宝品牌的港式创新

虽然在内地经常看到香港珠宝品牌，然而到了香港还是觉得他们与内地店多少有些不同，或者也可以说是一种创新。其中最显著的就是香港的珠宝品牌与钟表结合在一起。其中周大福和劳力士结合在一起，六福珠宝和百达翡丽也是如此，很多英皇珠宝门店卖芝柏、沛纳海、卡地亚、万国等手表，这种珠宝与钟表的结合在香港是做得最好，不知在内地是否可以复制这种模式。内地珠宝店和名表店大多是分立的，估计是由于原有表业在内地先发展，各名表品牌的代理权和珠宝品牌的代理权不一致，未来随着经营的艰难不知二者会不会最终走向融合。香港本土珠宝品牌的另一创新，就是香港周大福店里的每一个“岛”都设立了结算台。这也许是以前生意红火时的产物，不过随着内地的珠宝店越来越

大，同时消费者的成交越来越难，我想其实内地的很多珠宝大店可以考虑借鉴周大福的这种中岛结算台，因为设置中岛结算台是能有效提高成交率的好方式。如果说香港珠宝品牌还有什么创新的话，我想那就是周生生的壁柜做得非常亮眼。同时周生生皇后大道店的招牌比周边店铺招牌高出许多，这些看似很容易做到的事其实真的不容易。就说周生生的壁柜，无论是内地还是香港的周生生，都把这个创新用得很好，既时尚又有效地利用了墙面，然而内地的就鲜有与之媲美的珠宝品牌。至于重视招牌这件事，内地珠宝品牌虽能做到出手阔绰，但真正可以把招牌做得好的成功案例实在太少了。建议内地的珠宝品牌可以多来香港学学，尤其是想做时尚珠宝品牌的珠宝商一定要仔细研究周生生。

珠宝行业处于深度转型的这两年，国际珠宝品牌和港产珠宝品牌都进行了各种大胆的尝试，积极顺应新生代消费者的需求，且都取得了不错的成绩，如现在兴起的“个性化定制和轻奢风彩宝+K金组合”。看着这些天王级的珠宝品牌对市场进行疯狂瓜分，不知道我们猴年马月能追上，又或者说，我们只要精耕于自己的市场，服务好自己的消费群体就行，只要打造出属于自己的品牌价值就不失为一个优秀的品牌。下一站是本次全国珠宝市场考察的最后一站——澳门。这个世界级赌城在世人眼中极尽繁华和奢靡，不知珠宝行业在这样的市场又将孕育出怎样的“奇葩”？犹记得澳门虽然地方不大，但也有珠宝一条街。大型酒店购物广场中的国际珠宝品牌声势浩大，各种珠宝回收店集聚，形成了一道独特的风景线。这些现象背后的因素，都值得我们去探究，尤其是澳门数量庞大的赌徒游客们对珠宝消费需求肯定是不一样的。考察行程将近尾声，希望澳门能带来不一样的体验。

[延展阅读]

1. 香港简介

香港（Hong Kong），简称“港”（HK），全称为中华人民共和国香港特别行政区（HKSAR）。地处中国华南地区，珠江口以东，南海沿岸，北接广东省深圳市，西接珠江，与澳门特别行政区、珠海市以及中山市隔着珠江口相望。香港是一座高度繁荣的国际大都市，区域范围包括香港岛、九龙、新界和周围262个岛屿，管辖陆地总面积1 106.34平方公里，海域面积1 648.69平方公里。截至2017年末，总人口约740.98万人，是世界上人口密度最高的地区之一。

2. 香港主要商场（商业街）和珠宝品牌

商场（商业街）	主要珠宝品牌
太古广场	Cartier、TIFFANY、BVLGARI、Ofée、Van Cleef & Arpels、APM Monaco、PANDORA、MIKIMOTO、周生生
时代广场	PIAGET、MIKIMOTO、MADIA、PANDORA、APM Monaco、周生生、周大福
港威商场	MIKIMOTO、Folli Follie、JUST GOLD、MADIA、Thomas Sabo、Links Of London
海运大厦	CHAUMET、Van Cleef & Arpels、Boucheron、FRED、Qeelin、老铺黄金、周大福、英皇珠宝

澳门：赌城珠宝市场奢华中玄机暗藏

2018 年 9 月 18 日
30 ℃　雷阵雨

澳门是一个世界级的赌城，但由于本人实在无缘于赌博，所以去澳门的次数屈指可数，但是出于全国考察的需要我还是不得不来。我是从香港乘船来的澳门，香港珠宝市场的繁荣绝对不是澳门可以比拟的，因此一路上我都在调整心态，想以另外一种心情去看一下澳门。刚好来的这几天遇到了超强台风，整个澳门的博彩业和购物中心都显得冷清，不过对于专注考察的我来说，这也是一个非常好的时机。因为也只有在这时才能看到市场繁华的另一面，尤其是在整个中国经济增速下降的大背景下，深刻感受一下市场的冷清会使我们在未来的从业中更为谨慎。澳门这座城市很小，真正能考察的地方少得可怜。珠宝店相对集中的地方主要是大型商业中心、赌场附近的小店和一条规模不大的“珠宝一条街”。

赌城中的珠宝回收店经营之道

澳门这个世界级赌城，在我想象中应是顶级的灯红酒绿，珠宝店多如牛毛。记得在还未进入珠宝行业时，我曾到过澳门，当时只觉得澳门的

珠宝店实在太多了，富丽堂皇到我都不敢进。随着在珠宝行业十多年的浸淫，对珠宝店来说我已经成了不那么受欢迎的常客。澳门赌场附近有很多珠宝店铺，或者准确地说是珠宝当铺，为什么说是珠宝当铺？因为他们主要以收赌客的抵押品获利，店铺中陈列最多的就是黄金、手表、钻石和玉器，绝对是珠宝行业的另类，总之我并没有真正把他们视为同行。当然从他们的眼神中我知道我也不是他们的同行或是顾客，反正彼此都不来电。不过在看了无数家靠赌客为生的珠宝店铺后，我发现他们的经营模式具有相当大的独特性，同时获利空间也不小。大家想想，赌客对价格的概念绝对与常人不同，在交易过程中更容易处于弱势地位，这样的交易其公平性是相当值得怀疑的，处于有利位置的一方简直可以随意开价。看来澳门有这么多以赌为生的珠宝店铺是有原因的，这或许是一个相当大的市场，随便数了一下附近也有几十家店，估计澳门在最繁华的时候应该有上百家这样的珠宝店铺。赌的江湖我永远不懂，但真心希望澳门这里以赌为生的珠宝店铺有机会都转行吧，或许可找到更好的生存之道！

大型酒店商场中的国际珠宝品牌

澳门不知算不算购物的天堂，总之这里有无数的超级商场，大到让你担心他们是否真有那么

多的客人。人性是贪婪的，所以世界遍布着赌场。如果说赌场大多是男人的世界，那么这些商场就应是女人的世界。澳门大型酒店商场里的珠宝店大多以国际名牌为主，国内品牌也基本是港产品牌，其中国际品牌我看到了 Cartier、Harry Winston、Van Cleef & Arpels、TIFFANY、DE BEERS、PIAGET、CHAUMET、BVLGARI、SWAROVSKI、GUCCI、PANDORA、APM Monaco，以及比较小众一些的国际珠宝品牌 FRED、ARTē、Qeelin 等。内地常见的国际珠宝品牌这里应有尽有。或许因为澳门是一个国际化的赌城，购买力强，所以国际珠宝品牌蜂拥而至。当然澳门珠宝市场少不了港产品牌助阵，澳门绝对是香港珠宝品牌的天下，随处可见周大福、六福珠宝、周生生、英皇珠宝、谢瑞麟和金至尊的珠宝店，同时还有周生生的点睛品和享利珠宝等。我也无法一一去看这些品牌门店，因为在内地我们对这些珠宝品牌相对熟悉。在澳门唯一的亮点就是看到了内地品牌金一珠宝，商场内有店，商业街上有铺，资金实力强大。说实话，我真的非常佩服金一珠宝的勇气，作为一个后发的内地珠宝品牌，完全不以店面经营收益为出发点，居然敢在澳门这种可以做到无视内地珠宝品牌的地方开店。也许上市公司的渠道发展压力真的很大，但不管怎么样都要向内地的珠宝界勇者金一珠宝澳门店致敬！

澳门强而不长的珠宝一条街

走完内地的珠宝街，再到澳门逛珠宝街，可以负责任地说这是全国一二级城市中最小的珠宝一条街，但如此高密度布局周大福和六福珠宝店的珠宝街，我还真是没见过。哪怕是香港的弥敦道，也由于街长而显得珠宝店对比澳门密度不高。在这个殷太子大马路上，100米左右的街道有7家周大福，4家六福珠宝与不计其数的珠宝、钟表店，渠道密度已然到了极致，估计再开珠宝店实在没有什么意义。看到周大福在澳门的“强势”，再想到周大福在内地与地方珠宝店铺间的“厮杀”，以及在港澳与高端大牌珠宝店铺的“厮杀”，感觉周大福的“亚洲第一”并不好当。在澳门可以很容易看到所有的世界一线珠宝品牌，也可以看到港产珠宝品牌云集，只是我真的不敢想象未来的澳门博彩业是否还会很好。这些在澳门大商场中闲逛的人群、富二代、富婆和陪大款来赌博的女人，她们的购买力其实是有限的。外国人基本不会在澳门消费，澳门本地人也没有太大的消费潜能，我真的有些担心这里的珠宝同行，不知未来如何，兴许澳门的珠宝行业也很快凛冬将至！

澳门珠宝市场真的十分特别，无论从哪个方面来说都算得上是“奇葩”，可能众多珠宝品牌在这里开店根本不在意到底赚不赚钱，他们在这座世界级赌城亮相所能赚到品牌名气就已经物超所值，毕竟高端品牌的渠道策略与中低端品牌是不一样的。澳门珠宝市场的变迁同样印证了当下珠宝市场升级迭代的必然性，市场经过前期的大肆扩张厮杀，最后只剩下小部分品牌依然屹立不倒，当然最后剩下的都是可敬的强者，而那些被淘汰出局的，人们甚至连名字都不再记起。澳门珠宝市场虽然精致且奢华，但暗藏玄机，与这个城市命运相连，同时它从某种程度上也反映出了市场风云变幻后最终的结局。澳门是我全国珠宝零售终端考察的最后一站，至此这次的珠宝大穿越就此结束，感谢澳门给我的行程画上了一个圆满的句号。中国珠宝首饰行业还是一个充满魅力和活力的行业，中国珠宝市场也是一个精彩不断、可能性颇多的市场，值得许多同行者一路拼搏奋战。行业迭代升级，后起之秀激流勇进，各种模式争相崛起，百家争鸣，百花争艳，市场的机遇正待有志者去发现、去挖掘，希望未来行业的繁荣我们能共同见证！

[延展阅读]

1. 澳门简介

澳门，位于中国大陆东南沿海，地处珠江三角洲的西岸，北邻广东省珠海市，西与珠海市的湾仔和横琴对望，东与香港隔海相望，相距 60 公里，南临中国南海。由澳门半岛和氹仔、路环贰岛组成，陆地面积 32.8 平方公里，总人口 65.6 万（截至 2018 年 3 月）。澳门是一个国际自由港，是世界人口密度最高的地区之一，也是世界四大赌城之一，实行资本主义制度。其著名的轻工业、旅游业、酒店业和娱乐场使澳门长盛不衰，成为全球发达、富裕的地区之一。

2. 澳门主要商场（商业街）和珠宝品牌

商场（商业街）	主要珠宝品牌
银河时尚购物中心	BVLGARI、ARTē、CHAUMET、SWAROVSKI、GEORG JENSEN、Folli Follie、Qeelin
大运河购物中心	TIFFANY、APM Monaco、MIKIMOTO、SWAROVSKI、PANDORA、JUST GOLD、周大福、六福珠宝

参考文献

一、专著类

1. 罗宾·伦特,热纳维耶芙·图尔. 奢侈品销售的艺术:顶级奢侈品品牌的销售圣经[M]. 牛继业,译. 北京:机械工业出版社,2016.

2. 汤姆·佐尔纳. 欲望之石:权力、谎言与爱情交织的钻石梦[M]. 麦慧芬,译. 北京:生活·读书·新知三联书店,2016.

3. 约翰·本杰明. 欧洲古董首饰收藏[M]. 杨柳,任伟,译. 北京:社会科学文献出版社,2018.

4. 苏珊·拉·尼斯著. 金子:一部社会史[M]. 汪瑞,译. 北京:北京大学出版社,2016.

5. 阿纳斯塔西娅·扬. 顶级珠宝设计[M]. 崔静,译. 北京:电子工业出版社,2016.

6. 黎志伟,欧阳勇军,王先庆. 珠宝新零售[M]. 北京:人民邮电出版社2019.

7. 张磊,赵旭刚,卢雯婷编. 珠宝电子商务[M]. 北京:中国地质大学出版社2018.

8. 包德清,周琦深,王维,等. 珠宝终端运营管理[M]. 北京:中国地质大学出版社2017.

9. 毛文. 珠宝秘语[M]. 北京: 中信出版社, 2017.

10. 任进, 巫金津. 世界珠宝品牌简史[M]. 北京: 中国地质大学出版社, 2019.

11. 马家叙. 世界奢华珠宝[M]. 上海: 上海科学技术出版社, 2014.

12. 陈祖顺, 王其全, 黄晓望. 珠宝首饰营销策略: 从项目中学营销[M]. 北京: 中国地质大学出版社, 2016.

13. 郑泓灏. 苗族银饰文化产业调查研究[M]. 北京: 社会科学文献出版社, 2018.

14. 王昶, 代司晖. 如何开家珠宝首饰店[M]. 北京: 化学工业出版社, 2015.

15. 胡雨馨. 奢侈的诱惑[M]. 北京: 社会科学文献出版社, 2017.

16. 曹攀登. 和田玉及翡翠市场指南[M]. 北京: 中国地质大学出版社, 2016.

17. 崔宏毅. 黄金白银投资交易实战[M]. 北京: 经济管理出版社, 2018.

18. 郭宇宽. 情感定制·意义经济[M]. 北京: 清华大学出版社, 2016.

19. 梁涛. 钻石的价值[M]. 北京: 中国地质

大学出版社,2016.

二、学位论文

1. 杜炜. 中国珠宝产业集群形成影响因素及演化机理研究[D]. 北京:中国地质大学,2016.

2. 谢艳. 我国珠宝产业竞争力的评价研究[D]. 北京:中国地质大学,2017.

3. 张政. 中国珠宝品牌未来发展的方向研究[D]. 北京:中国地质大学,2017.

4. 白旭萌. 大众化体验模式在珠宝行业中的应用研究[D]. 北京:中国地质大学,2017.

5. 高兴. 影视与明星效应对珠宝首饰的影响与推广研究[D]. 北京:中国地质大学,2018.

6. 张雪. 影响中国消费者珠宝购买意愿的因素及对策研究[D]. 北京:中国地质大学,2018.

7. 秦卓亚. 珠宝首饰购买行为研究[D]. 北京:中国地质大学,2017.

8. 赵璇. 珠宝零售品牌品类规划案例分析[D]. 北京:北京服装学院,2017.

9. 康琛. BL珠宝公司珠宝产品营销策略改进研究[D]. 合肥:安徽大学,2018.

10. 刘婉婷. 中国珠宝私人定制——珠宝个性化定制探究[D]. 北京:中国地质大学,2016.

11. 朱文秀. 基于互联网思维下的珠宝O2O运营模式[D]. 北京:中国地质大学,2018.

12. 石健. 我国珠宝行业税收风险管理研究[D]. 济南:山东财经大学,2016.

13. 宋建丹. 世界钻石行业时空格局演变的地理学透视[D]. 太原:山西师范大学,2017.

14. 董平. 流行饰品营销策略研究[D]. 南京:南京大学,2017.

15. 李嫱. 试论珠宝品牌现状和价值评估[D]. 北京:中国艺术研究院,2017.

16. 邓蕾. T珠宝公司高端珠宝首饰自主品牌发展策略研究[D]. 桂林:广西师范大学,2016.

三、期刊论文

1. 张宜齐,丘志力,李志翔,等. 我国特色珠宝玉石旅游商品市场开发现状及存在问题探讨[J]. 宝石和宝石学杂志,2017(6):31-42.

2. 原毅茹. 关于中国珠宝产业供给侧改革的思考[J]. 现代商业,2018(17):57-58.

3. 杨瀚，丘志力，张钰岩，等. 广东省珠宝旅游商品区域市场发展模式及开发现状研究[J]. 宝石和宝石学杂志，2018(5)：51-57.

4. 王志麟，刘常凯，吴冰. 迎接行业新挑战——中国珠宝标准化建议[J]. 宝石和宝石学杂志，2018(A1)：147-153.

5. 薄昊楠，丘志力，杨炯，等. 强劲的消费和萎缩的市场——国内奢侈品市场现状、成因及对策分析[J]. 宝石和宝石学杂志，2017(6)：43-51.

6. 辛涛，张倩怡. 浅谈珠宝品牌文化[J]. 才智，2018(25)：221.

7. 王宇婷，易加斌. 珠宝品牌微信营销模式与策略研究——基于捷夫珠宝的案例分析[J]. 中外企业家，2017(1)：47-51.

8. 杜睿，郭真，耿郡忆，等. 哈尔滨市珠宝行业发展态势及其评价[J]. 经营与管理，2018(1)：72-77.

9. 刘薇. 互联网+背景下珠宝营销对策探讨[J]. 中国经贸导刊，2016(35)：91-92.

10. 王昶，袁军平，马春宇. 珠宝首饰类专业高技术技能型人才协同育人平台的构建与实践[J].宝石和宝石学杂志,2016(1):38-42.

11.陈姚朵.大数据在珠宝企业的应用现状[J].宝石和宝石学杂志,2016(4):60-65.

12.董学力.珠宝行业线上线下垂直型商业模式构建应用[J].现代商贸工业,2018(3):57-59.

13.吴青蔓.现代功能性首饰——科技时代首饰的新机遇[J].美术大观,2017(11):108-109.

14.杨昕悦,刘常宇,陈桂玲.中国珠宝企业打造高端奢侈品牌的路径研究——以应用VR技术为例[J].中国市场,2017(34):111,113.

15.丁育伟,施健.中国古诗中的珠宝首饰及其在叙事性首饰设计中的研究[J].工业设计,2017(10):64-65.

16.伏伦,王波.推进珠宝产业集聚发展 打造中心城区时尚经济新极核[J].现代商业,2017(29):62-63.

17.董学力.钻石珠宝行业创新商业模式前景研究——以深圳为例[J].中国管理信息化,2016(7):153-155.

18.杨新迪,杨力行,杨明星.文化视觉下的珠宝[J].宝石和宝石学杂志,2016(1):43-48.

19.何南兵,王腾吉,赵亚良,等.饰品钻石的市场现状及发展趋势[J].超硬材料工程,2018(4):39-45.

20.胡楚雁.浅谈珠宝首饰的收藏[J].宝石和宝石学杂志,2018(A1):207-210.

21.周兮.从消费者的心理分析珠宝橱窗设计[J].艺术评论,2017(3):170-172.

四、报纸文献

袁英,罗颖,徐龙,等.产品价格与原料成本脱钩是深圳地区黄金珠宝产业转型的核心.中国黄金报[N],2016-3-8(9).

附：全国一至四线城市分级表

全国一二三四线城市分级表	
一线城市	北京、上海、广州、深圳
准一线城市	杭州、南京、济南、重庆、青岛、大连、宁波、厦门、天津
二线城市	合肥、南昌、南宁、昆明、温州、淄博、唐山、成都、武汉、哈尔滨、沈阳、西安、长春、长沙、福州、郑州、石家庄、苏州、佛山、东莞、无锡、烟台、太原
三线城市	乌鲁木齐、贵阳、海口、兰州、银川、西宁、呼和浩特、泉州、包头、南通、大庆、徐州、潍坊、常州、鄂尔多斯、绍兴、济宁、盐城、邯郸、临沂、洛阳、东营、扬州、台州、嘉兴、沧州、榆林、泰州、镇江、昆山、江阴、张家港、义乌、金华、保定、吉林、鞍山、泰安、宜昌、襄阳、中山、惠州、南阳、威海、德州、岳阳、聊城、常德、漳州、滨州、茂名、淮安、江门、芜湖、湛江、廊坊、菏泽、柳州、宝鸡、珠海、绵阳

四线城市	株洲、枣庄、许昌、通辽、湖州、新乡、咸阳、松原、连云港、安阳、周口、焦作、赤峰、邢台、郴州、宿迁、赣州、平顶山、桂林、肇庆、曲靖、九江、商丘、汕头、信阳、驻马店、营口、揭阳、龙岩、安庆、日照、遵义、三明、呼伦、贝尔、长治、湘潭、德阳、南充、乐山、达州、盘锦、延安、上饶、锦州、宜春、宜宾、张家口、马鞍山、吕梁、抚顺、临汾、渭南、开封、莆田、荆州、黄冈、四平、承德、齐齐哈尔、三门峡、秦皇岛、本溪、玉林、孝感、牡丹江、荆门、宁德、运城、绥化、永州、怀化、黄石、泸州、清远、邵阳、衡水、益阳、丹东、铁岭、晋城、朔州、吉安、娄底、玉溪、辽阳、南平、濮阳、晋中、资阳、都江堰、攀枝花、衢州、内江、滁州、阜阳、十堰、大同、朝阳、六安、宿州、通化、蚌埠、韶关、丽水、自贡、阳江、毕节

后记

在行业众多朋友的关心下，我人生中的第二本书——《中国珠宝零售终端研究》终于正式和大家见面了。从我个人的角度而言，这是对本次全国珠宝终端考察这一宝贵经历的总结和纪念，同时也是为了回馈朋友们一路上的帮助和支持。本书以日记的形式记录了我对中国50站城镇珠宝终端的考察见闻，贯穿了我多年来对珠宝行业零售的思考，借此机会分享给行业有缘者，希望能为有缘者提供些许参考。当然我也很清楚，中国珠宝首饰行业是一个朝气蓬勃的行业，零售终端的发展更是日新月异，随着行业的更迭这本书也将暴露出它的局限性，因此它终究只是“当下的产物”。由于时间仓促且忙碌的原因，书中难免存在着诸多不足以及偏颇之处，还望众行家们海涵，并多给予指正和批评，我将不胜感激！

任何市场发展的动力都是为了满足市场的需求，当下的珠宝行业进入到了多元化发展时期，市场不断细分的消费需求催生出丰富多样的终端面貌，这对我们从业者来说是十分珍贵的学习素材，因为它有可能孕育着行业未来发展的新势力。在本次的中国珠宝终端考察过程中，我个人受益匪浅。很多珠宝品牌，尤其是新兴品牌，为我们展示了高超的品牌运作能力和创新精神，这是行业的一件幸事。一方面，随着行业的迭代升级，挖掘不同细分市场的消费需求，并用具有特定品牌印记的产品和服务来满足某一消费群体，这对传统珠宝行业来说是一种创新。这种创新带来的是高智慧的竞争，将极其有利于行业的繁荣发展，这也说明了我们行业人才济济，未来可期。另一方面，从整个行业竞争力提升的角度来说，中国珠宝行业在经历了互相模仿和追随国际大牌的阶段后，正式到了需要转变身份的时期，毕竟我们不能只停留在初期阶段，眼睁睁看着国外品牌陆续涌入中国市场，抢占高端市场份额。因此，我也希望本书能够起到抛砖引玉的作用，吸引高手们一起华山论剑，激发更多新起之秀投身行业发展之伟大事业。

同上次的全国考察相比，这次的“全国性珠宝终端考察”是对我个人更为严峻的考验，好在靠着不忘初心的毅力坚持下来，一路见证终端百态，心生万千感慨。无论是发达的一二线市场，还是看似落后的五六线市场，中国珠宝人都在不断奋斗着，甚至是战斗着，这种不服输的精神实在是令人敬佩。相信在我们所有从业者不懈的努力下，中国珠宝行业必将迎来属于它的光荣时刻，届时也将真正诞生一批具有国际影响力和市场号召力的珠宝品牌，并真正借助“新零售”这把利剑助力终端实现质的飞跃，当然前提是我们脚踏实地做好当下的升级迭代这件事。珠宝首饰作为高端消费品，必将随着国民经济的稳定增长和消费升级而走入新的时代，我们需充分挖掘其功能属性和文化属性，促进行业转型升级，特别是前期发展过程中得不到足够重视的文化属性。无论是黄金、钻石、银饰，还是现在大火的K金和暂时“落魄”的玉石，如何从文化的角度为它们赋能也是我们从业者的重要课题。同时伴随着新零售的崛起，珠宝行业的发展还将面临着诸多瓶颈，还有各类问题悬而未决，虽然我个人的力量是有限的，但是在众多业界有志者共同努力下的可能性则是无限的。“路漫漫其修远兮，吾将上下而求索”，希望我们能齐心协力，共同迎接行业更加繁荣的未来！最后再次感谢所有在旅途中给过我无私帮助的朋友们，正是因为你们的帮助和激励，才有了这本书的